华武兵道之学校段位教材

庄长宽　著

图书在版编目（CIP）数据

华武兵道之学校段位教材 / 庄长宽著. --天津：天津大学出版社，2022.11
ISBN 978-7-5618-7112-6

Ⅰ.①华…　Ⅱ.①庄…　Ⅲ.①器械术（武术）—教材
Ⅳ.①G85

中国版本图书馆CIP数据核字（2022）第005425号

出版发行　天津大学出版社
地　　址　天津市卫津路92号天津大学内：邮编（300072）
电　　话　发行部：022-27403647
网　　址　www.tjupress.com.cn
印　　刷　廊坊市海涛印刷有限公司
经　　销　全国各地新华书店
开　　本　787毫米×1092毫米　1/16
印　　张　25.25
字　　数　536千
版　　次　2022年11月第1版
印　　次　2022年11月第1次
定　　价　88.00元

海南师范大学资助出版

《华武兵道学校段位教程》

编委会

目　录

一　段

第一讲

一、学习目标

（1）认知目标：认真阅读《勤能补拙，笨鸟先飞》，培养学生勤奋好学的精神。
（2）技能目标：提升学生的身体柔韧性，使学生初步掌握基本步法和基本剑法。
（3）情感目标：使学生明白“业精于勤，荒于嬉；行成于思，毁于随”的道理。

二、本讲内容

（一）武德教育

【励志故事】

勤能补拙，笨鸟先飞

宋代有一位著名的学者陈正之，开智较晚，所以学东西要比别人慢很多。有一次，老师教大家学一篇几百字的文章，其他的同学很快便会背了，而他费了九牛二虎之力才认识了几十个字。对于篇幅短或内容浅显的文章，别的同学读几遍就能倒背如流了，而他读几十遍、几百遍却还是结结巴巴的。由于这样的缘故，他经常受到老师的训斥、同学的讥笑，人们还给他起了一个外号——“陈傻子”。

陈正之没有灰心，更没有自暴自弃。他心里十分清楚自己笨，于是绞尽脑汁，想出了“以勤补拙”的办法。别人读一遍，他就读三遍、四遍，甚至八遍、十遍；别人用一个时辰读书，他就用几个时辰埋头苦读。他坚持一句一句读、一个字一个字读，天天如此，从不间断。跟老师学《诗经》，他就一段一段地读，直到读懂为止。每学完一章，他又把整篇文章串起来读，白天读、夜晚读，一直读到全部弄懂，并背下来为止。从此以后，老师和同学不再鄙视他，而是对他刮目相看了。

日复一日，年复一年，陈正之通过坚持不懈的努力，不仅博览群书，还养成了锲而不舍的精神，学问与日俱增。“有志者，事竟成”，陈正之最终成为我国宋代一位著名的博学之士。人们从此尊称他为“陈学者”。

【励志感言】

陈正之因为开智较晚而遭到了大多数人的鄙视和嘲笑，但他却没有自暴自弃，而是想尽一切办法弥补自己的不足，不断进取，勇敢地面对一切，努力克服困难、战胜困难，最终不光摆脱了尴尬的局面，而且成为人人尊敬的学者。陈正之的故事告诉我们，勤能补拙不仅是一条生存法则，而且是一条成功法则。

（二）技术教学

1. 学习一段基本形态

1）静态

（1）掌。（2）拳。（3）钩。

2）动态

（1）正压腿。（2）侧压腿。（3）后压腿。

3）动作解析

（1）掌。

动作：拇指弯曲扣于虎口处，其余四指伸直（图 1-1-1）。

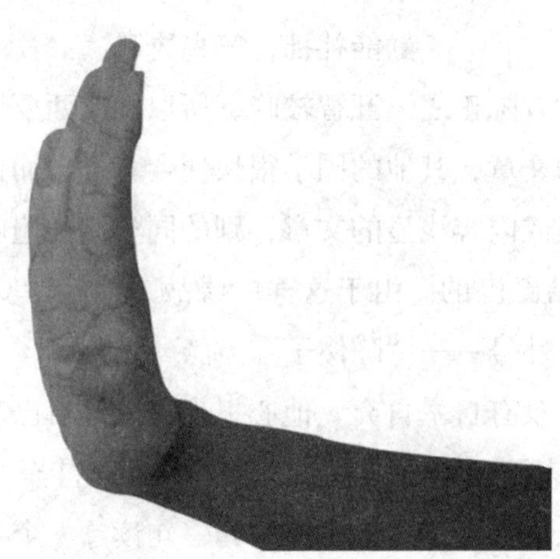

图 1-1-1　掌

要点：拇指扣紧，其余四指并紧。

（2）拳。

动作：拇指紧扣在食指和中指骨上，其余四指并拢卷握（图 1-1-2）。

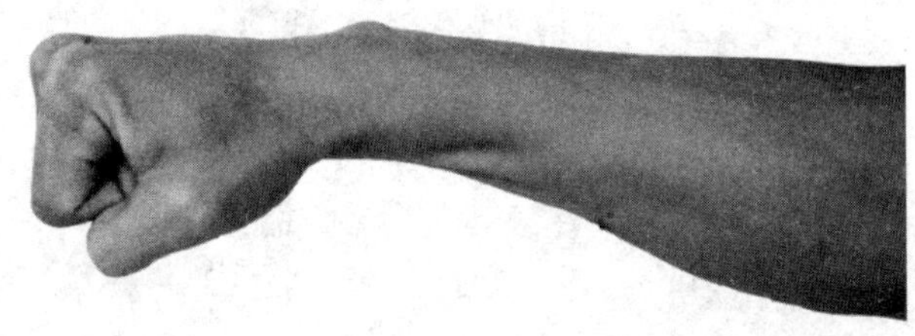

图 1-1-2 拳

要点：五指握紧、力达拳面，拳背与小臂成一条直线，拳头不能上翘或者下垂。

（3）钩。

动作：五指撮拢成钩，手腕弯曲（图 1-1-3）。

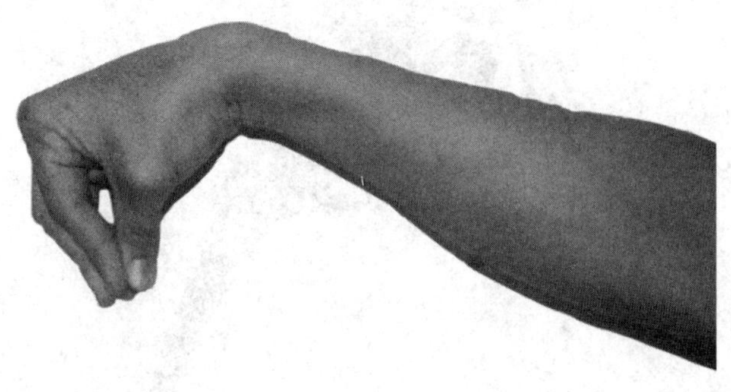

图 1-1-3 钩

要点：手腕弯曲、扣紧。

（4）正压腿。

动作：面对一定高度的肋木，双腿并拢站立，一条腿抬起，脚跟放在肋木上，脚尖勾起，踝关节屈紧，两手扳住脚或扶在所压腿膝盖上。两腿伸直，腹部贴紧大腿，支撑腿脚尖向前（图 1-1-4）。

图 1-1-4 正压腿

要点：上身向前、向下压振时腰背要直。压振时幅度由小到大。

（5）侧压腿。

动作：面对一支撑物，右腿抬起置于支撑物上伸直；左腿支撑身体重心，脚尖外展90°，腿挺直放松；身侧向右脚尖方向压振，直至身侧与腿贴合（图 1-1-5）。

图 1-1-5 侧压腿

要点：上身保持平直向侧、向下压振。

（6）后压腿。

动作：背对一支撑物，将一条腿后伸，脚放至支撑物上，而后身体努力向后压振；压振时全身放松；一个动作练完后，身体最好能保持压振到位的姿势 10 秒钟（图 1-1-6）。

图 1-1-6　后压腿

要点：挺胸、展髋，腰后屈。

2. 单练套路、对打套路、拆招技术

1）一段第一小节第 1 至 4 式动作

（1）上步。（2）撤步。（3）刺剑。（4）点剑。

2）动作解析

（1）上步。

动作：以右实战姿势站立，以右脚掌为轴，脚尖外转，左脚蹬地向前上步，以左实战姿势站立（图 1-1-7）。

要点：动作要协调一致，上步要快。

技击含义：调整距离，伺机进攻，用假动作引诱对方或追击对方。

易犯错误：上步时身体重心不稳。

纠正方法：由慢到快反复练习。

（a）

（b）

图 1-1-7　上步

（2）撤步。

动作：以左实战姿势站立，以右脚为轴内转，左脚向后撤步，以右实战姿势站立（图1-1-8）。

要点：动作要协调一致，撤步要快。

技击含义：用于躲闪对方的进攻。

易犯错误：撤步时身体重心不稳。

纠正方法：由慢到快反复练习。

（a）（b）

图 1-1-8 撤步

（3）刺剑。

动作：提劲力达剑身；单手或双手握剑，劲贯剑尖，虎口向前，掌心向左或向右，剑身平行于地面向前刺出（图 1-1-9）。

要点：剑与臂成一条直线，爆发用力，力达剑尖。

技击含义：刺剑属进攻性剑法，可攻击对方身体的任何部位。

易犯错误：剑与臂不成一条直线。

纠正方法：要求直臂、直腕，剑身平直。

（a）（b）

图 1-1-9 刺剑

（4）点剑。

动作：右脚在前，错步站立；右手握剑，直臂向前平举，虎口向上，力达剑尖；单手握剑柄，劲贯剑尖，剑尖由上向下啄击（图 1-1-10）。

要点：手腕放松，突然而短促地用力上提，剑尖由上向下啄击。

技击含义：点剑属于进攻性剑法，可攻击对方的指、腕、肩、臂等部位。

易犯错误：剑柄抵住前臂，手腕不能上提。

纠正方法：拇指与食指扣住剑柄，其余三指松握，使柄端贴靠桡骨一侧。

（a）（b）

图 1-1-10 点剑

三、教学重点与难点

技术重点：压腿姿势，其正确与否关系到韧带拉伸是否到位。

技术难点：后压腿、侧压腿身体姿态控制一次到位。

四、易犯错误与纠正方法

易犯错误：正压腿、侧压腿时支撑腿的脚尖方向不能放正，易向一侧倾斜。

纠正方法：压腿前先行摆正身体姿态，调整好脚的方向，初学不求动作幅度，要循序渐进。

五、拓展阅读（趣味小知识）

1. 直拳

直拳名称来自拳击，在传统武术中叫冲拳，是拳击技术中最基本的拳法，也是拳击运动员最常用的拳法。此拳法在单位时间内连续出拳次数比其他拳法多，特别是前手直拳的连续直击动作。直拳是一种直线的击打方法。直拳一般在进攻或有意识退却时使用，以破坏对方动作，打乱对方阵脚，是夺取胜利的主要手段。

2. 前手直拳

动作：以右实战姿势为例，左脚拇指侧蹬地，右臂借助地面的反作用力迅速伸直，拳眼向上，拳头直线击出，同时右肩前送，肘关节随着出拳向上抬平，身体略向左转，以提高出拳的速度和力量，眼视右拳，右脚掌的内侧（下面详解）着地，后手保持防守姿势。

六、课后练习与功法功力

（1）上步与撤步练习，反复练习每种步法达到 20 米距离。

（2）固定目标进行刺剑练习，每组 10 次，完成 5 组。

七、思考题

（1）勤劳一日，可得一夜安眠；勤劳一生，可得幸福长眠！自己设定一个奋斗的目标。

（2）刺剑与点剑的技术特点差别是什么？

（3）直拳的特点是什么？

八、参考文献

[1] 符文军，金波. 影响青少年一生的励志故事全集 [M]. 北京：北京工业大学出版社，2010.

[2] 蔡龙云. 武术运动基本训练 [M]. 北京：人民体育出版社，2013.

第二讲

一、学习目标

（1）认知目标：让学生明白没有明确行动方向的人，永远无法超越自我。

（2）技能目标：让学生了解拳的基本形态及冲拳方法，区分进步、退步和前后滑步。

（3）情感目标：让学生明白一个人要想成就一番事业，在自己的职业生涯中打拼出一片天地，在自己的领域中占有一席之地，就必须有一个远大的目标和为之奋斗的积极态度。

二、本讲内容

（一）武德教育

【励志故事】

每天进步 1%

在 1986—1987 赛季的美国职业篮球联赛之初，洛杉矶湖人队面临严峻的考验。在上个赛季湖人队有很好的机会赢得总冠军，当时所有的球员都处于巅峰状态，可是在西部决赛中输给了休斯敦火箭队，这使得教练帕特·莱利和所有的球员都极为沮丧。

莱利为了使球员相信球队有夺取总冠军的实力，便告诉大家：只要每个人能在球技上进步 1%，球队便会取得出人意料的成绩。

1% 的成绩似乎是微不足道的，可是如果 12 个球员都进步 1%，整个球队便能进步 12%，湖人队便足以捧起总冠军的奖杯。结果，在后来的比赛中，大部分球员进步不止 5%，有的甚至高达 50%，这一年湖人队如愿得到了总冠军。

把远大的目标作为自己的座右铭，再将目标分成一个一个小目标，并采取有效措施实现它们，你就会离实现你的大目标越来越近。

【励志感言】

每天进步 1% 是一种积极的态度。对成功人生的追求是永远没有尽头的，当你成功以后，又会有许多新的目标在等待你去实现。我们要不断进步，不断给自己充电，并坚信只要努力，就能取得成功。只要实现目标，成功就会成为我们的囊中之物。

（二）技术教学

1. 学习一段基本形态

1）静态

（1）立拳。（2）平拳。

2）动态

冲拳。

3）动作解析

（1）立拳。

动作：四指并拢卷握，拇指紧扣，贴于食指和中指的第二指节上，拳眼朝上，拳轮朝下（图 1-2-1）。

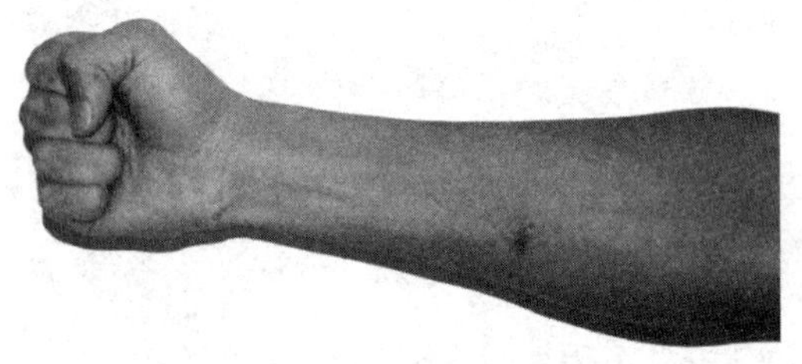

图 1-2-1　立拳

要点：五指握紧，拳背与小臂成一条直线。

（2）平拳。

动作：拳眼向左或向右，拳背横平（图 1-2-2）；拳心朝下为俯拳，拳心朝上为仰拳。

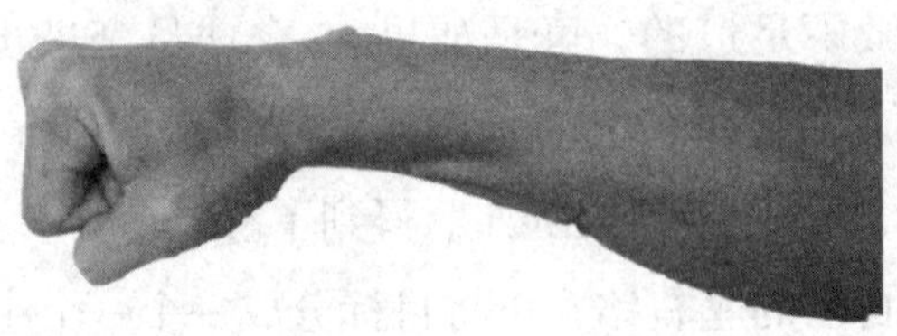

图 1-2-2　平拳

要点：五指握紧，力达拳面，拳背与小臂成一条直线。

（3）冲拳。

动作：拳从腰际冲出，拳面平，前臂内旋，力达拳面（图 1-2-3）。

（a）　（b）

图 1-2-3　冲拳

要点：拧腰，顺肩，急旋前臂，出拳快速有力，力达拳面。

2. 单练套路、对打套路、拆招技术

1）一段第一小节第 5 至 8 式动作

（1）前滑步。（2）后滑步。（3）扎剑。（4）劈剑。

2）动作解析

（1）前滑步。

动作：前脚贴地前进（约一脚的距离），后脚随即跟进，步幅与前脚相同，重心置于双脚中间，躯干保持侧身不变，两眼正视前方；前脚前进时，后脚蹬地，推动前脚移动，随即跟进（图 1-2-4）。

要点：移动时两脚距离保持不变，两脚离地不要太高，滑步要稳，跟步要快；前脚前进与后脚跟进的步幅必须相等，跟进步幅直接影响重心的稳定，重心不稳势必影响动作质量；身体切勿前俯或后仰。

技击含义：调整与对手之间的距离。

易犯错误：两腿前移过程中步幅过大。

纠正方法：移动时注意检查步幅长度，有意识地练习。

（a）（b）（c）

图 1-2-4　前滑步

（2）后滑步。

动作：后脚贴地后退（约半步的距离），前脚随即后退，步幅与后脚相同；重心置于双脚中间，躯干保持侧身不变，两眼正视前方；后脚后退时，前脚蹬地，推动后脚移动，随即跟退（图 1-2-5）。

要点：前脚与后脚后退的步幅必须相等，跟退步幅直接影响重心的稳定，重心不稳势必影响动作质量；身体切勿前倾或后仰。

技击含义：躲闪对方进攻或配合技术反击。

易犯错误：后退步幅过大造成身体重心不稳。

纠正方法：初学时后退步幅不宜过大，应是本人脚长的 1~1.5 倍。

（a）（b）（c）

图 1-2-5　后滑步

（3）扎剑[①]。

动作：力达剑身，单手或双手握剑柄，劲贯剑尖，掌心向上，仰腕，用腰推肘，肘推

① 本书双手持短兵的动作亦可采用单手持短兵的方式。

手向前扎剑（图 1-2-6）。

要点：双手同时发力，身体保持中正，力达剑尖。

技击含义：用于攻击对方腹部。

易犯错误：扎剑较之刺剑力量大，扎剑时不注意仰腕向上，身体前探，发力不能力达剑尖。

纠正方法：双手叠紧，重心置于两脚中间，扎剑时目视进攻目标。

（a）　（b）

图 1-2-6　扎剑

（4）劈剑。

动作：两脚开步站立；双手提剑直臂上举，剑尖向上，提劲力达剑身中部，双手握剑，双手虎口向前，由上向下为劈（图 1-2-7）。劈剑分为左劈、右劈、前劈、后劈、斜劈。

要点：臂与剑成一条直线，力达剑身。

技击含义：劈剑属进攻性剑法，意在劈击对方头、肩部。

易犯错误：剑与臂不成一条直线。

纠正方法：顺肩、伸臂、直腕，使剑柄末端贴靠前臂。

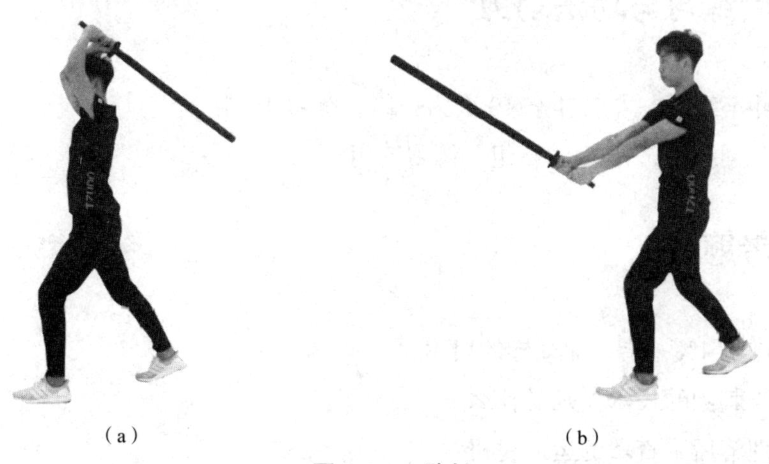

（a）　（b）

图 1-2-7　劈剑

三、教学重点与难点

技术重点：把握冲拳的协调发力。

技术难点：剑的使用与身体的协调配合。

四、易犯错误与纠正方法

易犯错误：冲拳发力仅用手臂力量，无法用到腰部力量。

纠正方法：反复进行拧腰冲拳练习，培养转腰发力习惯。

五、拓展阅读（趣味小知识）

【小贴士】后手直拳

后手直拳属于重拳，适用于远距离的攻击，但一般使用时机比较少，只有在有充分把握时才能使用。由于左拳较右拳离对方远，发拳时身体变化幅度较大，所以后手直拳较前手直拳慢。为了便于击中对方，就要用前手的假动作来转移或破坏对手的防护，或用前手刺拳吸引对手的注意力，或使对手失去平衡，以此来创造有利于后手直拳进攻的条件和时机。

动作：戒备式起，左脚掌蹬地，左侧髋关节借助蹬地的力量前送，带动腰部迅速向右转动，同时左肩前送，左拳拳眼向上以直线向前击出，上身保持正直，右手随身体右转自然后移，保持防护姿势。

六、课后练习与功法功力

（1）拧腰冲拳练习，左右冲拳 10 次为一组，练习 10 组。

（2）定点劈剑练习，10 次为一组，练习 5 组。

七、思考题

（1）每天进步 1%，给你什么样的启示？

（2）扎剑与刺剑的技术差别是什么？

（3）如何理解后手直拳的运用时机？

八、参考文献

[1]　吴必强，许定国. 武术基本功 [M]. 重庆：重庆大学出版社，2008.

第三讲

一、学习目标

（1）认知目标：了解礼让传统文化，理解中华礼让传统文化的精髓。
（2）技能目标：掌握推掌技法，初步学会步法与剑法的配合。
（3）情感目标：培养热爱中国传统礼仪的情操。

二、本讲内容

（一）武德教育

【励志故事】

孔融让梨

东汉有个名叫孔融的孩子，十分聪明，也非常懂事。孔融有五个哥哥，一个小弟弟，兄弟七人相处得十分融洽。有一天，孔融的妈妈买来许多梨，并将一盘梨放在桌子上，哥哥们让孔融和最小的弟弟先拿。孔融看了看盘子中的梨，发现梨有大有小。他不挑好的，不拣大的，只拿了一个最小的梨，津津有味地吃了起来。爸爸看见孔融的行为，心里很高兴，心想：别看这孩子刚刚四岁，却懂得应该把好的东西留给别人的道理呢。于是他故意问孔融："盘子里这么多的梨，又让你先拿，你为什么不拿大的，只拿一个最小的呢？"孔融回答："我年纪小，应该拿个最小的，大的应该留给哥哥们吃。"爸爸接着问道："你弟弟不是比你还要小吗？照你这么说，他应该拿最小的一个才对呀？"孔融说："我比弟弟大，我是哥哥，我应该把大的留给弟弟吃。"爸爸听他这么说，哈哈大笑道："好孩子，好孩子，你真是一个好孩子，以后一定会很有出息。"

【励志感言】

兄大弟小，兄之于弟是强者，弟之于兄是弱者；梨有大小，大梨乃大利者，小梨乃小利者。强者占大利，弱者占小利，何来谦让？要是强者将占据大利的机会让给弱者，这才叫谦让（因为强者本来就有能力占据大利）。

（二）技术教学

1. 学习一段基本形态

1）静态

（1）立掌。（2）平掌。

2）动态

（1）推掌。（2）亮掌。

3）动作解析

（1）立掌。

动作：四指向上，腕关节朝手背的一面上屈，使掌背与前臂成 90 度角（图 1-3-1）。

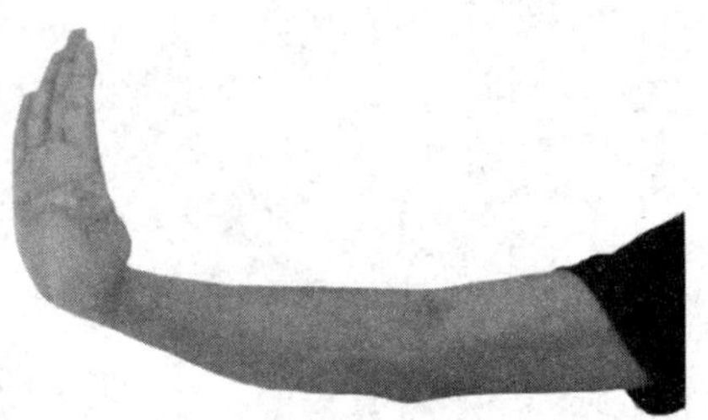

图 1-3-1　立掌

要点：拇指扣紧，四指并拢，指尖向上与手臂成直角。

（2）平掌。

动作：平掌包括俯掌和仰掌，俯掌掌背朝上，掌心朝下；仰掌掌心朝上，掌背朝下（图 1-3-2）。

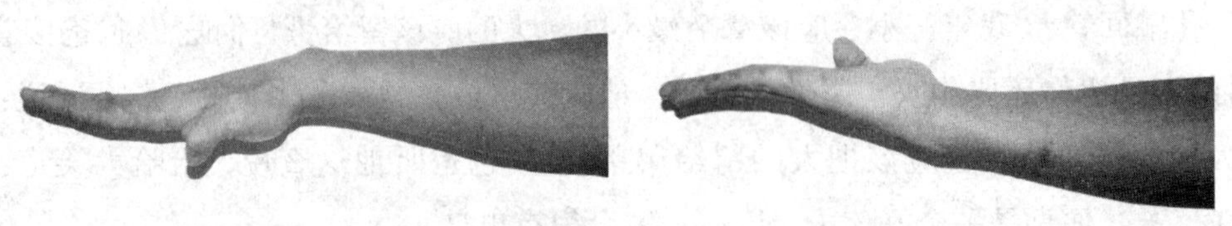

图 1-3-2　平掌

要点：拇指紧扣，四指并拢，手掌与手臂在一个平面上。

（3）推掌。

动作：掌从腰间旋臂向前立掌推击，速度要快，臂要直，力达掌外沿（图 1-3-3）。

（a）　（b）

图 1-3-3　推掌

要点：掌根为发力点，拧腰、顺肩、沉腕、立掌。

（4）亮掌。

动作：右拳变掌经体侧右向上划至头上方抖腕亮掌，亮掌时眼随手动，头向左摆，目视左方（图 1-3-4）。左手动作过程相同，方向相反。

图 1-3-4　亮掌

要点：抖腕、亮掌和摆头动作同时进行。

2. 单练套路、对打套路、拆招技术

1）一段第一小节第 9 至 11 式动作

（1）上步扎剑。（2）上步刺剑。（3）上步点剑。

2）动作解析

（1）上步扎剑。

动作：实战姿势站立，以左脚掌为轴，脚尖外转，右脚蹬地向前上步；同时，双手握剑柄，向前扎出，劲贯剑尖（图 1-3-5）。

要点：上步落脚与扎剑发力同时到位，保持动作协调一致，力达剑尖。

（a）（b）（c）

图 1-3-5 上步扎剑

（2）上步刺剑。

动作：实战姿势站立，以左脚掌为轴，脚尖外转，右脚蹬地向前上步；同时，右手握剑柄，劲贯剑尖，左手虎口向前、掌心向左，剑身平行于地面向前刺出（图 1-3-6）。

要点：上步刺剑属于进攻性技法，力达剑尖。

（a）（b）

图 1-3-6 上步刺剑

（3）上步点剑。

动作：实战姿势站立，以左脚掌为轴，脚尖外转，右脚蹬地向前上步；同时，双手握剑直臂前平举，虎口向上，力达剑尖，手腕放松，突然而短促地用力上提，剑尖由上向下啄击（图 1-3-7）。

要点：上步点剑属于进攻性剑法，动作幅度小，适用于近身攻击，啄击对方的指、腕、肩、臂等部位。

（a）　（b）　（c）

图 1-3-7　上步点剑

三、教学重点与难点

技术重点：上步与刺剑、上步与点剑的协调配合。

技术难点：上步与刺剑、上步与点剑的协调配合。

四、易犯错误与纠正方法

易犯错误：上步与刺剑、上步与点剑用力脱节，中间出现用力停顿。

纠正方法：步法与刺剑、点剑反复练习，协调用力，达到最佳效果。

五、拓展阅读（趣味小知识）

【小贴士】摆拳

摆拳是从左向右或者从右向左循弧线打出的击拳方式，一般用于稍近距离“作战”，一般击打目标为腮部。摆拳是手臂弯曲、举平，右手摆左边，左手摆右边。格斗式站立，后脚蹬地，猛转腰髋，带动右臂摆出，拳心向下，弧度不可过大，以免影响速度。

拳走弧线，出拳方位隐蔽、时间短，可以侧面进攻，可也通过滑步和身体的配合从侧面攻击对手。

六、课后练习与功法功力

（1）上步刺剑、上步点剑 10 个为一组，共完成 10 组。

（2）上步刺剑、上步点剑定点击刺练习，10 个为一组，各完成 5 组。

七、思考题

（1）为什么孔融拿最小的梨吃？

（2）步法与剑法配合的击刺效果与原地剑法击刺效果有什么差别？

（3）什么是摆拳？

八、参考文献

[1] 权锗云. 中国礼仪故事 [M]. 北京：中国人口出版社，2007.

[2] 吴必强，许定国. 武术基本功 [M]. 重庆：重庆大学出版社，2008.

第四讲

一、学习目标

（1）认知目标：事物的发展有各自的规律，违反规律常常会欲速则不达。

（2）技能目标：初步学习和掌握防守反击技术的运用。

（3）情感目标：明白无论是学习还是练武都要循序渐进，不可急于求成。

二、本讲内容

（一）武德教育

【励志故事】

欲速则不达

一个秀才从小港想要进入镇海县城，吩咐小书童用木板夹好捆扎的一大沓书跟随着。这个时候，偏西的太阳已经落山，傍晚的烟雾缠绕在枝头上，望望县城还有约莫二里路。便问那摆渡的人："还来得及赶上南门开着吗？"那摆渡的人仔细打量了小书童，回答说："慢慢地走，城门还会开着，急忙赶路城门就要关上了。"秀才听了有些动气，认为他在戏弄人。故下船后快步前进，刚到半路上，小书童摔了一跤，捆扎的绳子断了，书也散乱了，小书童哭着，没有马上站起来。等到把书理齐捆好，前方的城门已经下了锁。秀才猛然想到那摆渡的人说的话。天底下那些因为急躁鲁莽给自己招来失败、弄得昏天黑地到不了目的地的人，大概就是这样的。

有一个小孩，很喜欢研究生物，很想知道蛹是如何破茧成蝶的。有一次，他在草丛中看见一只蛹，便取了回家，日夜观察。几天以后，蛹出现了一条裂痕，里面的蝴蝶开始挣扎，想抓破蛹壳飞出。艰辛的过程达数小时之久，蝴蝶在蛹里辛苦地挣扎。小孩看着有些不忍，想要帮帮它，便拿起剪刀将蛹剪开，蝴蝶破蛹而出。但他没想到，蝴蝶挣脱蛹以后，因为翅膀不够有力，根本飞不起来，不久便痛苦地死去。

【励志感言】

欲速则不达，急于求成必然会导致最终的失败。破茧成蝶原本就是非常痛苦和艰辛的过程，只有经过这番磨难才能换来日后的翩翩起舞。人也一样，只有注重知识的积累，迎难而上，一步一步前行，才能变得坚强有力，成功才会不期而至。

（二）技术教学

1. 学习一段基本形态

1）动态

（1）撩掌。（2）正踢腿。（3）斜踢腿。

2）动作解析

（1）撩掌。

动作：掌心向上，直臂或屈臂自下向上推击，力达掌心（图 1-4-1）。

（a） （b）

图 1-4-1 撩掌

要点：用力顺达，力达掌心。

（2）正踢腿。

动作：支撑腿伸直，全脚掌着地，目视前方；另一腿膝部伸直，脚尖勾起前踢，过腰加速，接近前额（图 1-4-2）。

（a） （b）

图 1-4-2 正踢腿

要点：动作轻快有力，支撑腿不能弯曲，上身保持中正，脚尖勾紧。

（3）斜踢腿。

动作：脚尖向异侧耳部（如左脚尖向右耳部）踢（图 1-4-3）。

（a） （b）

图 1-4-3 斜踢腿

要点：眼睛平视前方，支撑腿不能弯曲，上身保持中正，脚尖勾紧。

2. 单练套路、对打套路、拆招技术

1）一段第一小节第 12 至 14 式动作

（1）撤步扎剑。（2）撤步刺剑。（3）撤步点剑。

2）动作解析

（1）撤步扎剑。

动作：右实战姿势站立，以左脚为轴内转，右脚向后撤步，成左实战姿势站立；同时，双手握剑柄，向前扎出，劲贯剑尖（图 1-4-4）。

要点：撤步时，根据对手距离适当调整步幅，力达剑尖。

（a） （b）

图 1-4-4 撤步扎剑

（2）撤步刺剑。

动作：左实战姿势站立，以右脚为轴内转，左脚向后撤步，成右实战姿势站立；同时，右手握剑柄，劲贯剑尖，虎口向前，剑身平行于地面向前刺出（图 1-4-5）。

要点：刺剑时右手持剑，根据攻击的目标调整刺剑高度。

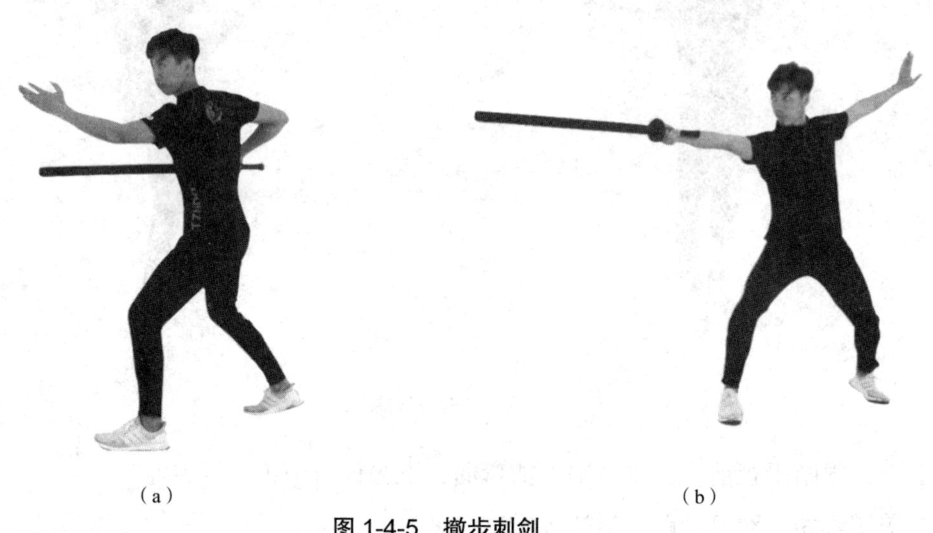

（a）（b）

图 1-4-5 撤步刺剑

（3）撤步点剑。

动作：右实战姿势站立，以左脚为轴内转，右脚向后撤步，成左实战姿势站立；同时，双手握剑直臂前平举，虎口向上，力达剑尖，手腕放松，突然上提，剑尖由上向下啄击（图 1-4-6）。

要点：撤步的方向和点剑的角度根据攻击目标的不同而变化，力达剑尖。

（a）（b）

图 1-4-6 撤步点剑

三、教学重点与难点

技术重点：熟练掌握防守反击各个技法的使用。

技术难点：退步后反击剑术击打点的准确性。

四、易犯错误与纠正方法

易犯错误：撤步反击扎剑时，单手握剑完成扎的动作。

纠正方法：按照正确姿势要求，反复进行练习，强化意识。

五、拓展阅读（趣味小知识）

【小贴士】平勾拳

平勾拳是横向性的勾击，击打目标为对方的头部侧面、太阳穴和颌关节，以及肝脏、胰脏和腹部等处。左实战姿势站立，腰微右旋，右肩向右拉的瞬间，右脚蹬跟，转髋送力的同时，身体向左旋拧，右拳向前水平勾出，大臂与小臂的夹角始终略大于 90 度，左拳护于颌下，然后向右拧身，左拳向前水平勾出，右手收护颌下。

平勾拳发力以上身为纵轴，拳头平直打出去时，拳峰伴随拳头击打方向转动 10 度左右，以上身转动和身体重力增加拳头击打力量，如连着左平勾拳，则上身随着拳头向右转动 15 度左右。左右平勾拳一般都是连击的，或与侧上勾拳组合击打。不论打左平勾拳或右平勾拳，或是其他勾拳的组合击打，上身向左右转动时，头部要保持不动。双目监视对手的举动，身体重心和脚步要保持稳定，这样拳头打出去才有力量。打平勾拳时肘尖向下，不要抬肘耸肩。它与摆拳的区别在于，平勾拳需要屈肘在近距离拧腰抽击，而摆拳是将手伸出，突然含胸收腹产生力量摆击。

六、课后练习与功法功力

（1）撤步扎剑练习，每组 10 次，完成 5 组。

（2）撤步扎剑定点击刺练习，每组 10 次，完成 5 组。

七、思考题

（1）故事《欲速则不达》给你今后的学习生活有什么样的启示？

（2）撤步扎剑为什么双手完成击刺动作？

（3）平勾拳如何发力？

八、参考文献

[1] 符文军，金波. 影响青少年一生的励志故事全集 [M]. 北京：北京工业大学出版社，2010.

[2] 吴必强，许定国. 武术基本功 [M]. 重庆：重庆大学出版社，2008.

[3] 蔡龙云. 武术运动基本训练 [M]. 北京：人民体育出版社，2013.

第五讲

一、学习目标

（1）认知目标：人体具有潜能，潜能是一个取之不尽、用之不竭的宝藏。

（2）技能目标：通过练习，学会进攻与防守技法间的灵活转换。

（3）情感目标：了解自己，相信自己，正确地认识自己。

二、本讲内容

（一）武德教育

【励志故事】

给自己一个奔跑的理由

一位名不见经传的年轻人第一次参加马拉松比赛就获得了冠军，并且打破了世界纪录。

他冲过终点后，新闻记者蜂拥而至，将他团团围住，不停地提问：“你是如何取得这样好的成绩的？”

年轻的冠军喘着粗气说：“因为……因为我的身后有一只狼。”

迎着记者们惊讶和探询的目光，他继续说：“三年前，我开始练长跑。训练基地的四周是崇山峻岭，每天凌晨两三点钟，教练就让我起床，在山岭间训练。可我尽了自己最大的努力，进步却一直不大。”

“有一天清晨，我在训练的途中，忽然听见身后传来狼的叫声，开始是零星的几声，似乎还很遥远，但很快就急促起来，而且就在我的身后。我知道是一只狼盯上了我，我甚至不敢回头，玩命地跑着。那天训练，我的成绩好极了。后来教练问我原因，我说我听见了狼的叫声。教练意味深长地说：‘原来不是你不行，而是你的身后缺少一只狼。’”

“后来我才知道，那天清晨根本就没有狼，我听见的狼叫是教练装出来的。从那以后，每次训练时，我都想象着身后有一只狼，成绩突飞猛进。今天，当我参加这场比赛时，我依然想象我的身后有一只狼。所以我成功了。”

【励志感言】

潜能是一个取之不尽、用之不竭的宝藏，然而我们大多数时候，却意识不到这种力量的存在，而让它白白地“沉睡”着。往往，当感觉到“绝境”来临之时，我们反而可以破釜沉舟。因此，树立一种危机意识，给自己一个奔跑的理由，这样我们就能更积极主动地投入学习、生活中去。

（二）技术教学

1. 学习一段基本形态

1）动态

（1）砍掌。（2）弹腿。（3）侧踢腿。

2）动作解析

（1）砍掌。

动作：右掌（或左掌）掌心斜向上，由身体右（或左）斜上方向左（或右）斜下方击打，力达掌外沿（图 1-5-1）。

要点：拇指紧扣，其余四指并拢，力达掌外沿。

图 1-5-1　砍掌

（2）弹腿。

动作：支撑腿直立或稍屈；另一腿由屈到伸向前弹出，高不过腰，膝部挺直，脚面绷平，小腿快速有力弹出，力达脚尖（图 1-5-2）。

图 1-5-2　弹腿

要点：腿要屈，膝要定，伸要脆，力点明。

（3）侧踢腿。

动作：身体直立，一腿伸直支撑，脚尖外摆；另一腿挺直沿体侧向脑后勾脚上踢（图1-5-3）。

图 1-5-3 侧踢腿

要点：正身转头，外旋开胯，三直一勾，过腰加速。

2. 单练套路、对打套路、拆招技术

1）一段第一小节第 15 至 18 式动作

（1）前滑步劈剑。（2）前滑步点剑。（3）后滑步劈剑。（4）后滑步点剑。

2）动作解析

（1）前滑步劈剑。

动作：实战姿势站立，前脚贴地向前进一步（约一脚的距离），后脚蹬地，推动前脚移动，随即跟进，步幅与前脚相同；上体保持侧向正身，重心置于两腿中间；同时双手提剑直臂上举，剑尖向上，由上向下劈剑，力达剑身中部（图 1-5-4）。

要点：注意力达剑身。

（a） （b）

图 1-5-4　前滑步劈剑

（2）前滑步点剑。

动作：实战姿势站立，前脚贴地向前进一步（约一脚的距离），后脚蹬地，推动前脚移动，随即跟进，步幅与前脚相同；上体保持侧向正身，重心置于两腿中间；同时双手握剑直臂前平举，虎口向上，力达剑尖，手腕放松，突然而短促地用力上提，剑尖由上向下啄击（图 1-5-5）。

要点：前滑步点剑是近身攻击的技法，根据攻击部位的不同，要注意灵活变换持剑方法。

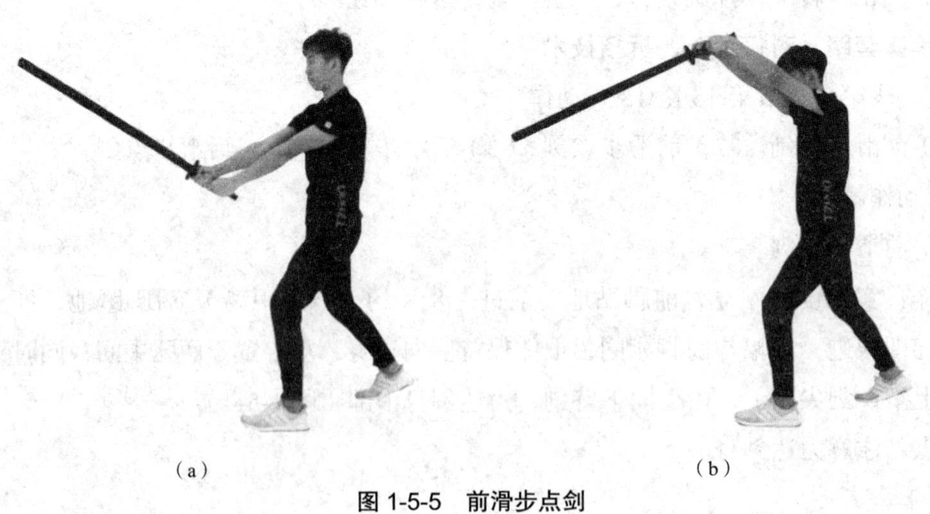

（a） （b）

图 1-5-5　前滑步点剑

（3）后滑步劈剑。

动作：后脚贴地向后退一步（约半步的距离），前脚蹬地，推动后脚移动，随即跟退，步幅与后脚相同，重心置于两腿中间；同时双手提剑直臂上举，剑尖向上，由上向下劈剑，力达剑身中部（图 1-5-6）。

要点：后滑步是后退型步法，劈剑属于进攻技术，两者的结合要注意时机。劈剑发力在后滑步即将完成时，力达剑身。

（a） （b）

图 1-5-6 后滑步劈剑

（4）后滑步点剑。

动作：后脚贴地向后退一步（约半步的距离），前脚蹬地，推动后脚移动，随即跟退，步幅与后脚相同，重心置于两腿中间；同时双手握剑直臂前平举，虎口向上，力达剑尖，手腕放松，突然而短促地用力上提，剑尖由上向下啄击（图 1-5-7）。

要点：根据进攻对象的距离调整步幅，力达剑尖。

（a） （b）

图 1-5-7 后滑步点剑

三、教学重点与难点

技术重点：学会进攻技法和防守反攻技法的灵活转换。

技术难点：移动中准确击打目标。

四、易犯错误与纠正方法

易犯错误：移动中击打目标技法选择错误。

纠正方法：重复性进行应激激发训练。

五、拓展阅读（趣味小知识）

【小贴士】上勾拳

上勾拳是由下向上击打对方的胸心部或正面下巴处的拳法。发力方法与平勾拳类似，所不同的是上勾拳手臂弯曲角度小于 90 度。以左实战姿势为例，前脚支撑腿展髋抬身，脚后跟向外旋转，同时将身体重心转移到后脚上，后脚支撑腿展髋抬身的同时，后脚跟向外旋转，拳由下向上击打。开始时，拳心由朝上转向外，当击中目标前瞬间，拳心猛然旋转成拳心向内，上身向左转动 15 度左右，后脚支撑腿随着身体向左转动 15 度，最后后脚跟向外旋转，后脚支撑腿展髋抬身，右勾拳向前打出。

六、课后练习与功法功力

（1）前滑步劈剑击打固定桩头顶部，每组 10 次，重复 5 组。

（2）用长度相似、重量较大的木棍等进行前滑步点剑训练，每组 10 次，重复 5 组。

七、思考题

（1）人为什么能在关键时刻爆发出无尽的潜能？

（2）后滑步进攻一般在实战中适用于什么时间点？

（3）上勾拳击打的方向目标是什么？

八、参考文献

[1] 李亚莉.101 个激励孩子的经典故事 [M]. 北京：人民军医出版社，2008.

[2] 蔡龙云. 武术运动基本训练 [M]. 北京：人民体育出版社，2013.

[3] 高谊，陈立人. 跆拳道 [M]. 北京：北京体育大学出版社，1998.

第六讲

一、学习目标

（1）认知目标：了解岳飞的经典故事，明白精忠报国的意义。

（2）技能目标：初步适应双人对抗的节奏，利用学过的技法进行对抗。

（3）情感目标：敬仰为国效力之人，培养热爱祖国的情感。

二、本讲内容

（一）武德教育

【励志故事】

岳飞精忠报国

岳飞是南宋著名的军事家，他那精忠报国、光彩照人的故事家喻户晓、人人皆知。岳飞从小勤奋好学、文武双全，就在他 20 岁那年，金兵侵犯中原，烧杀抢掠。岳飞是一个爱国的热血青年，他决定奔赴战场、杀敌报国。岳飞的母亲最了解岳飞的心思，他鼓励儿子奋勇杀敌、报效祖国，她在岳飞的背上刺下了“精忠报国”四个大字。岳飞铭记母亲的教诲，奔赴抗击金军的战斗前线，屡建战功，成了一名令敌人闻风丧胆的将军。他率领部队北伐，收复了被敌人侵占的大片国土。但就在他取得抗金斗争全面胜利之时，昏庸无能的南宋皇帝听信奸臣秦桧乘机求和的劝说，一连颁发十二道金牌，强逼岳飞班师。岳飞壮志难酬，只好挥泪班师。这时岳飞写下了千古绝唱《满江红》。

怒发冲冠，凭栏处，潇潇雨歇。抬望眼，仰天长啸，壮怀激烈。三十功名尘与土，八千里路云和月。莫等闲，白了少年头，空悲切。靖康耻，犹未雪。臣子恨，何时灭。驾长车，踏破贺兰山缺。壮志饥餐胡虏肉，笑谈渴饮匈奴血。待从头，收拾旧山河，朝天阙！

此次岳飞被免除兵权，宋高宗和秦桧派人向金求和，岳飞坚决反对。秦桧以莫须有的罪名将岳飞害死，临死前岳飞写下了“天日昭昭，天日昭昭？”岳飞死时年仅三十九岁，但他精忠报国的故事一直流传至今。

【励志感言】

岳飞精忠报国的精神光耀千秋，值得中华儿女铭记！我们作为新时代的少年，应学文习武，奋发图强，立志报效祖国。

（二）技术教学

1. 学习一段基本形态

1）动态

（1）插掌。（2）蹬腿。

2）动作解析

（1）插掌。

动作：手掌由身体某一部位向外插击，力达指尖（图 1-6-1）。

（a） （b）

图 1-6-1 插掌

要点：拇指扣紧，其余四指并紧。

（2）蹬腿。

动作：支撑腿直立或稍屈；另一条腿由屈到伸，脚尖勾起，脚跟猛力蹬出，高不过胸，低不过腰，前蹬腿时上身正直（图 1-6-2）。

要点：勾脚尖、凸脚跟，以脚跟为着力点，向前蹬出。

图 1-6-2　蹬腿

2. 单练套路

1）·段第二小节第 1 至 3 式动作

（1）起式 1：虚步持剑。（2）起式 2：马步侧劈。（3）收式。

2）动作解析

（1）起式 1：虚步持剑。

动作：面向正前方并步站立，左手全把持剑，剑尖向斜下方，右手四指并拢伸直，拇指内扣按掌置于右侧，目视前方；随后右脚向前上步，左脚再向前虚点成左虚步，左手持剑斜向下垂于体侧，右手由前向左握剑柄，目视左侧（图 1-6-3）。

要点：摆头和步法、手法要协调一致。

（a）　　（b）

图 1-6-3　起式 1：虚步持剑

（2）起式 2：马步侧劈。

动作：接上式，重心移至右腿，左脚向右盖步，随即右脚向右侧横跨一步成马步姿势，右手持剑向上举至头顶，剑尖垂于体后，左手向左侧推掌，目视前方；右手握剑由后方向正前方下劈剑，力达剑身上半部分，两脚蹬地，拧转脚跟成马步，同时注意腰迅速向右稍转，使劈剑力量上下贯通（图 1-6-4）。

要点：劈剑，力达剑身上半部分，目视剑的方向。

图 1-6-4 起式 2：马步侧劈

（3）收式。

动作：右脚收回，成并步站立；右手持剑插剑回收至身体左侧，左手持剑，目视前方（图 1-6-5）。

要点：挺胸抬头，精神饱满。

图 1-6-5 收式

三、教学重点与难点

技术重点：单练套路技法前三势。

技术难点：套路技法演练的连贯性。

四、易犯错误与纠正方法

易犯错误：套路演练缺乏连贯性。

纠正方法：按照规定动作要求由慢到快反复练习。

五、拓展阅读（趣味小知识）

【小贴士】侧勾拳

侧勾拳是从对方头部侧面击打其腮面下颌部的拳法。以左实战姿势为例，右手拳背朝上，拳心内扣，肘部要略高于前臂，上身向左侧方转动 15 度左右时，右侧勾拳向前打出。拳至身体垂直线时立即制动，垂肘屈臂收回，紧随前脚跟向外旋转同时展髋，把身体重心转移到右脚上，上体右转 15 度左右的同时，左手侧勾拳向前打出。

在打出侧勾拳的同时，身体重心要稳定，双脚要站稳，出拳才有力量。如在打出侧勾拳时，脚步在移动和身体重心浮空，拳头就得不到下肢的支撑反作用力，凡是这样打出的侧勾拳不但打击力量不大，而且身体容易失去重心。

六、课后练习与功法功力

（1）单练套路前三式动作，重复 5 遍。

（2）快速提膝练习，30 秒一组，做 3 组。

七、思考题

（1）千古绝唱《满江红》的作者是谁？

（2）套路演练应该注意什么？

（3）什么是侧勾拳？

八、参考文献

[1]　蔡龙云. 武术运动基本训练 [M]. 北京：人民体育出版社，2013.

二　段

第一讲

一、学习目标

（1）认知目标：一分耕耘，一分收获，坚持不懈，定会成功。

（2）技能目标：基本掌握武术基本功中的里合腿和外摆腿技法，学会左滑步、右滑步、挑剑、扫剑、撩剑的动作技法；掌握打桩技术，如挑剑打固定桩裆部、扫剑打固定桩肋部、撩剑打固定桩裆部。

（3）情感目标：树立坚定的目标，并为之不懈努力，成功与收获则是必然。

二、本讲内容

（一）武德教育

【励志故事】

只要功夫深，铁杵磨成针

相传，唐朝著名诗人李白小时候不喜欢念书，常常逃学，到街上闲逛。

一天，李白又没有去上学，在街上东遛遛、西看看，不知不觉到了城外。暖和的阳光、欢快的小鸟、随风摇摆的花草使李白感叹不已，这么好的天气，如果整天在屋里读书多没意思！

他走着走着，看到一个破茅屋门口有一个满头白发的老婆婆，正在磨一根棍子般粗的铁杵。李白走过去问："老婆婆，您在做什么？"

“我要把这根铁杵磨成一个绣花针。”老婆婆抬起头，对李白笑了笑道，接着又低下头继续磨着。

“绣花针？”李白又问，“是缝衣服用的绣花针吗？”

“当然！”

“可是，铁杵这么粗，什么时候能磨成细细的绣花针呢？”

老婆婆反问李白：“滴水可以穿石，愚公可以移山，铁杵为什么不能磨成绣花针呢？”

“可是，您的年纪这么大了？”

“只要我下的功夫比别人深，没有做不到的事情。”

老婆婆的一番话，令李白很惭愧。于是回去之后，李白再没有逃过学，每天学习特别用功，终于成了名垂千古的诗仙。而“只要功夫深，铁杵磨成针”也成为一句激励人们坚持做事或学习的谚语流传了下来。

【励志感言】

只要有恒心，坚持到底，什么事都能做成。读书是这样，习武更是如此，不怕基础不好，我们只要刻苦练习，定会取得骄人的成绩。

（二）技术教学

1. 学习二段基本形态

1）动态

（1）里合腿。（2）外摆腿。

2）动作解析

（1）里合腿。

动作：支撑腿自然伸直，全脚掌着地；另一条腿从体侧踢起经面前向里做扇面摆动落下（图 2-1-1）。

图 2-1-1 里合腿

要点：身体直立，支撑腿保持直立，脚尖外摆。

（2）外摆腿。

动作：支撑腿自然伸直，全脚掌着地；另一条腿由里经面前向体侧做扇面摆动落下（图 2-1-2）。

（a） （b）

图 2-1-2 外摆腿

要点：斜起侧落，弧高齐头，三直一勾，横向加速。

2. 单练套路、对打套路、拆招技术

1）二段第一小节第 1 至 5 式动作

（1）左滑步。（2）右滑步。（3）挑剑。（4）扫剑。（5）撩剑。

2）动作解析

（1）左滑步。

动作：左实战姿势站立，右脚蹬地，左脚向左前方横移半步，右脚随即向左横移半步；上身保持侧身不变，目视前方，重心保持在两脚中间。

要点：移动要迅速，身体要放松，不可左右摆动或前倾后仰。

技击含义：用于躲闪对方的进攻或躲闪后反击。

易犯错误：滑步时起跳过高。

纠正方法：利用踝关节及膝关节的力量起跳前移，前移时要向前用力而不是向上用力。

（a）　（b）

图 2-1-3　左滑步

（2）右滑步。

动作：右实战姿势站立，左脚蹬地，右脚向右前方横移半步，左脚随即向右横移半步，上身保持侧身不变，目视前方，重心保持在两脚中间（图 2-1-4）。

要点：移动要迅速，身体要放松，不要左右摆动或前倾后仰。

技击含义：用于躲闪对方的进攻或躲闪后反击。

易犯错误：滑步时起跳过高。

纠正方法：利用踝关节及膝关节的力量起跳前移，前移时要向前用力而不是向上用力。

（a）　（b）

图 2-1-4　右滑步

（3）挑剑。

动作：两脚并步站立，手握剑直臂前平举，虎口向上，直臂上挑，力达剑尖，目视前方（图 2-1-5）。

要点：握住剑柄，虎口向上，用力抖腕向上挑起。

技击含义：挑剑为进攻与防守兼而有之的一种剑法，用于从正面挑击对方身体或向上挑开对方器械。

易犯错误：剑与臂不在一条直线上。

纠正方法：强调肘关节伸直。

（a）　　（b）

图 2-1-5　挑剑

（4）扫剑。

动作：两脚错步站立，右手握剑直臂下扫，手心向下，力达剑身（图 2-1-6）。

要点：剑身要平，动作轻快，力达剑身。

技击含义：横扫对方膝部以下部位。

易犯错误：剑身不平，发力点不准确。

纠正方法：随转体注意挥臂、甩腕，使剑平行于地面，力达剑身。

（a）　（b）

图 2-1-6　扫剑

（5）撩剑。

动作：右脚在前，错步站立；右手握剑直臂前平举，力达剑尖，右手握剑臂内旋，直臂向上、向后立绕至体后，随之臂外旋向下，沿身体右侧贴身弧形向前撩至体前上方，力达剑刃前部；剑尖向上（图 2-1-7）。撩剑分为左撩、右撩、反撩、倒撩，其中左撩、右撩为正腕，反撩、倒撩为反腕。

（a）　（b）　（c）　（d）

图 2-1-7　撩剑

要点：手腕要松活，以腰带剑，用力要柔和，力达剑刃前部。

技击含义：撩剑属进攻性剑法，由下向上撩击对方。

易犯错误：剑不贴近身体。

纠正方法：拧腰、旋臂，剑沿体侧由下向上撩出。

三、教学重点与难点

技术重点：准确利用挑剑、扫剑、撩剑技法击打固定桩特定部位。

技术难点：有效使用特定技法击打特定部位。

四、易犯错误与纠正方法

易犯错误：剑的技法特点使用不明确，击打效果不明显。

纠正方法：反复单招练习挑剑、扫剑、撩剑技法，在熟练基础上进行击打练习。

五、拓展阅读（趣味小知识）

【小贴士】斜上勾拳

斜上勾拳的主要击打目标为对方的腹部和肋部，为闪身出击性打法，相当于近身贴打的拳法，从左侧实战姿势开始，左脚朝左侧方摆一步的同时，左肘向后下收，左脚蹬地转腰，左拳成拳心向上朝正前方勾出。接着，右肘向后下收，重心落于右脚，右拳收于胸前的同时，右拳朝前勾出。

六、课后练习与功法功力

（1）打桩技术 1 至 3 式动作，击打固定桩练习，每组 10 次，练习 5 组。

（2）里合腿、外摆腿练习，每组 10 次，练习 5 组。

七、思考题

（1）故事《只要功夫深，铁杵磨成针》给你带来什么样的启示？

（2）撩剑的主要技术特点是什么？

（3）斜上勾拳的主要用法是什么？

八、参考文献

[1] 贺登昆，张海英. 青少年经典故事阅读：成语典故卷 [M]. 兰州：兰州大学出版社，2013.
[2] 蔡龙云. 武术运动基本训练 [M]. 上海：上海教育出版社，2006.

第二讲

一、学习目标

（1）认知目标：团结就是力量，合作定会事半功倍。

（2）技能目标：学练武术基本功正压肩、抓杆过肩；学习转身步、跳换步、冲刺步、斩剑、刺剑技术；掌握打桩技术，即斩剑击打固定桩颈部、转身扫剑打固定桩脊柱。

（3）情感目标：一个人的力量是有限的，懂得与人合作，才会走得更远。

二、本讲内容

（一）武德教育

【励志故事】

渔竿和鱼

从前，有两个饥饿的人得到了一位长者的恩赐——一根渔竿和一篓鲜活硕大的鱼。经过协商，其中一个人得到了那篓鱼，另一个人得到了那根渔竿。得到鱼的人原地就用干柴燃起篝火煮起了鱼，他狼吞虎咽，还没等品出鱼的鲜香，就连鱼带汤吃了个精光。不久，他便饿死在空空的鱼篓旁。

另一个人则提着渔竿忍饥挨饿，一步步艰难地向海边走去，可当他看到不远处那片蔚蓝色的海洋时，他最后一点力气也用完了，只能带着无尽的遗憾离开人世。

又有两个饥饿的人，他们同样得到了长者赐予的一根渔竿和一篓鱼。他们经过商议，并没有各奔东西，而是共同寻找大海。他俩每次只煮一条鱼吃，经过长途跋涉，终于来到了海边，从此两人过上了以捕鱼为生的日子，几年后，他们盖起了房子，有了各自的家庭、子女，有了自己的渔船，过上了幸福的生活。

【励志感言】

只图眼前利益或者自私自利的人，永远都不会有好的发展，只有那些知道自己什么时候最需要什么，懂得与人合作的人，才能看清自己前方的路，并跟别人一起走得更远。

（二）技术教学

1. 学习二段基本形态

1）动态

（1）正压肩。（2）抓杆过肩。

2）动作解析

（1）正压肩。

动作：面对肋木或一定高度的物体，两腿开步站立，两手抓握肋木，上体前俯下压振肩；两臂、两腿伸直，下压幅度逐渐加大，力点集中在肩部（图 2-2-1）。

图 2-2-1　正压肩

要点：两腿伸直，肩部松沉，用力压振，力点集中于肩部。

（2）抓杆过肩。

动作：两脚开步站立，身体直立，两手握棍于体前，两手间距约与肩同宽，两臂下垂于腹前，目视两手，然后双臂绕举至体后，再从体后绕举至体前（图 2-2-2）。

要点：双手握棍距离保持不变，双臂始终伸直，握力适中。

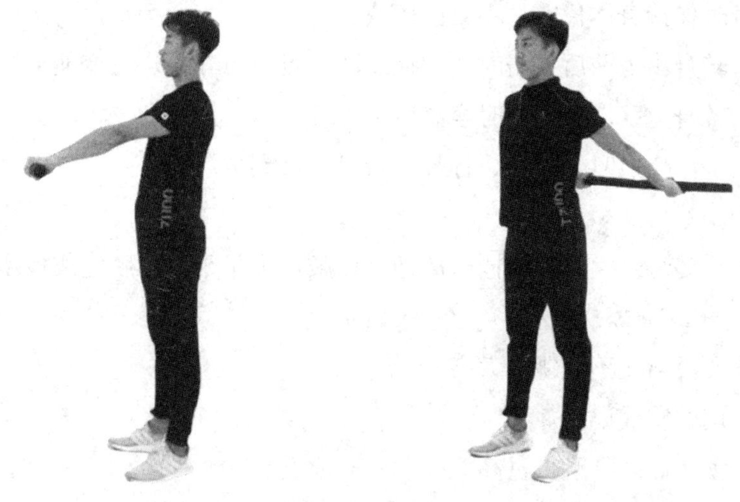

图 2-2-2 抓杆过肩

2. 单练套路、对打套路、拆招技术

1）二段第一小节第 6 至 10 式动作

（1）转身步。（2）换跳步。（3）冲刺步。（4）斩剑。（5）格剑。

2）动作解析

（1）转身步。

动作：左实战姿势站立，双脚脚尖蹬地，身体向后转 180 度，前脚变后脚，目视前方；或左脚蹬地，右脚上步后转身 180 度；或左脚蹬地，转身向后脚贴地向后退一步（约半步的距离），前脚蹬地，推动后脚移动，右脚向后撤步，仍为左实战姿势（图 2-2-3）。

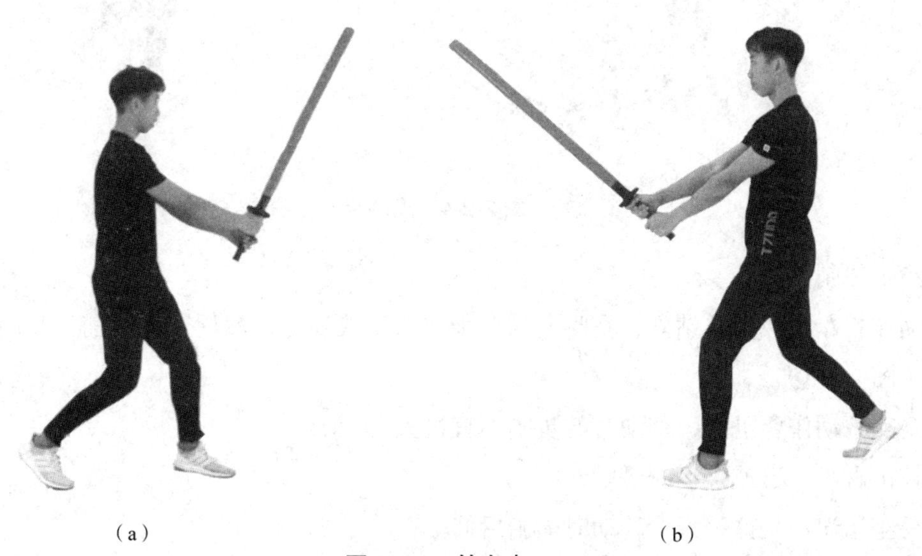

（a）（b）

图 2-2-3 转身步

要点：转身时保持身体稳定，不要前俯或后仰。

技击含义：转身步为前后夹击时的变换步法，可攻可守，步法变换灵活。

易犯错误：转身速度慢，实战时容易留下破绽。

纠正方法：步法变换时，蹬地、拧腰、转身一步到位。

（2）换跳步。

动作：右实战姿势站立，双脚同时离地，以腰部力量带动双腿完成换步，落地后成左实战姿势站立（图 2-2-4）。

要点：换步要灵活，不宜跳得太高。

技击含义：调整实战姿势。

易犯错误：动作僵硬、跳得过高。

纠正方法：身体放松，以腰的力量带动双腿完成换步。

（a）　（b）

图 2-2-4　换跳步

（3）冲刺步。

动作：左实战姿势站立，右脚向前上步成右实战姿势，然后左脚向前上步回到左实战姿势（图 2-2-5）。

要点：动作要迅速，移动时的步幅不宜过大。

技击含义：迅速接近对手。

易犯错误：身体僵硬，移动时前俯后仰。

纠正方法：移动时身体要放松，动作要突出起动快、落地稳的特点。

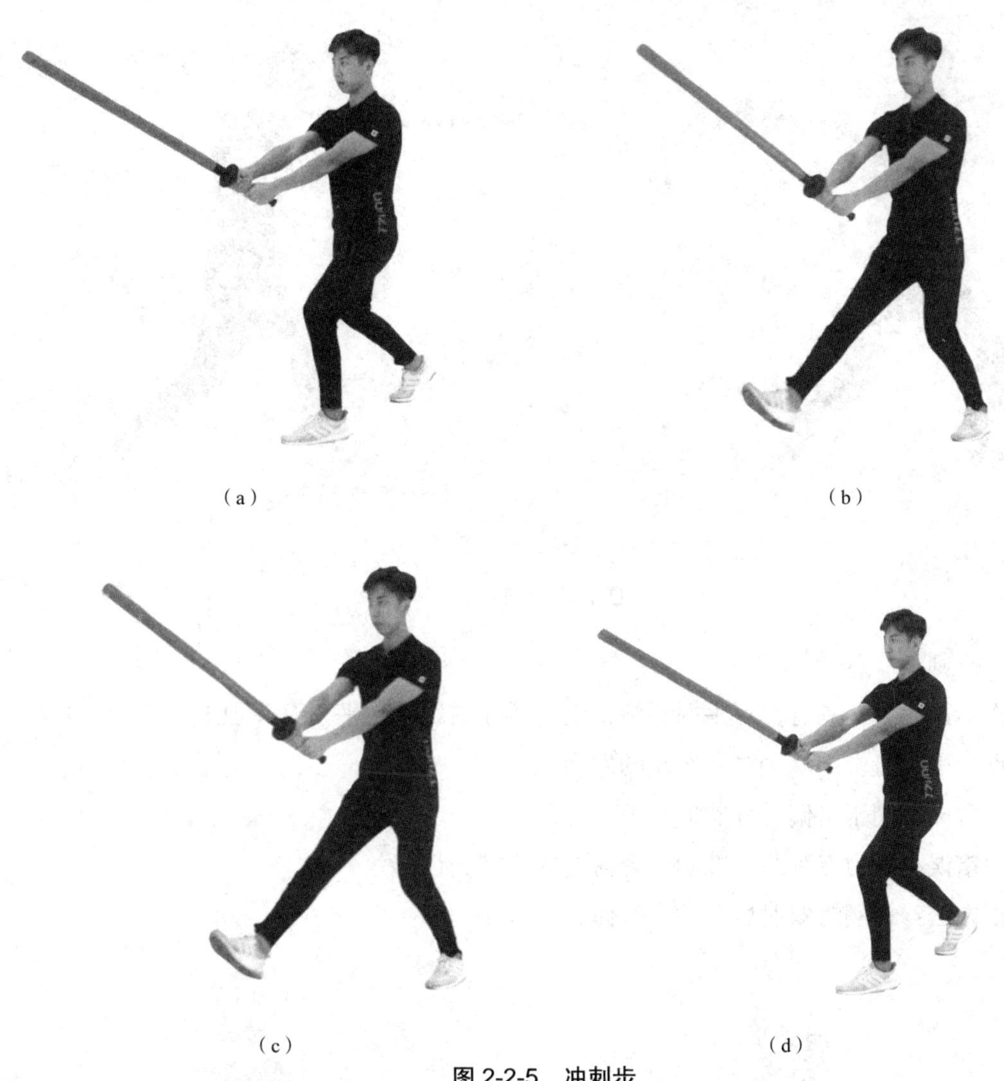

（a）　（b）　（c）　（d）

图 2-2-5　冲刺步

（4）斩剑。

动作：以右实战姿势为例，双手持剑，身体右转，同时两脚蹬转成开立步；剑身随转体向右平摆，与腰或肩同高，力达剑身中部（图 2-2-6）。

要点：在完成动作的瞬间用力，力贯剑身。

技击含义：斩剑属进攻性剑法，剑与颈齐，俗称斩首；剑与腰齐，俗称拦腰斩。

易犯错误：剑和臂不成一条直线，力未达剑身。

纠正方法：伸臂、直腕，使剑柄末端贴靠前臂，力达剑身。

（a） （b）

图 2-2-6 斩剑

（5）格剑。

动作：提劲力达剑身，双手握剑柄，随身体左右转动，平举至头顶上方（图 2-2-7）。

要点：用剑身中部承接对方器械的发力点。

技击含义：用于击偏对方器械。

易犯错误：发力点判断不准确，容易造成格挡失误。

纠正方法：格剑时双肘尽量贴靠身体，手腕用力。

（a） （b）

图 2-2-7 格剑

三、教学重点与难点

技术重点：如何有效使用转身扫剑打固定桩脊柱。

技术难点：转身后，身体与固定桩距离过大或过小，不能完成有效击打。

四、易犯错误与纠正方法

易犯错误：站位不准确，转身后扫剑击打脊柱时，发力点不能有效达到剑身前半部分。

纠正方法：反复站位进行转身扫剑击打，观察击打部位以调整站位，击打可以不用力。

五、拓展阅读（趣味小知识）

【小贴士】鞭拳

鞭拳是擂台上经常出现的一种拳法，具有动作大、力量足、快速、威猛等特点。很多格斗技都有这个拳法，很多选手都很重视这个拳法。

鞭拳用于退守反击，属于高击中率、高效实用的拳法动作。鞭拳借助转身和放肩所产生的助力，能极大地发挥人体的潜能，调动整体力量作用于目标。

鞭拳的运动轨迹为弧线，一般分为平鞭拳、斜下鞭拳、斜上鞭拳三种。

六、课后练习与功法功力

（1）斩剑击打颈部和转身扫剑击打脊柱持械空击练习，每组10次，完成5组。

（2）卷棒功练习，正卷1次、反卷1次为一组，完成20组。

七、思考题

（1）在今后的学习生活中应该怎样与同伴合作，共同进步？

（2）步法对实战的意义是什么？

（3）鞭拳的特点是什么？

八、参考文献

[1] 符文军，金波. 影响青少年一生的励志故事全集 [M]. 北京：北京工业大学出版社，2010.

[2] 康戈武. 中国武术实用大全 [M]. 北京：中华书局，2014.

第三讲

一、学习目标

（1）认知目标：谦虚使人进步，骄傲使人落后，不要不懂装懂、卖弄本领。

（2）技能目标：学习武术基本功弓步（冲拳）、马步（冲拳），学会左滑步挑剑、左滑步撩剑、左滑步格剑、左滑步斩剑动作；学会转身斩剑打固定桩颈部、左滑步斩剑打反应桩。

（3）情感目标：人外有人，山外有山，谦虚谨慎，戒骄戒躁。

二、本讲内容

（一）武德教育

【励志故事】

班门弄斧

采石江边一堆土，李白之名高千古。

来来往往一首诗，鲁班门前弄大斧。

鲁班是春秋时期鲁国人，以手巧闻名，被奉为匠师之祖。行家们对他佩服得五体投地。

有一天，一个年轻的木匠漫不经心地走到一个大红门的房子前，举起自己手里的斧子说："我这把斧子，别看它不起眼，可不管是什么木料，只要到了我的手里，用我的斧头这么一搞，就会做出漂亮无比的东西来。"

旁边的人听了，觉得他太夸口，就指着身后的大红门说："小师傅，那你能做出比这扇还好的门吗？"

年轻的木匠傲慢地说："不是我吹牛，告诉你们，我曾经当过鲁班的学生，难道还做不出这样一扇简单的大门来，简直是笑话。"

众人听了，忍不住大笑起来，说："这就是鲁班先生的家，这扇门就是他亲手做的，你真的能做出比这扇还好的门吗？"

那位年轻的木匠不好意思地跑掉了。

【励志感言】

"班门弄斧"比喻在行家面前卖弄本领、不自量力。一个人即使有很高的本领，也要客观地看待自己，虚心向别人学习，要相信身边的人总是比自己聪明，这样才能成为真正有本事的人。

（二）技术教学

1. 学习二段基本形态

1）静态

（1）弓步。（2）马步。

2）动态

（1）弓步冲拳。（2）马步冲拳。

3）动作解析

（1）弓步。

动作：前脚微内扣，全脚掌着地，屈膝半蹲，大腿水平，小腿与脚面垂直（图2-3-1）。

要点：挺胸，立腰，前腿弓，后腿绷。

图 2-3-1　弓步

（2）马步。

动作：两脚左右开立，脚尖正对前方，屈膝半蹲，大腿水平，眼看前方，双拳抱于腰间（图 2-3-2）。

图 2-3-2 马步

要点：头正、挺胸、立腰、扣足，两脚间距约为本人三个脚的长度。

（3）弓步冲拳。

动作：以左弓步冲拳为例，左脚向左迈出一步成左弓步，同时右拳从腰间旋臂向前猛力冲出，力达拳面，目视前方（图 2-3-3）。

（a）　　（b）

图 2-3-3 弓步冲拳

要点：挺胸、收腹、直腰，出拳快速有力。

（4）马步冲拳。

动作：两脚左右开立成马步，右拳（或左拳）从腰间旋臂向前猛力冲出，力达拳面，目视前方（图 2-3-4）。

（a） （b）

图 2-3-4 马步冲拳

要点：挺胸、收腹、立腰，拳面要平。

2. 单练套路、对打套路、拆招技术

1）二段第一小节第 11 至 14 式动作

（1）左滑步挑剑。（2）左滑步撩剑。（3）左滑步斩剑。（4）左滑步格剑。

2）动作解析

（1）左滑步挑剑。

动作：实战姿势站立，右脚蹬地，左脚向左横移半步，右脚随即向左横移半步，重心保持在两腿中间；同时，左手握剑直臂前平举，虎口向上，直臂上挑，力达剑尖（图 2-3-5）。

要点：左滑步避开对手的攻势，向右前方挑剑，攻击对方手腕。

（a） （b） （c）

图 2-3-5 左滑步挑剑

（2）左滑步撩剑。

动作：右手握剑直臂前平举，向上、向后立绕至体后，然后右脚蹬地，左脚向左横移半步，右脚随即向左横移半步，同时右臂外旋向下，沿身体右侧贴身弧形向前撩至体前上方（图 2-3-6）。

要点：左滑步配合右撩剑动作。

（a） （b） （c） （d）

图 2-3-6　左滑步撩剑

（3）左滑步斩剑。

动作：右实战姿势站立，右脚蹬地，左脚向左横移半步，右脚随即向左横移半步，重心保持在两腿中间；双手持剑收于左侧腰间；身体右转，同时两脚蹬转，剑身向右平摆，提劲力达剑身中部（图 2-3-7）。

要点：斩剑要根据对方攻势，向右平斩，与腰或肩同高。

（a）　（b）　（c）

图 2-3-7　左滑步斩剑

（4）左滑步格剑。

动作：右实战姿势站立，右脚蹬地，左脚向左横移半步，右脚随即向左横移半步，重心保持在两腿中间不变；同时力达剑身，双手握剑柄，随身体向左转动，平举至头顶上方，格挡对方攻势（图 2-3-8）。

要点：左滑步落地站稳后，顺势向上方格剑，阻断对手的进攻。

（a）　（b）　（c）

图 2-3-8　左滑步格剑

三、教学重点与难点

技术重点：转身斩剑打固定桩颈部和左滑步斩剑打反应桩。

技术难点：有效完成转身斩剑打固定桩颈部动作。

四、易犯错误与纠正方法

易犯错误：步法与剑法配合不默契，击打效果不明显。

纠正方法：反复练习击打动作，提高击打准确性和击打效果。

五、拓展阅读（趣味小知识）

【小贴士】边腿

边腿是散打中弧线腿法的统称，有高边腿、中边腿、低边腿，有人称边腿为“鞭腿”。但实际上鞭腿不是正确的叫法，称为边腿更加恰当。在散打的历史上，边腿曾叫过鞭腿（民间也这么叫）、横打腿、横踢腿、侧弹腿。很多人无法分清泰拳中的扫踢与边腿。但实际上，它们的区别是很大的。散打的边腿，现在一般院校的边腿是：提膝、里合、弹、原路收回（不管是否击中目标都可以收回）。泰拳的扫踢是：抬腿、送胯、垫脚、拧腰、胫骨扫出（如果没有击中目标扫空，由于全身力度都施展到胫骨上而产生的惯性使身体旋转360度回原地，很多比赛或者练习的视频上都看得到，整个动作身体是僵直的）。这样不难看出，它们都有各自的优点和缺点。例如，散打的边腿控制力和灵活性要好于扫踢，但是杀伤力却不如扫踢（这也是欧美大级别运动员更喜爱扫踢的原因），散打的边腿启动速度虽不如扫踢，但整体速度快，不易被抱摔（规则决定技术），腿不如泰拳打出扫踢的力量大（更善于得分而非摧毁对手）。边腿在现代徒手搏斗技术中占着重要的地位，同时也是世界上各国技击术备受重视的腿法之一。不过要在这里说明的是，边腿是散打的专利，其他武术搏击类运动中动作类似的腿法不可用边腿来一概而论。类似腿法在不同武术搏击类运动中的叫法，泰拳和踢拳称之为“横踢”，跆拳道称之为“横踢”或“旋踢”，空手道则称之为“前回蹴”。

六、课后练习与功法功力

（1）马步冲拳、弓步冲拳，一组左右各一次，完成30组。

（2）两脚开立与肩同宽，两臂上举进行吊腰练习，保持 2~3 分钟，做 3 次。

七、思考题

（1）认真的反思自己，如何时刻保持谦虚谨慎的学习态度？
（2）吊腰主要练习什么？
（3）泰拳中的扫踢与边腿的区别是什么？

八、参考文献

[1] 符文军，金波. 影响青少年一生的励志故事全集 [M]. 北京：北京工业大学出版社，2010.
[2] 康戈武. 中国武术实用大全 [M]. 北京：中华书局，2014.

第四讲

一、学习目标

（1）认知目标：看问题不能凭自己主观的片面了解就下判断，应了解事物的全貌。
（2）技能目标：学习武术基本功仆步（穿掌）；练习右滑步挑剑、右滑步撩剑、右滑步斩剑、右滑步格剑；学会右滑步撩剑打固定桩肋部、右滑步斩剑打固定桩颈部。
（3）情感目标：世间万物都有其多面性，我们要多观察、多了解，不要轻易下结论。

二、本讲内容

（一）武德教育

【励志故事】

盲人摸象

很久很久以前，印度有一位国王，他心地善良，很乐意帮助别人，对臣民们也是如此。

有一次，几个盲人相携来到王宫求见国王。国王问他们说："有什么事是我可以帮你们的吗？"盲人们答道："感谢国王陛下的仁慈。我们天生就什么也看不见，听人家说，大象是一种个头巨大的动物，可是我们从来没有见过，很是好奇，求陛下让我们亲手摸一摸象，也好知道象究竟是什么样子的。"

国王欣然应允，就命令手下的大臣说："你去牵一头大象来让这几个人摸一摸，也好遂了他们的心愿。"

不一会儿，大臣便牵着大象回来了，"象来了，象来了，你们快过来摸吧！"

于是，几个盲人高高兴兴地向大象走了过去。大象实在太大了，他们几个人有的摸到了大象的鼻子，有的摸到了大象的耳朵，有的摸到了大象的牙齿，有的碰到了大象的身子，有的摸到了大象的腿，还有的抓住了大象的尾巴。他们都以为自己摸到的就是大象，仔仔细细地摸索和思量起来。

过了好一会儿，他们都摸得差不多了。国王问道："现在你们明白大象是什么样子的了吗？"盲人们齐声回答："明白了！"国王说："那你们都说说看。"

摸到象鼻子的人说："大象又粗又长，就像一根管子。"摸到象耳朵的人忙说："不对不对，大象又宽又大又扁，像一把扇子。"摸到象牙的人驳斥说："哪里，大象像一根大萝卜！"摸到象身的人也说："大象明明又厚又大，就像一堵墙一样嘛。"摸到象腿的人也发表意见道："我认为大象就像一根柱子。"最后，抓到象尾巴的人慢条斯理地说："你们都错了，依我看，大象又细又长，活像一条绳子。"

盲人们谁也不服谁，都认为自己一定没错，就这样吵个没完。

【励志感言】

要想真正认识一个事物，一定要多角度、全方位去考察，不断探索，才能得到最全面的了解。如果只知道局部就以为自己已经全明白了，片面地看待事物，就会像这几个盲人一样闹出笑话。

（二）技术教学

1. 学习二段基本形态

1）静态

仆步。

2）动态

仆步穿掌。

3）动作解析

（1）仆步。

动作：一条腿全蹲，且大腿和小腿贴紧，臀部接近小腿，全脚掌着地，膝与脚尖稍外展；另一条腿平铺脚掌着地，脚尖内扣（图 2-4-1）。

图 2-4-1　仆步

要点：挺胸、立腰、开髋。

（2）仆步穿掌。

动作：右腿屈膝全蹲，左腿伸直成仆步；左掌下落，用掌尖直插左脚面处，上体微向左转，目视前方（图 2-4-2）。

图 2-4-2　仆步穿掌

要点：眼随手动，力达掌尖。

2. 单练套路、对打套路、拆招技术

1）二段第一小节第 15 至 18 式动作

（1）右滑步挑剑。（2）右滑步撩剑。（3）右滑步斩剑。（4）右滑步格剑。

2）动作解析

（1）右滑步挑剑。

动作：右实战姿势站立，左脚蹬地，右脚向右前方横移半步，左脚随即跟半步；上身保持侧身不变，目视前方；同时，双手握剑上挑，力达剑尖（图 2-4-3）。

要点：挑剑时判断好时机与双方的距离。

（a）　（b）

图 2-4-3　右滑步挑剑

（2）右滑步撩剑。

动作：右实战姿势站立，左脚蹬地，右脚向右前方移半步，左脚随即跟半步；上身保持侧身不变，目视前方；同时双手（或单手）握剑，剑尖向上、向左沿弧线下落，臂内旋，剑尖向下贴身体左侧沿弧线向前撩至体前上方，虎口斜向下，力达剑刃前部（图 2-4-4）。

要点：先将剑收至左侧，右滑步同时向前撩出，力达剑身。

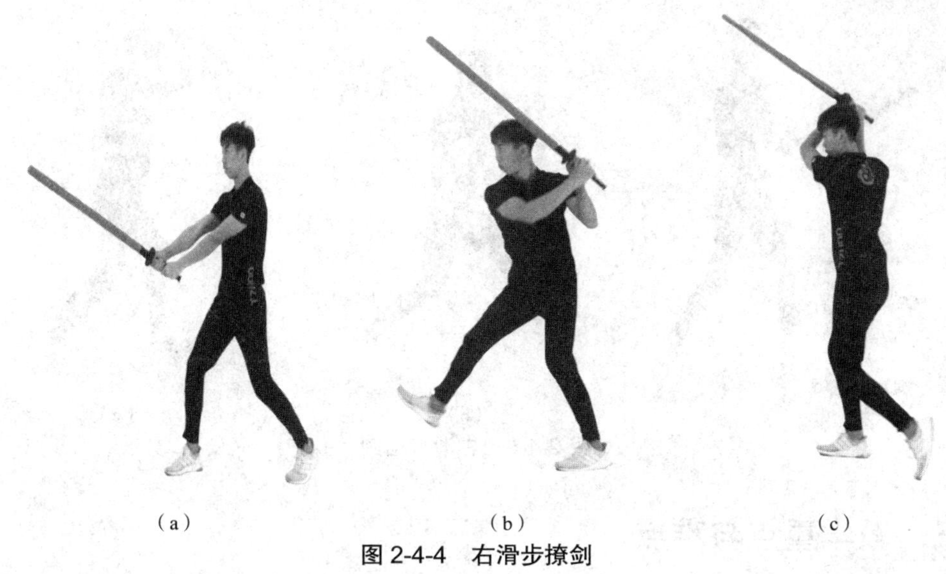

（a）　（b）　（c）

图 2-4-4　右滑步撩剑

（3）右滑步斩剑。

动作：右实战姿势站立，左脚蹬地，右脚向右前方横移半步，左脚随即跟半步，右脚在前，保持侧身不变，目视前方；双手持剑向右平斩；力达剑身中部（图 2-4-5）。

要点：斩剑与腰或肩同高，力达剑身。

（a）　（b）　（c）

图 2-4-5　右滑步斩剑

（4）右滑步格剑。

动作：右实战姿势站立，左脚蹬地，右脚向右前方横移半步，左脚随即跟半步，上身保持侧身不变，目视前方；同时力达剑身，双手握剑柄，随身体右转动，平举至头顶上方。

要点：格剑力达剑身中部。

(a)　(b)　(c)

图 2-4-6　右滑步格剑

三、教学重点与难点

技术重点：右滑步撩剑打固定桩肋部和右滑步斩剑打固定桩颈部。

技术难点：有效完成右滑步撩剑打固定桩肋部动作。

四、易犯错误与纠正方法

易犯错误：站位距离把握不精确，完成动作后不能有效击打。

纠正方法：反复练习滑步击打动作，提高击打准确性和击打效果。

五、拓展阅读（趣味小知识）

【小贴士】侧踹腿

踹腿在徒手搏斗中，跟直拳有一样的重要性，也是直线进攻型的技法，攻击力特别大，杀伤力强，对手即使采取了阻挡措施也难避被踹中或踹伤。另外，还可以从较远的地方冲过去，利用冲击的惯性来增加腿击力量，形成腾空踹腿，它是腿法中追击效果最好的腿法。

踹腿的动作是多样化的，而基本技术均以侧踹为主，只要将侧踹腿练好，并与步法、身法配合，便可随势施展任何一种踹腿。所以，在学习和训练踹腿时，应该注重侧踹腿。侧踹腿主要用于攻击对手下盘，也用来阻击对方步法、腿法的进攻，故被称为低踹腿。攻击对手腹部、胸部、腰部、肋部的侧踹腿则称为中位侧踹腿。攻击对手颈部、头部的侧踹腿称为高位侧踹腿。同时，侧踹腿法依前后而定，左脚在前时，左脚踹出称为前脚踹腿，右脚踹出称为后脚踹腿。

踹腿是以臀部发力，再加上重心向前的力量，腿借身力，身助腿威，以脚底外侧、全脚掌攻击对方；提膝、支撑脚旋拧、拧膝、送胯，整个动作要一气呵成，快发快收，侧踹时上体侧倾，攻击时送髋，以增加打击距离及打击强度；上体和双腿在同一平面上，不能扭曲身体及四肢。

六、课后练习与功法功力

（1）右滑步撩剑与右滑步斩剑分别联系，每组 10 次，完成 5 组。

（2）指卧撑练习，每组 20 个，完成 3 组。

七、思考题

（1）《盲人摸象》故事的寓意是什么？

（2）右滑步动作的发力顺序是怎样的？

（3）侧踹腿如何发力？

八、参考文献

[1] 符文军，金波. 影响青少年一生的励志故事全集 [M]. 北京：北京工业大学出版社，2010.

[2] 蔡龙云. 武术运动基本训练 [M]. 上海：上海教育出版社，2006.

第五讲

一、学习目标

（1）认知目标：世界是一个迷人的万花筒，千姿百态，丰富多彩。

（2）技能目标：学习武术基本功虚步（亮掌），学会转身扫剑、转身撩剑、转身斩剑、换跳步斩剑、换跳步扫剑技法；学会换跳步斩剑打反应桩和换跳步扫剑打反应桩。

（3）情感目标：井底之蛙，所见不大；萤火之光，其亮不远。

二、本讲内容

（一）武德教育

【励志故事】

井底之蛙

有一只青蛙长年住在一口枯井里，它对自己生活的小天地满意极了，一有机会就要吹嘘一番。有一天，它吃饱了饭，蹲在井口的栏杆上正闲得无聊，忽然看见不远处有一只大海鳖在散步。青蛙赶紧扯开嗓门喊了起来："喂，海鳖兄，请过来，快请过来。"

海鳖爬到枯井旁边。青蛙立刻打开了话匣子："今天算你运气了，我让你开开眼界，参观一下我的居室。那简直是一座天堂。你大概从来也没有见过这样宽敞的住所吧！"海鳖探头往井里瞅瞅，只见浅浅的井底积了一汪长满绿苔的泥水，还散发出一股刺鼻的臭味。海鳖皱了皱眉头，赶紧缩回了脑袋。青蛙根本没有注意海鳖的表情，挺着大肚子继续吹嘘："住在这儿，我舒服极了！傍晚可以跳到井栏上乘凉；深夜可以钻到井壁的窟窿里睡觉，跳到水里，水刚好托着我的胳肢窝和面颊；跳到泥里，让泥盖没脚背，埋住四足，可以打滚，那些孑孓、螃蟹、蝌蚪什么的，哪一个能比得上我呢？"青蛙唾沫星儿四溅，越说越得意，"瞧，这一坑水，这一口井，都属我一个人所有，我爱怎么样就怎么样。这样的乐趣可以算到顶了吧。海鳖兄，你不想进去观光观光吗？"

海鳖感到盛情难却，便爬向井口，可是左腿还没能全部伸进去，右腿的膝盖就被井壁卡住了。海鳖慢慢地退了回来，问青蛙："你听说过大海没有？"青蛙摇摇头。海鳖说："大海水天茫茫，无边无际。用千里不能形容它的辽阔，用万丈不能表明它的深度。大禹做国君的时候，十年九涝，海水没有加深；商汤统治的年代，八年七旱，海水也不见减少。海是这样大，以至于时间的长短、旱涝的变化都不能使它的水量发生明显的变化。我就生活在大海中。你看，比起你这一眼枯井、一坑浅水来，哪个天地更开阔，哪个乐趣更大呢？"

青蛙听傻了，鼓着眼睛，半天合不拢嘴。

【励志感言】

世界无限广阔，知识没有穷尽。井底的青蛙，生活天地狭小，孤陋寡闻，见识短浅，却盲目自满，自我陶醉，因而受到了来自广阔大海的海鳖的嘲笑。宇宙无边，学海无涯，千万不能因为懂得了一些什么，就妄自尊大、不可一世。

（二）技术教学

1. 学习二段基本形态

1）静态

虚步。

2）动态

高虚步亮掌。

3）动作解析

（1）虚步。

动作：两脚前后开立，重心落于右腿，右腿屈膝、屈髋或半蹲，脚尖外展约 45 度；右腿稍屈膝，膝稍内合，脚跟提起，脚面绷平，拇指虚点地；两拳抱贴腰侧或双手叉腰，眼向左前平视。左脚在前为左虚步，左脚在前为左虚步（图 2-5-1）。

图 2-5-1 虚步

要点：前虚后实、虚实分明、挺胸立腰。

（2）高虚步亮掌。

动作：右臂向前上方弧形摆掌，同时左臂屈肘，左掌收于左腰间，上体微左转，目随右掌；右掌经体前向左、向下、向右、向头上抖腕亮掌，掌心向前，掌指朝左；同时左掌从右臂内穿出，经胸前向上、向左摆至左侧，掌指朝上与肩齐平；左脚在右臂抖腕亮掌的同时收于体前，脚尖虚点地面，成高虚步；头部左转，两眼随右掌抖腕亮掌转视左侧（图 2-5-2）。

图 2-5-2 高虚步亮掌

要点：腿部重心虚实分明，亮掌与甩头动作保持一致。

2. 单练套路、对打套路、拆招技术

1）二段第一小节第 19 至 23 式动作

（1）转身扫剑。（2）转身撩剑。（3）转身斩剑。（4）换跳步斩剑。（5）换跳步扫剑。

2）动作解析

（1）转身扫剑。

动作：左实战姿势站立，双脚脚尖蹬地，身体向后转 180 度，前脚变后脚，目视前方；同时右手握剑直臂下扫，手心向下，劲贯剑身，横扫对方膝部以下部位（图 2-5-3）。

要点：转腰的同时扫剑，力达剑尖。

（a） （b） （c）

图 2-5-3 转身扫剑

（2）转身撩剑。

动作：右实战姿势站立，双脚脚尖蹬地，身体向后转 180 度，前脚变后脚，目视前方；右手握剑内旋收至体前，随转身臂外旋向下，沿身体左侧贴身弧形向前撩至体前上方（图 2-5-4）。

要点：转身的同时剑向前上方撩剑，力达剑身前部。

（a）　（b）　（c）　（d）

图 2-5-4　转身撩剑

（3）转身斩剑。

动作：左实战姿势站立，左脚蹬地，向后转 180 度，变为右实战姿势；随身体右转，同时两脚蹬转，剑身向右平斩，提劲力达剑身中部（图 2-5-5）。

要点：右脚落体的同时斩剑，与腰或肩同高。

（a） （b）

（c） （d）

图 2-5-5 转身斩剑

（4）换跳步斩剑。

动作：左实战姿势站立，双脚同时离地，以腰部力量带动双腿位置互换；双手持剑收于右侧；随身体右转，同时两脚蹬转，剑身向左平摆，提劲力达剑身中部（图 2-5-6）。

要点：换跳步腾空不能太高，双脚交换迅速，随腰转动向左横斩。

（5）换跳步扫剑。

动作：右实战姿势站立，双脚同时离地，以腰部力量带动双腿位置互换；右手握剑直臂下扫，手心向左，劲贯剑身，横扫对方膝部以下部位（图 2-5-7）。

要点：双脚交换时，右手持剑由左向右下方扫剑，力达剑身。

（a） （b） （c）
图 2-5-6 换跳步斩剑

（a） （b） （c）
图 2-5-7 换跳步扫剑

三、教学重点与难点

技术重点：学会换跳步斩剑打反应桩和换跳步扫剑打反应桩。

技术难点：对反应桩发出的信号做出正确的击打反应桩。

四、易犯错误与纠正方法

易犯错误：换跳步腾空过高，双脚交换速度过慢。

纠正方法：反复徒手进行步法练习，力求步法完成迅速有力。

五、拓展阅读（趣味小知识）

【小贴士】蹬腿

蹬腿是由下向上、向前的直线运动的腿法，属于传统腿法中的重要腿法之一。传统武术多以一脚制敌而誉之，蹬腿有“无影脚”“穿心腿”的美名，实搏中可以试探、进攻或阻击。蹬腿分为脚尖蹬、前脚掌蹬和脚跟蹬三种形式。其中，脚跟蹬最常用，威力最大，且多用来攻击对手的心脏、小腹和裆部等薄弱环节；矮蹬可击其膝盖、前胫做阻击之用。

六、课后练习与功法功力

（1）换跳步徒手练习，每组 20 个，完成 3 组。

（2）高抬腿练习，每组 30 秒，完成 5 组。

七、思考题

（1）为什么井底之蛙所见不大？

（2）换跳步的技术要求是什么？

（3）蹬腿的攻击部位是什么？

八、参考文献

[1] 符文军，金波. 影响青少年一生的励志故事全集 [M]. 北京：北京工业大学出版社，2010.

[2] 蔡龙云. 武术运动基本训练 [M]. 北京：人民体育出版社，2013.

第六讲

一、学习目标

（1）认知目标：人只有站在山峰上的时候，才能看到远处众多的高峰。

（2）技能目标：学习武术基本功歇步（亮掌），学会冲刺步扎剑、冲刺步劈剑、冲刺步刺剑；学会冲刺步扎剑打固定桩胸部、冲刺步劈剑打固定桩顶部、冲刺步刺剑打反应桩。

（3）情感目标：人生是一座可以采掘开拓的金矿，它根据人们的勤奋程度不同，给予人们不同的回报。

二、本讲内容

（一）武德教育

【励志故事】

一壶沙子

有一年，一支探险队进入撒哈拉沙漠的某个地区，在茫茫的沙海里跋涉。阳光下，漫天飞舞的风沙像炒红的铁沙一般，扑打着探险队员的面孔。口渴似炙，心急如焚——大家的水都没了。这时，探险队长拿出一只水壶，说："这里还有一壶水，但穿越沙漠前，谁也不能喝。"

一壶水，成了穿越沙漠的信念之源，成了求生的寄托目标。水壶在队员手中传递，那沉甸甸的感觉使队员们濒临绝望的脸上又露出坚定的神色。终于，探险队顽强地走出了沙漠，挣脱了死神之手。大家喜极而泣，用颤抖的手拧开那壶支撑他们的精神之水——缓缓流出来的却是满满的一壶沙子！

人的力量和耐力很多时候是需要精神来支撑的，只要心中的信念不死，一个人就可以走出绝境。有时候执着的信念就如同一粒种子，只要在我们心中有它生长的环境，它就一定能够破土而出，生根发芽，最终开出灿烂的精神之花。

【励志感言】

信念是一个人走出困境的救命草，因为信念可以带给人一种支撑的力量，只要抓住了，就有希望。所以，在生活中，无论我们遇到什么样的事情都一定要有坚定的信念，因为只要信念还在，希望就还在。

（二）技术教学

1. 学习二段基本形态

1）静态

歇步。

2）动态

歇步亮掌。

3）动作解析

（1）歇步。

动作：两脚左右交叉，两大腿靠拢贴紧，屈膝全蹲，右脚全脚掌着地，脚尖外展，左脚前脚掌着地，臀部坐于左小腿接近脚跟处，上体稍前倾并向前方拧转，两拳抱贴腰侧，目视前方（图 2-6-1）。

要点：两腿贴紧，挺胸立腰，前脚外展。

（2）歇步亮掌。

动作：（以右歇步为例）右脚向右侧移步，左脚向后插下坐成右歇步；同时右拳变掌向额前上方屈肘、抖腕，成横掌上架；左掌反臂后举成勾手，钩尖向上，目视左侧（图 2-6-2）。

要点：歇步与亮掌动作必须保持一致。

图 2-6-1 歇步

图 2-6-2 歇步亮掌

2. 单练套路、对打套路、拆招技术

1）二段第一小节第 24 至 26 式动作

（1）冲刺步扎剑。（2）冲刺步劈剑。（3）冲刺步刺剑。

2）动作解析

（1）冲刺步扎剑。

动作：左实战姿势站立，右脚向前上步成右实战姿势，然后左脚向前上步回到左实战姿势；同时，双手握剑柄，向前扎出，掌心向上仰腕，劲贯剑尖（图 2-6-3）。

要点：冲刺步迈步平稳、快速，向前扎剑时目视前方。

（a）（b）（c）（d）

图 2-6-3 冲刺步扎剑

（2）冲刺步劈剑。

动作：左实战姿势站立，右脚向前上步成右实战姿势，同时双手提剑直臂上举，剑尖向上；然后左脚向前上步回到左实战姿势，同时双手持剑由上向下劈剑，力达剑身中部（图 2-6-4）。

要点：冲刺步上右脚时双手举剑至头顶，上左脚时双手持剑下劈，力达剑尖。

（a）（b）（c）

图 2-6-4 冲刺步劈剑

（3）冲刺步刺剑。

动作：左实战姿势站立，右脚向前上步成右实战姿势，然后左脚向前上步回到左实战姿势，同时左手握剑柄，劲贯剑尖，向前方刺出（图 2-6-5）。

要点：刺剑向前方，攻击对方头面部。

（a）（b）（c）

图 2-6-5 冲刺步刺剑

三、教学重点与难点

技术重点：熟练使用冲刺步扎剑打固定桩胸部、冲刺步劈剑打固定桩顶部、冲刺步刺剑打反应桩。

技术难点：使用冲刺步刺剑打反应桩。

四、易犯错误与纠正方法

易犯错误：使用冲刺步刺剑技法击打目标不准确。

纠正方法：反复使用冲刺步刺剑技法击打固定桩不同位置，提高击打准确性。

五、拓展阅读（趣味小知识）

【小贴士】冲膝

技法：以右冲膝为例。两手上抬，高过头顶，然后将身体重心置于左腿，两掌向下用力挂拉的同时，右脚迅速离地，并以膝盖上部为力点向上、向前冲击；左冲膝练法与此相似。原地操作熟练后，即可配合步法进行移动冲膝练习。实际应用时，可向上直撞、向前冲撞或斜线冲击。这种技法是泰拳中非常典型的“箍颈膝撞”，一旦击中敌方面部，轻者五官开花、视线模糊，重者门牙破碎、当场昏死。

六、课后练习与功法功力

（1）练习冲刺步扎剑打固定桩胸部、冲刺步劈剑打固定桩顶部，每项 15 次一组，练习 2 组。

（2）冲刺步练习，30 个为一组，练习 2 组。

七、思考题

（1）茫茫学海中，我们应当树立怎样的人生信念？

（2）冲刺步的技术要领是什么？

（3）如何运用冲膝？

八、参考文献

[1] 符文军，金波. 影响青少年一生的励志故事全集 [M]. 北京：北京工业大学出版社，2010.

[2] 高谊，陈立人. 跆拳道 [M]. 北京：北京体育大学出版社，1998.

第七讲

一、学习目标

（1）认知目标：做人不要因小失大。

（2）技能目标：学习武术基本功压脚尖和吻靴；学会单练套路 1 至 4 式动作，并学会利用已学技术进行实战对抗。

（3）情感目标：失之毫厘，谬以千里；千里之堤，溃于蚁穴，做事一定要认认真真、踏踏实实。

二、本讲内容

（一）武德教育

【励志故事】

因小失大

国王查理三世准备拼死一战。里奇蒙德伯爵亨利带领的军队正迎面扑来，这场战斗将决定谁统治英国。

战斗进行的当天早上，查理三世派了一个马夫去备好自己最喜欢的战马。“快点给它钉掌，”马夫对铁匠说，“国王希望骑着它打头阵。”“你得等等，”铁匠回答，“我前几天给国王全军的马都钉了掌，现在我得打点儿铁片来。”“我等不及了。”马夫不耐烦地叫道，“国王的敌人正在推进，我们必须在战场上迎击敌兵，有什么你就用什么吧。”

铁匠埋头干活，从一根铁条上弄下四个马掌，把它们砸平、整形，固定在马蹄上，然后开始钉钉子。钉了三个掌后，他发现没有钉子来钉第四个掌了。“我需要一两个钉子，”他说，“得需要点儿时间。”“我告诉过你我等不及了，”马夫急切地说，“我听见军号，你能不能凑合？”“我能把马掌钉上，但是不能像其他几个那么结实。”“能不能挂住？”马夫问。“应该能，”铁匠回答，“但我没把握。”“好吧，就这样，”马夫叫道，“快点，要不然国王会怪罪到咱俩头上的。”

两军交锋了，查理国王冲锋陷阵，鞭策士兵迎战敌人。“冲啊，冲啊！”他喊着，率领部队冲向敌阵。远远地，他看见战场另一头自己的几个士兵退却了。如果别人看见他们这样，也会后退的，所以查理策马扬鞭冲向那个缺口，召唤士兵调转头战斗。

他还没走到一半，一只马掌掉了，战马跌翻在地，查理也被掀翻在地上。

国王还没有抓住缰绳，惊恐的马就跳起来逃走了。查理环顾四周，他的士兵们纷纷转身撤退，敌人的军队包围上来。

他在空中挥舞宝剑，“马！”他喊道，“一匹马，我的国家倾覆就因为这一匹马。”

他没有马骑了，他的军队已经分崩离析，士兵自顾不暇。不一会儿，敌军俘获了查理，战斗结束了。

所有的损失都是因为少了一个马掌钉。

从那时起，人们开始说：

少了一个铁钉，丢了一个马掌，

少了一个马掌，丢了一匹战马，

丢了一匹战马，败了一场战役，

败了一场战役，失了一个国家，

所有的损失都是因为少了一个马掌钉。

【励志感言】

“因小失大”比喻只谋求眼前的好处而不顾长远的利益。这个故事告诉我们：做人要目光长远、志向远大，还要注意事情的细节，否则就得不偿失了。

（二）技术教学

1. 学习二段基本形态

1）动态

（1）压脚尖。（2）吻靴。

2）动作解析

（1）压脚尖。

动作：双膝跪地，两腿靠拢，脚背接触地面，臀部下压直到坐到自己小腿上，用自己身体的力量压住自己的脚尖（图 2-7-1）。

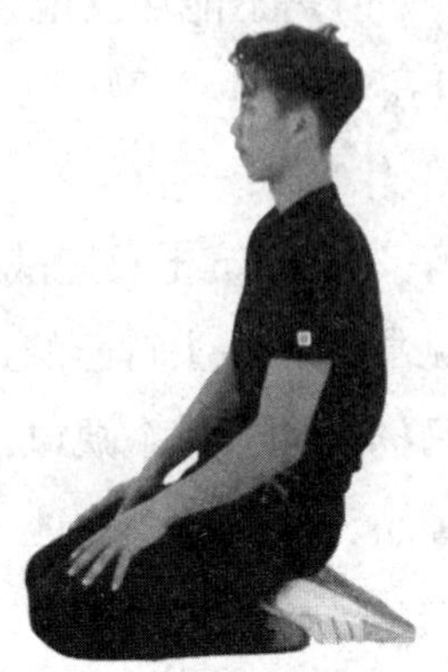

图 2-7-1 压脚尖

要点：必须保持脚背接触地面，身体重心后压。

（2）吻靴。

动作：前腿伸直，位于地面，后腿弯曲，双手抱住前脚，俯身用额头触及脚尖，反复数次练习，可不断提高腿部柔韧性（图 2-7-2）。

图 2-7-2 吻靴

要点：前腿伸直，背部不可弯曲。

2. 单练套路

1）二段第二小节第 1 至 4 式动作

（1）起式。（2）飞鹞穿林 1：左劈右拦。（3）飞鹞穿林 2：下劈上挑。（4）飞鹞穿林 3：转身劈剑。

2）动作解析

（1）起式。

动作：面向正前方并步站立，左手全把持剑，剑尖向斜下方，右手四指并拢伸直，拇指内扣按掌置于右侧（图 2-7-3）。

要点：抬头挺胸，目视前方。

图 2-7-3 起式

（2）飞鹞穿林 1：左劈右拦。

动作：双手阴阳把持剑，右手在前，左手相反；右脚上步成前进步，双手持剑从上方向左下方劈剑；接上式不停，右脚上前一步，翻转右手臂外旋，向右上方拦剑（图 2-7-4）。

要点：下劈剑与上拦剑连接紧凑，顺势发力。

（a） （b） （c）

图 2-7-4 飞鹞穿林 1：左劈右拦

（3）飞鹞穿林 2：下劈上挑。

动作：左脚向左前方上步，双手则顺势翻腕下劈，提膝与下劈形成合力；随后右脚向前上步，同时双手阴把持剑屈肘向右下方划弧拦剑；两脚蹬地拧腰，双手阴把持剑上挑，力达剑尖（图 2-7-5）。

要点：上挑剑时，双手阴把持剑，右手主发力。

（a）　　（b）

图 2-7-5　飞鹞穿林 2：下劈上挑

（4）飞鹞穿林 3：转身劈剑。

动作：上动不停，两脚拧转，成倒插步，上身随之向左转，双手持剑由下向上随腰带动，然后双脚迅疾发力蹬地，旋腰转身拧转，同时双手持剑由上向前下劈剑，力达剑身前部，目视前方（图 2-7-6）。

要点：蹬地旋腰转身拧转，同时劈剑，力达剑身前部。

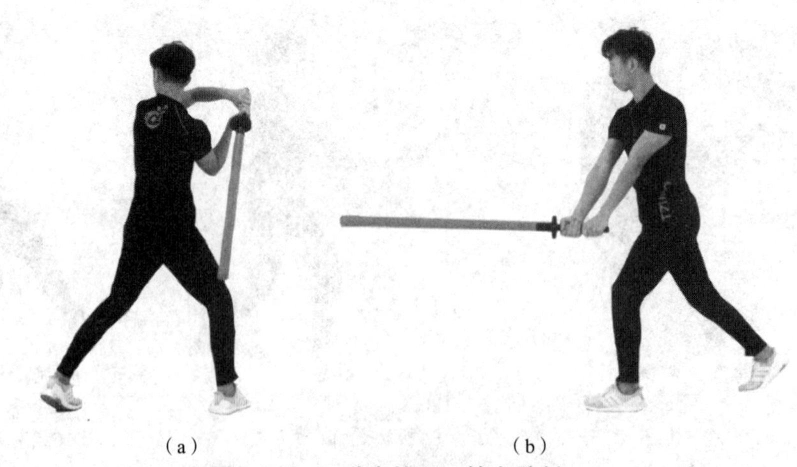

（a）　　（b）

图 2-7-6　飞鹞穿林 3：转身劈剑

三、教学重点与难点

技术重点：学习并掌握单练套路。

技术难点：套路动作演练的连贯性。

四、易犯错误与纠正方法

易犯错误：追求演练套路速度，忽略动作质量。

纠正方法：反复练习单个技术动作，在熟练基础上串联进行演练。

五、拓展阅读（趣味小知识）

【小贴士】侧膝

技法：此法运行轨迹与单纯的冲膝有所不同。单练时，两拳呈格斗状态，身体重心置于左腿，右腿弯曲，右膝扬起呈半月形，然后以臀部动力驱动右腿右膝自体侧向左上方摆撞，也可将身体重心置于右腿进行左膝的练习。侧膝的操练有一定难度，必须经过刻苦用心练习，方可揣摩和掌握其中玄机。

六、课后练习与功法功力

（1）套路动作单独演练 10 遍。

（2）抱膝跳 10 个一组，做 3 组。

七、思考题

（1）查理三世为什么会因为一个钉子而失去一个国家？

（2）吻靴动作主要有什么作用？

（3）如何运用侧膝技法？

八、参考文献

[1] 蔡龙云. 武术运动基本训练 [M]. 上海：上海教育出版社，2006.

第八讲

一、学习目标

（1）认知目标：没有真本领，靠欺骗过日子，最后只能自欺欺人。

（2）技能目标：学习武术基本功竖叉和跌叉，练习单练套路5至6式，进行1对1实战练习。

（3）情感目标：珍惜现在的学习机会，练就一身过硬的真本领，才能经受得住时间的考验。

二、本讲内容

（一）武德教育

【励志故事】

滥竽充数

古时候，齐国的国君齐宣王爱好音乐，尤其喜欢听吹竽，手下有300个善于吹竽的乐师。齐宣王喜欢热闹，爱摆排场，总想在人前显示做国君的威严，所以每次听吹竽的时候，总是叫这300个人在一起合奏给他听。

有个南郭先生听说了齐宣王的这个癖好，觉得有机可乘，是个赚钱的好机会，就跑到齐宣王那里去，吹嘘自己说："大王啊，我是个有名的乐师，听过我吹竽的人没有不被感动的，就是鸟兽听了也会翩翩起舞，花草听了也会合着节拍颤动，我愿把我的绝技献给大王。"齐宣王很高兴，不假考察，爽快地收下了他，把他也编进那支300人的吹竽队中。

这以后，南郭先生就随那300人一块儿合奏给齐宣王听，和大家一样享受着优厚的待遇，心里得意极了。

其实南郭先生撒了个弥天大谎，他压根儿就不会吹竽。每逢演奏的时候，南郭先生就捧着竽混在队伍中，人家摇晃身体他也摇晃身体，人家摆头他也摆头，脸上装出一副动情忘我的样子，看上去和别人一样吹奏得挺投入，还真瞧不出什么破绽来。南郭先生就这样靠着蒙骗混过了一天又一天，不劳而获地白拿薪水。

可是好景不长，过了几年，爱听竽合奏的齐宣王死了，他的儿子齐湣王继承了王位。

齐湣王也爱听吹竽，可是他和齐宣王不一样，他认为300人一块儿吹实在太吵，不如独奏来得悠扬逍遥。于是齐湣王发布了一道命令，要这300个人好好练习，做好准备，他将让这300人一个一个地轮流来吹竽给他欣赏。乐师们接到命令后都积极练习，都想一展身手，只有那个滥竽充数的南郭先生急得像热锅上的蚂蚁，惶惶不可终日。他想来想去，觉得这次再也混不过去了，只好连夜收拾行李逃走了。

【励志感言】

不学习，不劳动，靠欺骗过日子，像南郭先生这样的人，骗得了一时，骗不了一世。假的就是假的，终究逃不过实践的检验，早晚有一天会原形毕露。想要获得别人的赏识，得到别人的信任，唯一的办法就是勤奋学习，只有练就一身过硬的真本领，才能经受得住一切考验。

（二）技术教学

1. 学习二段基本形态

1）静态

竖叉。

2）动态

跌叉。

3）动作解析

（1）竖叉。

动作：两臂侧平举或扶地，两腿前后分开成直线，后腿的前侧着地，脚面贴于地面；前腿的后侧着地，脚尖向上（图2-8-1）。

图2-8-1　竖叉

要点：身体保持正直，不能低头。

（2）跌叉。

动作：身体半蹲状态准备，可前脚掌着地准备；双脚同时发力向上跳起，空中完成分腿动作，一腿向前一腿向后分开，借助身体重力落地后成竖叉状态；双腿交叉反复练习（图 2-8-2）。

图 2-8-2　跌叉

要点：落地要稳，动作一次到位。

2. 单练套路

1）二段第二小节第 5 至 6 式动作

（1）左右横行。（2）收式。

2）动作解析

（1）左右横行。

动作：双手持剑换把，阴阳手握把，左手在前，两腿后撤成后退步，同时双手持剑由左下方向右前方提剑，右脚落实，重心置于两腿中间，转腰带动手臂向右横斩举剑至头顶；上动不停，顺势回剑向左，同时退左脚，转移重心至两腿中间，双手持剑向左横斩（图 2-8-3）。

要点：左右横斩时，转腰带动手臂发力。

（a）　（b）

图 2-8-3　左右横行

（2）收式。

动作：身体左转，面向正前方；右手持剑插剑置于左侧腰间，左手持剑（图 2-8-4）。

要点：两腿并立，目视前方。

图 2-8-4 收式

三、教学重点与难点

技术重点：单练套路 5 至 6 式动作。

技术难点：实战中技术动作使用能否达到预期效果。

四、易犯错误与纠正方法

易犯错误：实战中掌握不好比赛节奏，动作技术不能有效施展。

纠正方法：反复进行实战磨炼，提高对比赛节奏的把控。

五、拓展阅读（趣味小知识）

【小贴士】扎膝

技法：两拳置于身前，身体重心置于左腿，右腿弯曲，右膝提起，向前做快速短距的冲扎动作，也可做类似的向左或向右的冲扎练习。使用时，膝尖如同钢锥所扎，故称扎膝。在进击或防御过程中，当双方处于扭抱状态，一方的冲膝或侧膝难以施展时，则可提膝就近施招，直接以膝锋迅猛有力地顶撞敌方大腿肌肉。此法也可作为以膝防膝、以膝防腿的反击之法。

六、课后练习与功法功力

（1）双人条件实战，摸肩练习，2 分钟一局，局间休息 3 分钟，打 5 局。

（2）撕腿练习，两人辅助一人练习，然后换另一个，如此反复 3 次。

七、思考题

（1）《滥竽充数》的故事给我们什么样的启示？

（2）练习竖叉的目的是什么？

（3）如何运用扎膝技法？

八、参考文献

[1] 符文军，金波. 影响青少年一生的励志故事全集 [M]. 北京：北京工业大学出版社，2010.

三　段

第一讲

一、学习目标

（1）认知目标：有缺点错误并不可怕，可怕的是无视缺点，知错不改。

（2）技能目标：学习武术基本功横叉；练习崩剑、拦剑、抹剑、截剑、挂剑、切剑单个动作；练习崩剑打两个固定桩肋部和抹剑打两个固定桩颈部。

（3）情感目标：培养自己博大的胸怀，以仁爱之心做人做事.

二、本讲内容

（一）武德教育

【励志故事】

讳疾忌医

扁鹊是古代一位名医。有一天，他去见蔡桓侯。他仔细端详了蔡桓侯的气色以后，说，“大王，您得病了。现在病只在皮肤表层，赶快治，容易治好。”蔡桓侯不以为然地说：“我没有病，用不着你来治！”

扁鹊走后，蔡桓侯对左右说：“这些当医生的，成天想给没病的人治病，好用这种办法来证明自己医术高明。”

过了十天，扁鹊再去看望蔡桓侯，他着急地说：“您的病已经发展到肌肉里去了。可得抓紧治疗啊！”蔡桓侯把头一歪：“我根本就没有病！你走吧！”扁鹊走后，蔡桓侯很不高兴。

又过了十天，扁鹊再去看望蔡桓侯。他看了看蔡桓侯的气色，焦急地说："大王，您的病已经进入了肠胃，不能再耽误了！"蔡桓侯连连摇头："见鬼，我哪来的什么病！"扁鹊走后，蔡桓侯更不高兴了。

又过了十天，扁鹊再一次去看望蔡桓侯。他只看了一眼，掉头就走了。蔡桓侯心里好生纳闷，就派人去问扁鹊："您去看望大王，为什么掉头就走呢？"扁鹊说："有病不怕，只要治疗及时，一般的病都会慢慢好起来的。怕只怕有病说没病，不肯接受治疗。病在皮肤里，可以用热敷；病在肌肉里，可以用针灸；病到肠胃里，可以吃汤药。但是，现在大王的病已经深入骨髓。病到这种程度只能听天由命了，所以我也不敢再请求为大王治病了。"

果然，五天以后，蔡桓侯的病就突然发作了。他打发人赶快去请扁鹊，但是扁鹊已经到别的国家去了。没过几天，蔡桓侯就病死了。

【励志感言】

有了病，一定要听从医生的嘱咐，老老实实地医治。有了缺点和错误，也一定要听取大家的意见，认认真真地改过。否则，一误再误，病情会越来越沉重，错误会越来越严重，甚至发展到无法挽回的地步。

（二）技术教学

1. 学习三段基本形态

1）静态

横叉。

2）动作解析

动作：两臂侧平举或体前扶地，两腿成直线左右分开，两脚、两腿内侧着地（图 3-1-1）。

图 3-1-1　横叉

要点：身体保持正直，目视前方。

2. 单练套路、对打套路、拆招技术

1）三段第一小节第 1 至 6 式动作

（1）崩剑。（2）拦剑。（3）抹剑。（4）截剑。（5）挂剑。（6）切剑。

2）动作解析

（1）崩剑。

动作：两脚开步站立；右手握剑直臂侧平举，虎口向上；目视右前方，右手握剑沉腕，直臂下落，使剑尖猛向上崩起，力达剑尖，左臂屈肘回收，左剑指附于右臂内侧（图 3-1-2）。

要点：手腕突然用力下沉，剑尖由下向上啄击。

技击含义：崩剑为攻防兼备的一种剑法，用来崩开对方的器械或崩击对方腕、臂等部位。

易犯错误：肘部弯曲过度，爆发力不够，力点不准。

纠正方法：肩部要放松，肘关节微屈下坠，手腕突然下沉，使力量达至剑尖。

（a）　（b）

图 3-1-2　崩剑

（2）拦剑。

动作：力达剑身前部，双手握剑柄，右手在前，劲贯到剑身前外侧，双手持剑向左画弧，小臂外旋，右手翻转向上，使剑身向上、向外再向下画半圆，双手置于胸腹处（图 3-1-3）。

要点：拦剑方向与腰转动方向相反，右脚在前向右、向外拦剑时，腰向左转动；左脚在前时，动作相同，方向相反。

技击含义：用于拦截对方器械，并有利于进一步进攻。

易犯错误：拦剑时动作幅度过大，力点不准。

纠正方法：以腕为轴，手心翻转，带动剑走弧形。

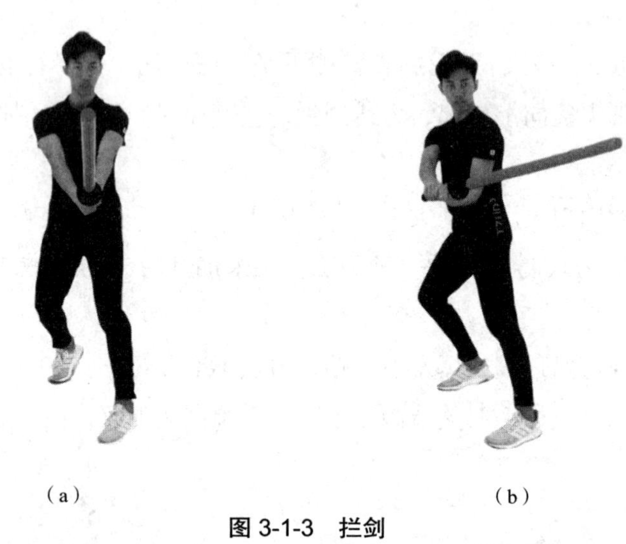

（a）（b）

图 3-1-3 拦剑

（3）抹剑。

动作：左脚在前，错步站立；右手握剑直臂前平举，虎口向上，左剑指立于右臂内侧，目视前方；然后上体右转，同时两脚蹬转成开立步；右臂内旋，手心向下，剑由前向右沿弧形抽回，力达小指侧剑刃，左剑指稍前伸，附于右腕处，目视前方（图 3-1-4）。

要点：旋臂弧形回抽，速度均匀，用力轻柔，力达剑刃。

技击含义：抹剑属进攻性剑法，高度在胸部以上，主要用于进攻对方的颈部。

易犯错误：直臂左右平摆。

纠正方法：转腰、旋臂、屈肘，满把握剑柄，弧形回带。

图 3-1-4 抹剑

（4）截剑。

动作：右手握剑直臂前平举，虎口向上，右手握剑臂内旋，剑身斜向下截至身体右侧，臂、剑成一条直线，剑尖与膝同高，手心斜向下，力达剑刃前部。

要点：以短促的爆发力使剑向斜下猛击，力达剑刃前部。

技击含义：截剑为攻防兼备的剑法，主要用于截膝、截腕或截击对方进攻的兵器。

易犯错误：剑与臂不成直线。

纠正方法：直臂、直腕，力达剑刃前部。

（a）　（b）

图 3-1-5　截剑

（5）挂剑。

动作：右脚在前，错步侧身站立，右手持剑直臂侧平举，右臂内旋，剑尖向下、向左贴身挂起，力达虎口侧剑刃前部，右臂外旋，剑尖向上，向前画弧，成平举姿势；右手握剑，剑尖沿身体右侧向下、向后挂起，力达虎口侧剑刃前部，目视剑指（图 3-1-6）。注：向左为左挂剑，向右为右挂剑。

要点：转腰、扣腕，左挂满把握住剑柄，右挂钳把握住剑柄，腕部放松，力达剑刃前部。

技击含义：挂剑属防守性剑法，用于挂开朝向头部和下肢攻击的器械。

易犯错误：剑不走立圆。

纠正方法：扣腕、剑与臂保持合适角度，使剑尖向下、向后贴近身体绕动。

（a）（b）

图 3-1-6 挂剑

（6）切剑。

动作：双手手心向下握剑柄，剑尖向前，剑刃向下按切，着力点在剑刃中段或后段，握剑多用满把（图 3-1-7）。

要点：在完成动作的瞬间，手满把握剑，前手爆发用力，力贯剑刃中段。

技击含义：切剑属于防御性剑法，用于切断对方朝向下肢的攻击。

易犯错误：切剑时一般由阴阳把换成阴把握剑，不能及时变换握把方式。

纠正方法：后手贴剑柄迅速变换，前手发力。

（a）（b）

图 3-1-7 切剑

三、教学重点与难点

技术重点：利用崩剑打两个固定桩肋部，利用抹剑打两个固定桩颈部。

技术难点：崩剑、拦剑、抹剑、截剑、挂剑、切剑各个技法特点的掌握。

四、易犯错误与纠正方法

易犯错误：崩剑击打两个固定桩肋部容易击打力度弱，力点不准。

纠正方法：反复进行空击练习，适应发力节奏。

五、拓展阅读（趣味小知识）

【小贴士】穿膝

技法：双手在身前处于防护状态，在将身体重心置于左腿的同时，右膝抬起，然后犹如子弹上膛，迅速由体侧向左上方穿出。出膝时，要转体拧腰，送胯摆膝，以保证穿膝的力度。扎膝是近距离使用的膝法，而穿膝则在与对方保持一定距离的情况下使用，是非常有名的"提膝破踢"用法，它能消除对方腿击的进攻。如果能使对方被撞部位疼痛难忍，就等于收到了很好的攻击效果。因此，穿膝实为寓守于攻之妙法。

六、课后练习与功法功力

（1）崩剑、抹剑单个技法练习，20 个一组，练习 5 组。

（2）拳卧撑 30 个一组，做 3 组。

七、思考题

（1）蔡桓侯为什么会死掉？

（2）崩剑、拦剑、抹剑、截剑、挂剑、切剑技法中，哪些是主要用于防守的技法？

（3）何为提膝破踢之法？

八、参考文献

[1] 符文军, 金波. 影响青少年一生的励志故事全集 [M]. 北京: 北京工业大学出版社, 2010.

第二讲

一、学习目标

（1）认知目标：千万不要因一孔之见，便洋洋自得，不要因一得之功，便沾沾自喜。

（2）技能目标：学习武术基本功枕靴，学会后滑步崩剑、左滑步拦剑、右滑步抹剑、后滑步截剑、上步挂剑、撤步切剑，练习后滑步崩剑打两个固定桩、右滑步抹剑打两个固定桩。

（3）情感目标：要善于去伪存真，不然，很容易被“狐假虎威”式的人物所蒙蔽。

二、本讲内容

（一）武德教育

【励志故事】

狐假虎威

从前在某个山洞中有一只老虎，因为肚子饿了，便跑到外面寻觅食物。当他走到一片茂密的森林时，忽然看到前面有只狐狸正在散步。它觉得这正是一个千载难逢的好机会，于是，便一跃身扑过去，毫不费力地将它擒住。

可是当它张开嘴巴，正准备把那只狐狸吃进肚子里的时候，狡猾的狐狸突然说话了：“哼！你不要以为自己是百兽之王，便敢将我吞食掉；你要知道，天帝已经命令我为王中之王，无论谁吃了我，都将遭到天帝极严厉的制裁与惩罚。”老虎听了狐狸的话，半信半疑，可是，当它斜过头去，看到狐狸那副傲慢镇定的样子，心里不禁一惊。原先那股嚣张的气焰和盛气凌人的态势，竟不知何时已经消失了大半。虽然如此，它心中仍然在想：“我因为是百兽之王，所以天底下任何野兽见了我都会害怕。而它，竟然是奉天帝之命来统治我们的？”这时，狐狸见老虎迟疑着不敢吃它，知道它对自己的那一番说辞已经有几分相信了，于是便更加神气十足地挺起胸膛，然后指着老虎的鼻子说：“怎么，难道你不相信我说的话吗？那么你现在就跟我来，走在我后面，看看所有野兽见了我，是不是都吓得魂不附体、抱头鼠窜。”老虎觉得这个主意不错，便照着去做了。

于是，狐狸就大模大样地在前面开路，而老虎则小心翼翼地在后面跟着。它们没走多久，就隐约看见森林的深处，有许多小动物正在那儿争相觅食，但是当它们发现走在狐狸后面的老虎时，不禁大惊失色，四散狂奔。这时，狐狸很得意地掉过头去看看老虎。老虎目睹这种情形，不禁也有一些心惊胆战，但它并不知道野兽怕的是自己，而以为它们真是怕狐狸呢！狡狐之计是得逞了，可是它的威势完全是因为假借老虎，才能凭着一时有利的形势去威胁群兽，而那可怜的老虎被愚弄了，自己还不自知呢！

【励志感言】

老虎没有充分认识到自己“百兽之王”的地位与实力，所以被狡猾的狐狸借助它制造的假象给欺骗了。生活中也有很多像老虎一样的人，他们不自信，反而听信别人的大话，以至于显得唯唯诺诺，被人利用。这个故事告诫人们，任何时候都要保持清醒的头脑，看清事物的本质，不要被表面现象蒙蔽，否则很容易上当受骗。

（二）技术教学

1. 学习三段基本形态

1）动态

枕靴。

2）动作解析

动作：传统柔韧性练习动作之一，前腿伸直，脚尖勾起，后腿侧向弯曲下蹲（姿势方向同侧踢腿），身体侧向下压，直到身体同腿紧密贴合。动作可配合手击响，手掌从体侧随身体摆动，身体同腿贴合后，手掌从头部上方屈腕击打前腿脚底（图 3-2-1）。

图 3-2-1　枕靴

要点：前腿伸直，脚尖勾紧。

2. 单练套路、对打套路、拆招技术

1）三段第一小节第 7 至 12 式动作

（1）后滑步崩剑。（2）左滑步拦剑。（3）右滑步抹剑。（4）后滑步截剑。（5）上步挂剑。（6）撤步切剑。

2）动作解析

（1）后滑步崩剑。

动作：后脚贴地向后退一步（约半步的距离），前脚蹬地，推动后脚移动，随即跟退；步幅与后脚相同，重心置于两腿中间；同时双手握剑沉腕，直臂下落，使剑尖猛向上崩起，力达剑尖（图 3-2-2）。

要点：沉腕速度要快，进攻对方手腕，或击偏对方器械。

（a）　　（b）

图 3-2-2　后滑步崩剑

（2）左滑步拦剑。

动作：实战姿势站立，右脚蹬地，左脚向左横移半步，右脚随即向左横移半步；重心保持在两腿中间不变；同时双手握剑柄，左手在前，小臂外旋，左手翻转向上，使剑身向上、向外再向下画半圆，劲贯到剑身前外侧（图 3-2-3）。

要点：拦剑为防御性剑法，防守对方对胸腹部的攻击。

（a）　（b）　（c）

图 3-2-3　左滑步拦剑

（3）右滑步抹剑。

动作：实战姿势站立，左脚蹬地，右脚向右前方横移半步，左腿随即向右跟半步；变右脚在前，保持侧身不变，目视前方；同时右手握剑，虎口向上，右臂内旋，手心向下，剑由前向右沿弧形抽回，力达小指侧剑刃（图 3-2-4）。

要点：抹剑进攻对方颈部，力达剑尖。

图 3-2-4　右滑步抹剑

（4）后滑步截剑。

动作：后脚贴地向后退一步（约半步的距离），前脚蹬地，推动后脚移动，随即跟退，步幅与后脚相同；重心置于两腿中间；左手握剑臂内旋，剑身斜向下截至前下方，臂、剑成一条直线（图 3-2-5）。

要点：截剑剑尖与膝同高，手心斜向下，力达剑刃前部，截断对方攻势。

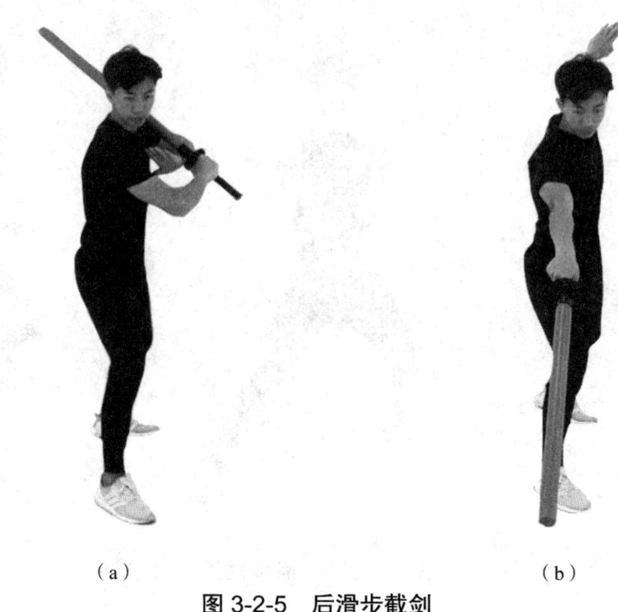

（a）　　（b）

图 3-2-5　后滑步截剑

（5）上步挂剑。

动作：实战姿势站立，以左脚掌为轴，脚尖外转，右脚蹬地向前上步；同时右手持剑直臂侧平举，右臂内旋，剑尖向下、向左贴身挂起，力达虎口侧剑刃前部，右臂外旋，剑尖向上，向前画弧，成平举姿势。

要点：挂剑贴身立圆，有利于防守后进行反攻。

（a）　　（b）

图 3-2-6　上步挂剑

（6）撤步切剑。

动作：左实战姿势站立，以右脚为轴内转，左脚向后撤步，成右实战姿势站立；双手手心向下握剑柄，右手在前，剑尖向前，剑刃向下按切。

要点：切剑着力点在剑刃中段。

（a）　（b）　（c）

图 3-2-7　撤步切剑

三、教学重点与难点

技术重点：后滑步崩剑打两个固定桩、右滑步抹剑打两个固定桩。

技术难点：步法转换与崩剑击打配合。

四、易犯错误与纠正方法

易犯错误：步法转换速度慢，击打力点不准，效果不明显。

纠正方法：反复进行固定桩之间步法转换练习，速度要快。

五、拓展阅读（趣味小知识）

【小贴士】飞膝

这是一种远距离进攻的膝法。对方一旦中招，败势即定。

技法：两脚疾步上前，待前脚落地之际，纵身向上、向前跃起，与此同时，后膝向前飞撞而出。如此左右两膝均要做反复练习。跳起时要有弹力，实施膝撞时要把握时机。因为跳起时具有一定高度，所以撞击的目标通常是对方的头面部或颈部。由于飞膝有跳起的动作，因此在没有助跑的前提下，仅做原地的跳跃与撞膝，则为跳膝。

六、课后练习与功法功力

（1）后滑步崩剑、右滑步抹剑空击练习，20 个一组，做 5 组。

（2）高抬腿练习 30 秒 1 组，做 3 组。

七、思考题

（1）狐假虎威的故事给我们什么样的启示？

（2）你认为步法在实战中地位是怎样的？

（3）如何运用飞膝技法？

八、参考文献

[1] 蔡龙云. 剑术运动 [M]. 北京：人民体育出版社，2013.

第三讲

一、学习目标

（1）认知目标：千里送鹅毛，礼轻情意重，礼物虽然微薄，却含有深厚的情谊。

（2）技能目标：学习武术基本功前俯腰和涮腰动作；练习前滑步刺剑＋后滑步劈剑、

前滑步撩剑＋左滑步劈剑动作；学习前滑步刺剑打固定桩胸部＋后滑步劈剑打固定桩顶部、前滑步撩剑打固定桩肋部＋左滑步劈剑打固定桩肩部。

（3）情感目标："千里送鹅毛，礼轻情意重"是我国民间礼尚往来、交流感情的写照。

二、本讲内容

（一）武德教育

【励志故事】

千里送鹅毛，礼轻情意重

唐朝贞观年间，西域回纥国是大唐的藩国。一次，回纥国为了表示对大唐的友好，便派使者缅伯高带了一批珍奇异宝拜见唐王。在这批贡物中，最珍贵的要数一只罕见的珍禽——白天鹅。

缅伯高最担心的也是这只白天鹅，万一它有个三长两短，可怎么向回纥国王交代呢？所以，一路上，他亲自喂水喂食，一刻也不敢怠慢。

这天，缅伯高来到沔阳河边，只见白天鹅伸长脖子，张着嘴巴，吃力地喘息着。缅伯高心中不忍，便打开笼子，把白天鹅带到水边让它喝了个痛快。谁知白天鹅喝足了水，引颈一扇翅膀飞上了天！缅伯高向前一扑，只拔下几根羽毛，却没能抓住白天鹅，眼睁睁看着它飞得无影无踪。一时间，缅伯高捧着几根雪白的鹅毛，脑子里来来回回地想着一个问题："怎么办？进贡拿什么去见唐太宗呢？回去吗？又怎敢去见回纥国王呢？"思前想后，缅伯高在想出一通说辞后决定继续东行。

他拿出一块洁白的绸子，小心翼翼地把鹅毛包好，又在绸子上题了一首诗："天鹅贡唐朝，山高路途遥。沔阳河失宝，倒地哭号啕。上复圣天子，可饶缅伯高。礼轻情意重，千里送鹅毛。"意思是："我来向您朝贡，经过了万水千山。可到了沔阳河时天鹅飞走了，我悲痛欲绝。今天上复天子，请您饶了缅伯高。再说，千里送鹅毛，礼轻情意重。"

缅伯高带着珠宝和鹅毛，披星戴月，不辞劳苦，不久就到了长安。唐太宗接见了缅伯高，缅伯高献上鹅毛。唐太宗看了那首诗，又听了缅伯高的诉说，非但没有怪罪他，反而觉得缅伯高忠诚老实、不辱使命，就重重地赏赐了他。

从此，"千里送鹅毛，礼轻情意重"的故事就广为流传开来。

【励志感言】

这个故事告诉我们：千里之外赶来送上鹅毛作为礼物，礼物虽轻，但表达的情意却很深重。

（二）技术教学

1. 学习三段基本形态

1）动态

（1）前俯腰。（2）涮腰。

2）动作解析

（1）前俯腰。

动作：并步站立，两臂伸直上举，两手手心朝上，五指交叉握住；上身前屈，两手在脚尖前贴地；两手松开后向后抄抱，握住小腿下方，使面部紧贴胫骨前面（图 3-3-1）。

图 3-3-1 前俯腰

要点：支撑腿保持伸直状态，以腰为轴，背部不能弯曲。

（2）涮腰。

动作：开步站立，上身前俯，两臂在身前自然前伸；上身开始从前向左、向后回环转腰，两臂随身摆动；上动未停，上身继续向右回环转腰；回到起始位置后再反方向摆动（图 3-3-2）。

要点：上身放松，以腰为轴转动。

图 3-3-2　涮腰

2. 单练套路、对打套路、拆招技术

1）三段第一小节第 13 至 14 式动作

（1）前滑步刺剑 + 后滑步劈剑。（2）前滑步撩剑 + 左滑步劈剑。

2）动作解析

（1）前滑步刺剑 + 后滑步劈剑。

动作：右实战姿势站立，右脚在前，前滑步的同时，右手握剑柄，劲贯剑尖，剑身平行于地面向前刺出；然后左脚蹬地，推动右脚向后移动，左脚随即跟退；同时双手提剑直臂上举，剑尖向上，由上向下劈剑，力达剑身中部（图 3-3-3）。

要点：前滑和后滑变换速度要快。

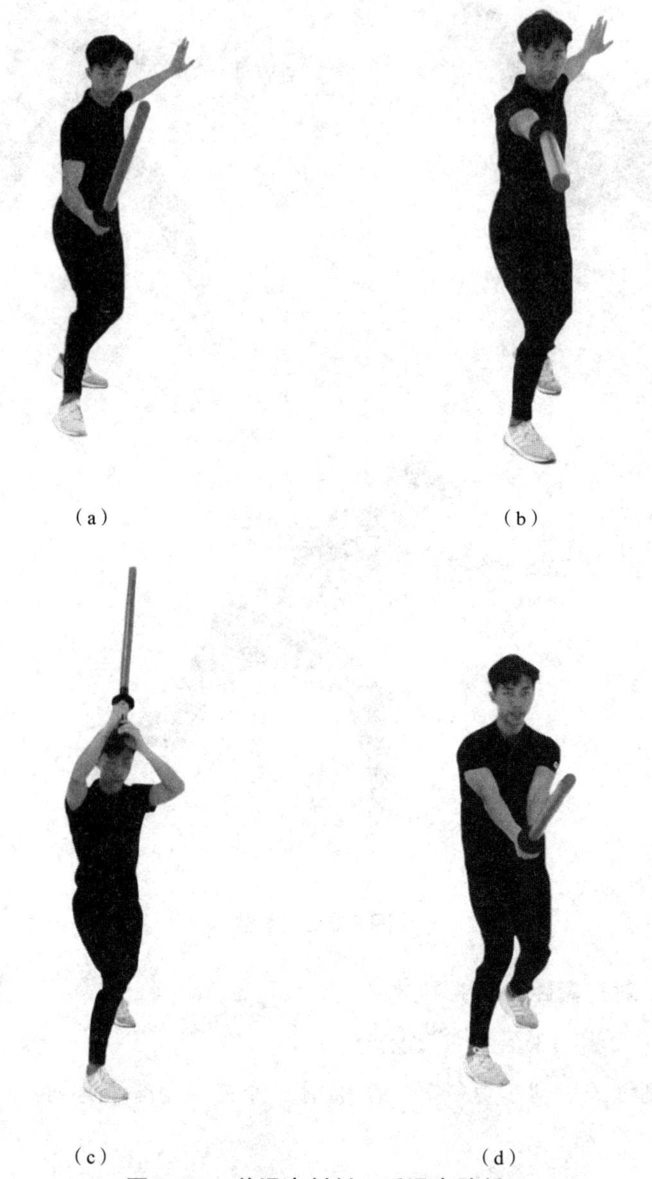

（a） （b）

（c） （d）

图 3-3-3 前滑步刺剑 + 后滑步劈剑

（2）前滑步撩剑 + 左上步劈剑。

动作：右实战姿势站立，右脚在前，前滑步的同时，右手握剑直臂前平举，向上、向后立绕至体后，随之右臂外旋向下，沿身体右侧贴身弧线向前撩至体前上方；然后左脚蹬地上前，重心保持在两腿中间不变；同时双手提剑直臂上举，剑尖向上，由上向下劈剑，力达剑身中部。

要点：前滑步撩剑的上下肢要协调一致。

（a）　（b）

（c）　（d）

图 3-3-4　前滑步撩剑 + 左上步劈剑

三、教学重点与难点

技术重点：前滑步刺剑打固定桩胸部 + 后滑步劈剑打固定桩顶部、前滑步撩剑打固定

桩肋部 + 左滑步劈剑打固定桩肩部。

技术难点：前滑步撩剑打固定桩肋部 + 左滑步劈剑打固定桩肩部，不同步法之间的转换速度。

四、易犯错误与纠正方法

易犯错误：不同步法之间转换不及时，击打准确率低。

纠正方法：徒手反复进行不同步法之间的变换练习。

五、拓展阅读（趣味小知识）

【小贴士】**以佛圣道仙、神祇鬼怪命名的拳种**

神拳、二郎拳、韦陀拳、大圣拳、八仙拳、天罗拳、地煞拳、六星拳、哪吒拳、金刚拳、观音拳、佛汉拳、佛教拳、罗汉拳、金刚拳、二十八宿拳、四仙对打拳、七星访友拳、罗汉螳螂拳、夜叉巡海拳、金刚三昧掌、夜叉铁砂掌等。

六、课后练习与功法功力

（1）前滑步 + 左滑步练习，10 次一组，做 5 组。

（2）抱头蹲起练习，50 个一组，完成 3 组。

七、思考题

（1）《千里送鹅毛，礼轻情意重》的故事寓意是什么？

（2）人身体中最脆弱的击打部位有哪些？

（3）以佛圣道仙、神祇鬼怪命名的拳种有哪些？

八、参考文献

[1] 贺登昆，张海英. 青少年经典故事阅读：成语典故卷 [M]. 兰州：兰州大学出版社，2013.

[2] 蔡龙云. 剑术运动 [M]. 北京：人民体育出版社，2013.

第四讲

一、学习目标

（1）认知目标：经过反复实践，掌握事物的客观规律，做事得心应手、运用自如。

（2）技能目标：学习武术基本功直拳技术，学习前滑步拦剑＋右滑步扎剑、前滑步扎剑＋换条步截剑，学习前滑步拦剑＋右滑步扎剑打反应桩、前滑步扎剑打反应桩＋换跳步截剑。

（3）情感目标：事物总是千变万化的，要善于发现其中的规律，分析研究。

二、本讲内容

（一）武德教育

【励志故事】

庖丁解牛

有一个名叫丁的厨师替梁惠王宰牛，手所接触的地方，肩所靠着的地方，脚所踩着的地方，膝所顶着的地方，都发出皮骨相离声，刀子刺进去时响声更大，这些声音没有不合乎音律的。它既合乎《桑林》舞乐的节拍，又合乎《经首》乐曲的节奏。

梁惠王说："嘻！好啊！你的技术怎么会高明到这种程度呢？"

庖丁放下刀子回答说："臣下所探究的是事物的规律，这已经超过了对于宰牛技术的追求。当初我刚开始宰牛的时候，对于牛体的结构还不了解，看见的只是整头的牛。三年之后，我见到的是牛的内部肌理筋骨，再也看不见整头的牛了。现在宰牛的时候，臣下只是用意念去接触牛的身体就可以了，而不必用眼睛去看，全凭意念在活动。顺着牛的肌理结构，劈开筋骨间大的空隙，沿着骨节间的空穴使刀，都是依顺着牛体本来的结构。宰牛的刀从来没有碰过经络相连的地方、紧附在骨头上的肌肉和肌肉聚结的地方，更何况股部的大骨呢？技术高明的厨工每年换一把刀，是因为他们用刀子去割肉。技术一般的厨工每月换一把刀，是因为他们用刀子去砍骨头。现在臣下的这把刀已用了十九年，宰牛数千头，而刀口却像刚从磨刀石上磨出来的一样。牛身上的骨节是有空隙的，可是刀刃却并不厚，用这样薄的刀刃刺入有空隙的骨节，那么在运转刀刃时一定宽绰而有余地，因此用了十九年刀刃仍像刚从磨刀石上磨出来一样。即使如此，可是每当碰上筋骨交错的地方，我一见那里难以下刀，就十分警惕而小心翼翼，目光集中，动作放慢。刀子轻轻地动一下，哗啦一声骨肉就已经分离，像一堆泥土散落在地上。我提起刀站着，为这一成功而得意地四下环顾，一副悠然自得、心满意足的样子，擦好了刀把它收起来。”

梁惠王说：“好啊！我听了庖丁的话，学到了养生之道啊。”

【励志感言】

知识是无限的，方法是从实践中来的，做事情要集中精力，但不是一味埋头苦干，要善于发现其中的规律，分析研究，并不断地尝试、练习，熟能生巧。

（二）技术教学

1. 学习三段基本形态

1）动态

直拳。

2）动作解析

动作：左直拳，由左实战姿势开始，即由左脚、左手在前的正架姿势开始，右脚微蹬地面，重心微向前脚移动，上身微右转；同时左臂由屈到伸并内旋 90 度，发力于腰，力达拳面（图 3-4-1）。右直拳与左直拳方向相反。

图 3-4-1　直拳

要点：拧腰之力顺达拳面，整个动作要连贯协调。

2. 单练套路、对打套路、拆招技术

1）三段第一小节第 15 至 16 式动作

（1）前滑步拦剑 + 右滑步扎剑。（2）前滑步扎剑 + 换跳步截剑。

2）动作解析

（1）前滑步拦剑 + 右滑步扎剑。

动作：左实战姿势站立，左脚在前，前滑步的同时，双手握剑柄，右手在前，小臂外旋，右手翻转向上，使剑身向上、向外画半圆，劲贯剑身前侧；然后右实战姿势站立，左脚蹬地，右脚向右前方横移半步，左脚随即向右跟半步；目视前方；同时，双手握剑柄，向前扎出，掌心向上仰腕，劲贯剑尖（图 3-4-2）。

要点：前滑步为左式，右滑步为右式，步法变换灵活；拦剑和扎剑一气呵成。

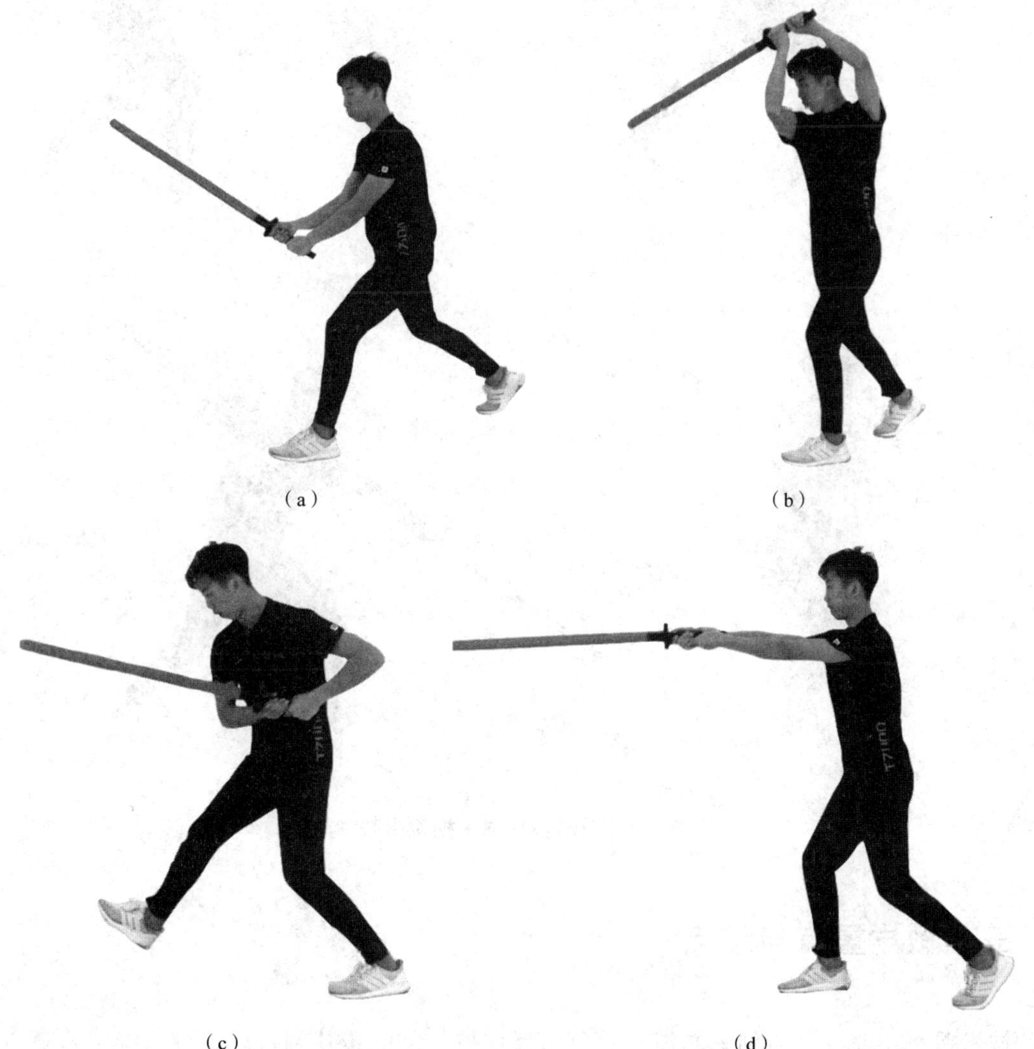

（a）　（b）　（c）　（d）

图 3-4-2　前滑步拦剑 + 右滑步扎剑

（2）前滑步扎剑 + 换跳步截剑。

动作：左实战姿势站立，左脚在前，前滑步的同时，双手握剑，水平向前扎出，掌心向上仰腕，劲贯剑尖；然后双脚同时离地，运用腰部力量使双腿位置互换，双手握剑，臂内旋，剑身斜向下截，臂、剑成一条直线，剑尖与膝同高，手心斜向下，力达剑刃前部。

要点：步法变化灵活，下截剑力达剑尖。

（a） （b） （c） （d）

图 3-4-3 前滑步扎剑 + 换跳步截剑

三、教学重点与难点

技术重点：前滑步拦剑 + 右滑步扎剑打反应桩、前滑步扎剑打反应桩 + 换跳步截剑。

技术难点：迅速变换步法，完成前滑步拦剑 + 右滑步扎剑打反应桩动作。

四、易犯错误与纠正方法

易犯错误：不同步法之间转换速度过慢，无法快速击打到反应桩。

纠正方法：反复练习，不断加强不同步法之间的转换练习。

五、拓展阅读（趣味小知识）

【小贴士】以“门”命名的拳种

余门拳、硬门拳、法门拳、空门拳、红门拳、鱼门拳、孔门拳、风门拳、水门拳、火门拳、鸟门拳、佛门拳、窄门拳、字门拳、孙门拳、严门拳、熊门拳、自然门拳、引新门拳、罗汉门拳、磨盘门拳、水浒门拳等。

六、课后练习与功法功力

（1）前滑步 + 右滑步、前滑步 + 换跳步练习，每组 10 次，完成 5 组。

（2）拦剑 + 扎剑练习，50 次一组，完成 2 组。

七、思考题

（1）总结学习和练武的规律，如何才能使我们进步？

（2）前滑步扎剑动作中，滑步和扎剑动作的先后顺序是怎样的？

（3）以“门”命名的拳种有哪些？

八、参考文献

[1] 符文军，金波. 影响青少年一生的励志故事全集 [M]. 北京：北京工业大学出版社，2010.

[2] 蔡龙云. 剑术运动 [M]. 北京：人民体育出版社，2013.

第五讲

一、学习目标

（1）认知目标：要么你去驾驭生命，要么就是生命驾驭你，你的心态决定谁是坐骑，谁是骑师。

（2）技能目标：学习武术基本功摆拳动作，学会前滑步劈剑 + 冲刺步扎剑、前滑步挑剑 + 转身劈剑；学会前滑步劈剑打固定桩顶部 + 冲刺步扎剑打固定桩胸部、前滑步挑剑打固定桩肋部 + 转身劈剑打固定桩脊柱。

（3）情感目标：你不能延长生命的长度，但你可以扩展它的宽度；你不能改变天气，但你可以左右自己的心情；你不可以控制环境，但你可以调整自己的心态。

二、本讲内容

（一）武德教育

【励志故事】

心态决定命运

为什么有些人能比其他人更成功，赚更多的钱，拥有不错的工作，而许多人忙忙碌碌地劳作却只能维持生计？

不少心理学专家发现，这个秘密就是人的"心态"。一位哲人说："你的心态就是你真正的主人。"一位伟人说："要么你去驾驭生命，要么就是生命驾驭你。你的心态决定谁是坐骑，谁是骑师。"

福建某个贫穷的乡村里，住了兄弟两人。他们受不了穷困的环境，便决定离开家乡，到海外发展。大哥好像幸运些，被奴隶主卖到了富庶的旧金山，弟弟被卖到穷困的菲律宾。

40 年后，兄弟俩又幸运地聚在一起，他们已今非昔比了。做哥哥的，当了旧金山的侨领，拥有两间餐馆、两间洗衣店和一间杂货铺，而且子孙满堂，有些承继了其衣钵，又有些成为杰出的工程师等科技专业人才。

弟弟呢？他居然成了一位享誉世界的银行家，在东南亚拥有许多家银行。经过几十年的努力，他们都成功了。但为什么兄弟两人在事业上的成就，却有如此的差别呢？

哥哥说，我们中国人到白人的社会，既然没有什么特别的才干，唯有用一双手煮饭给白人吃，为他们洗衣服。总之，白人不肯做的工作，我们华人统统顶上了，生活是没有问题，但事业却不敢奢望。例如我的子孙，书虽然读得不少，也不敢妄想，唯有安安分分地去做一些中层的技术性工作来谋生。

看见弟弟这般成功，做哥哥的不免羡慕弟弟的幸运。弟弟却说，幸运是没有的。初到菲律宾的时候，做一些低贱的工作，但发现有些当地人比较愚蠢和懒惰，于是便顶下他们放弃的事业，慢慢地不断收购和扩张，生意便逐渐做大了。

【励志感言】

影响我们人生的绝不仅仅是环境，心态更加重要，它控制了个人的思想和行为。成功人士与失败者之间的差别不是有没有机会，而是成功人士始终用积极的思考、乐观的精神和丰富的经验支配和控制自己的人生；失败者则刚好相反，他们的人生受过去的种种失败与疑虑引导和支配。可见，心态决定着我们是失败，是成功，还是更成功。

（二）技术教学

1. 学习三段基本形态

1）动态

摆拳。

2）动作解析

动作：左摆拳，基本实战姿势，右脚蹬地，身体重心移向左脚，左脚跟略离地外转，并蹬转脚掌，上体右转，同时左臂内旋，抬肘与肩平，使拳由左向右横击，与肩平齐，然后恢复基本姿势（图 3-5-1）。右摆拳与左摆拳方向相反。

图 3-5-1　摆拳

要点：摆拳时身体不可向右倾斜，要边击拳边抬肘，击打后重心偏左脚，左脚的蹬转力不可忽视，要含胸收腹，不可低头。

2. 单练套路、对打套路、拆招技术

1）三段第一小节第 17 至 18 式动作

（1）前滑步劈剑 + 冲刺步扎剑。（2）前滑步挑剑 + 转身劈剑。

2）动作解析

（1）前滑步劈剑 + 冲刺步扎剑。

动作：左实战姿势站立，左脚在前，前滑步的同时，双手提剑直臂上举，剑尖向上，由上向下劈剑，力达剑身中部；然后右脚向前上步成右实战姿势，紧接着左脚向前上步回到左实战姿势；同时双手握剑柄，水平向前扎出，掌心向上仰腕，劲贯剑尖（图 3-5-2）。

要点：冲刺步上步速度要快，不要向上跃起。

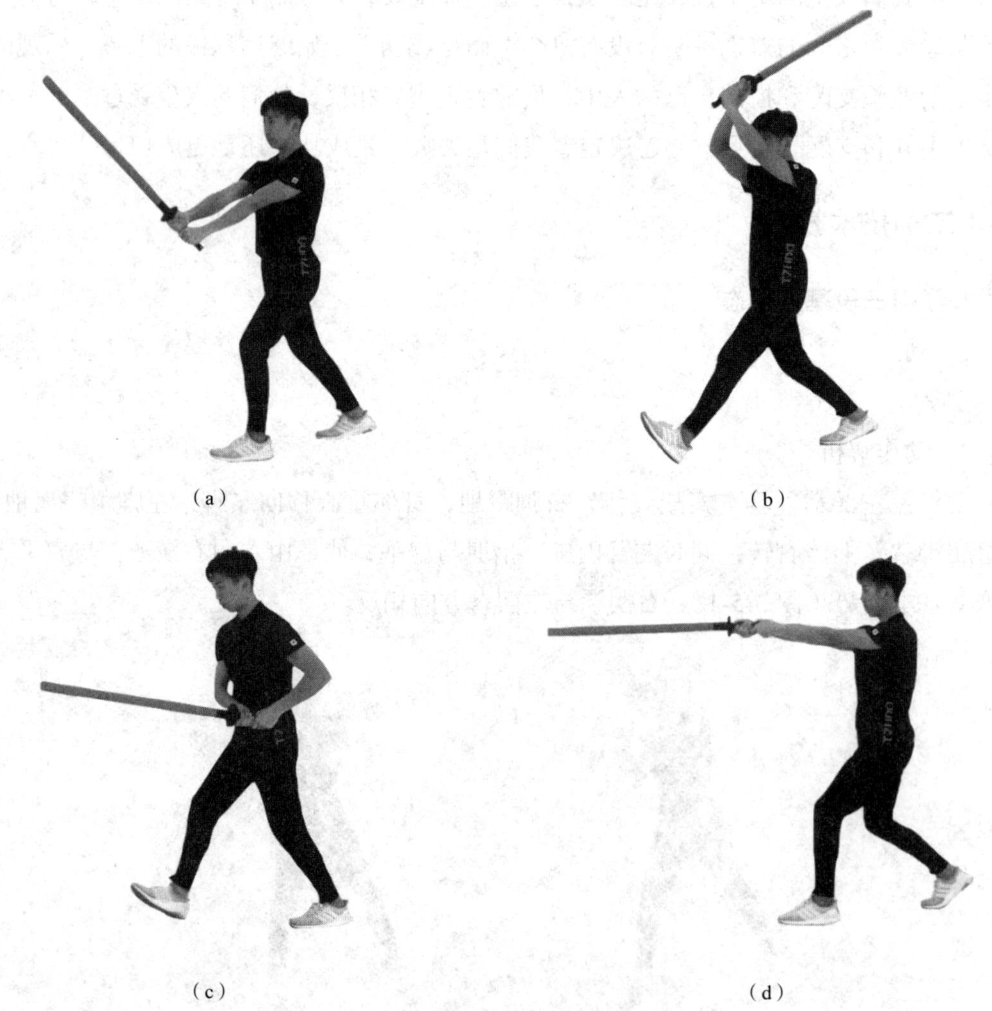

（a）（b）（c）（d）

图 3-5-2　前滑步劈剑 + 冲刺步扎剑

（2）前滑步挑剑 + 转身劈剑。

动作：左实战姿势站立，前滑步的同时，双手握剑直臂前平举，虎口向上，直臂上挑，力达剑尖；然后双脚脚尖蹬地，身体向后转 180 度，前脚变后脚，目视前方；双手提剑直臂上举，剑尖向上，由上向下劈剑，力达剑身中部（图 3-5-3）。

要点：前滑步变转身的时候，注意脚蹬地、腰拧转。

（a） （b） （c） （d）

图 3-5-3 前滑步挑剑 + 转身劈剑

三、教学重点与难点

技术重点：前滑步劈剑打固定桩顶部＋冲刺步扎剑打固定桩胸部、前滑步挑剑打固定桩肋部＋转身劈剑打固定桩脊柱。

技术难点：顺利完成前滑步挑剑打固定桩肋部＋转身劈剑打固定桩脊柱动作。

四、易犯错误与纠正方法

易犯错误：滑步击打结束后转身时背对固定桩。

纠正方法：不断重复动作，前滑步变转身的时候，注意脚蹬地、腰拧转、面对固定桩。

五、拓展阅读（趣味小知识）

【小贴士】以姓氏命名的拳种

刘家拳、蔡家拳、李家拳、莫家拳、巫家拳、薛家拳、岳家拳、赵家拳、杜家拳、周家拳、祈家拳、温家拳、孙家拳、邹家拳、高家拳、戚家拳、霍家拳、洪佛拳、岳家教、钟家教、刁家教、李家教、朱家教、蔡李佛拳、岳氏连拳、罗家三展、杨家短打、陈氏太极拳、杨氏太极拳、武氏太极拳、孙氏太极拳、吴氏太极拳、林氏下山拳、武氏十八技等。

六、课后练习与功法功力

（1）前滑步挑剑＋转身劈剑、前滑步劈剑＋冲刺步扎剑，10 个一组，完成 5 组。

（2）仰卧两头起，30 个一组，完成 5 次。

七、思考题

（1）为什么说心态决定命运？

（2）为什么做转身击打动作时，尽量避免背对固定桩？

（3）以姓氏命名的拳种主要有哪些？

八、参考文献

[1] 符文军，金波. 影响青少年一生的励志故事全集 [M]. 北京：北京工业大学出版社，2010.

[2] 蔡龙云. 剑术运动 [M]. 北京：人民体育出版社，2013.

第六讲

一、学习目标

（1）认知目标：捡了芝麻，丢了西瓜，为了小的利益而失去大的利益，得不偿失。

（2）技能目标：学习武术基本功勾拳；学会前滑步点剑 + 后滑步崩剑 + 左滑步格剑、前滑步劈剑 + 右滑步斩剑 + 后滑步崩剑；学会前滑步点剑打反应桩 + 后滑步崩剑打固定桩颈部、前滑步劈剑打固定桩顶部 + 右滑步斩剑打固定桩颈部。

（3）情感目标：青少年要目光长远、志向远大，不要因为眼前的一些小利而丧失自我，否则就得不偿失了。

二、本讲内容

（一）武德教育

【励志故事】

因小失大

春秋时期，蜀、秦相邻，遥遥相望。秦惠王早就看中了蜀国这块宝地，总想把它据为己有。可是他迟迟不敢起兵，一来是因为那里有蜀兵驻军，二来秦蜀交界的地方是一片悬崖峭壁，没有通道。

有一天，一个谋士给秦惠王出了个主意。秦惠王听了，立刻下令找来几个石匠，让他们用石头凿成几头大牛，放在通往蜀国的山路上，然后把石牛涂上金色，再在它的屁股后面放上一些黄金。

没有几天，消息就传到蜀国："山那边有几头仙人送来的金牛，不拉屎，拉金子。"

同时，秦惠王派了使臣传话给蜀侯，说秦惠王想把金牛送给蜀侯几只，希望他尽快来取。

蜀侯是一个贪得无厌之徒，一听，十分高兴。于是派了许多身强力壮的士兵，去开山填谷，架桥铺路。没有多久，一条又近又宽的道路便修成了。

当蜀侯非常高兴地迎接"金牛"的时候，秦国的大军也跟在"金牛"的后面开进了蜀国。蜀国很快被吞并，蜀侯亦被杀掉。

蜀国灭国，蜀侯被杀，为天下人所耻笑，是因为贪图小的利益而失去大的利益。

【励志感言】

"因小失大"比喻只谋求眼前的好处而不顾长远的利益。故事中的蜀侯就是这样一个人，因为贪图眼前的小便宜而给国家造成了惨重的损失。这个故事告诉我们，做人要目光长远、志向远大，不要因为眼前的一些小利而丧失自我，否则就得不偿失了。

（二）技术教学

1. 学习三段基本形态

1）动态

勾拳。

2）动作解析

动作：左勾拳，左实战姿势站立，右脚蹬地，重心移向左脚，左脚跟略抬外转，脚掌碾地，上体左转略下沉后，左膝及上体瞬间挺伸并向右转体；同时，左臂外旋由下向上击拳，拳面朝上，拳心朝右内，力达拳面，右拳仍置下颌前，目视左拳，然后再恢复基本姿势（图 3-6-1）。右勾拳动作与左勾拳相同，方向与左勾拳相反。

图 3-6-1 勾拳

要点：左臂外旋与击打不同时，不可外旋后再击打，上身不可过于前倾。

2. 单练套路、对打套路、拆招技术

1）三段第一小节第 19 至 20 式动作

（1）前滑步点剑 + 后滑步崩剑 + 左滑步格剑。（2）前滑步劈剑 + 右滑步斩剑 + 后滑步崩剑。

2）动作解析

（1）前滑步点剑 + 后滑步崩剑 + 左滑步格剑。

动作：实战姿势站立，右脚在前，前滑步的同时，手握剑直臂前平举，虎口向上，提劲力达剑尖，手腕放松，突然而短促地用力上提，剑尖由上向下啄击；然后左脚贴地向后退一步（约半步的距离），右脚蹬地，推动左脚移动，随即跟退；同时右手握剑沉腕，直臂下落，使剑尖猛向上崩起，力达剑尖；接着实战姿势站立，右脚蹬地，左脚向左横移半步，右脚随即向左横移半步，重心保持在两腿中间不变，双手握剑柄，提劲力达剑身，随身体向左转动，平举至头顶上方（图 3-6-2）。

（a）　（b）　（c）　（d）

图 3-6-2　前滑步点剑 + 后滑步崩剑 + 左滑步格剑

【要点】首次学习三个动作的组合，要注意步法及剑法的变化，步法清晰，剑法力点准确。

（2）前滑步劈剑 + 右滑步斩剑 + 后滑步崩剑。

动作：实战姿势站立，左脚在前，前滑步的同时，双手提剑直臂上举，剑尖向上，由上向下劈剑，力达剑身中部；然后左脚蹬地，右脚向右前方横移半步，左脚随即向右跟半步，变右脚在前，双手持剑收于左侧腰间，身体右转，同时两脚蹬转，剑身向右平摆，与腰或肩同高，提劲力达剑身中部；紧接着左脚在后向后滑步，同时右手握剑沉腕，直臂下落，使剑尖猛向上崩起，力达剑尖（图 3-6-3）。

要点：左式变右式，右滑步斩剑的时候要注意是双手持剑向右斩剑。

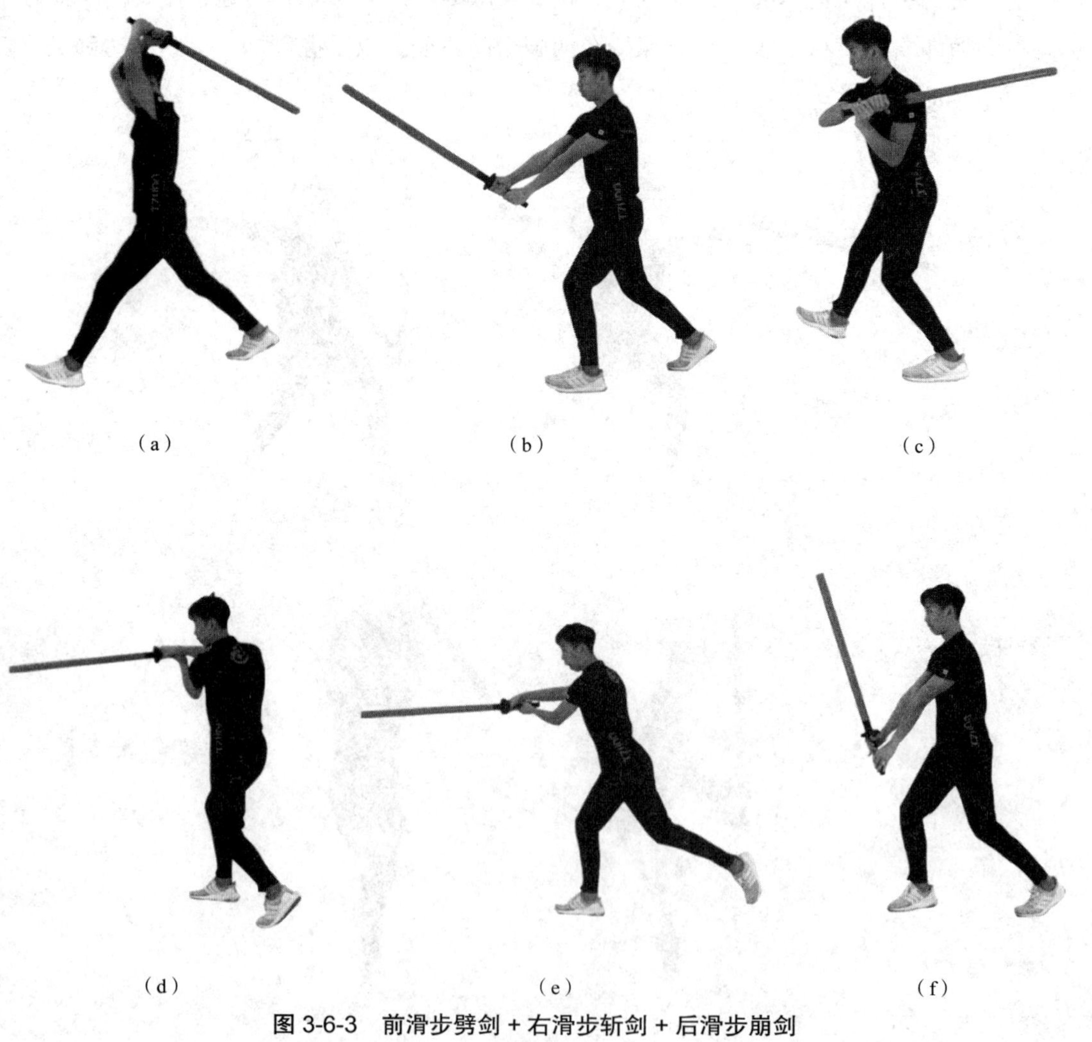

（a）（b）（c）（d）（e）（f）

图 3-6-3 前滑步劈剑 + 右滑步斩剑 + 后滑步崩剑

三、教学重点与难点

技术重点：前滑步点剑打反应桩 + 后滑步崩剑打固定桩颈部、前滑步劈剑打固定桩顶部 + 右滑步斩剑打固定桩颈部。

技术难点：前滑步点剑 + 后滑步崩剑 + 左滑步格剑、前滑步劈剑 + 右滑步斩剑 + 后滑步崩剑。

四、易犯错误与纠正方法

易犯错误：变换步法过多，剑击打点不准，效果不明显。

纠正方法：重复进行徒手步法变换训练。

五、拓展阅读（趣味小知识）

【小贴士】以人名命名的拳种

燕青拳、太祖拳、孙膑拳、五祖拳、宋江拳、白眉拳、珠娘拳、纯阳拳、达摩拳、玄女拳、武侯拳、五郎拳、文圣拳、南枝拳、咏春拳、岳王拳、武子门拳、子龙炮拳、太祖散掌、三皇炮拳、孔朗拜灯拳、刘唐下书拳、武松脱铐拳、武松独臂拳、神行太保拳、燕青巧打拳、达摩点穴拳、太白出山拳、甘凤池拳法、黄啸侠拳法、燕青十八翻、罗王十八掌、达摩十八手、孙二娘大战拳、武松鸳鸯腿拳等。

六、课后练习与功法功力

（1）前滑步点剑 + 后滑步崩剑 + 左滑步格剑、前滑步劈剑 + 右滑步斩剑 + 后滑步崩剑，一组 5 次，完成 10 次。

（2）蛙跳，10 米一组，完成 5 次。

七、思考题

（1）青少年应如何树立远大的目标？

（2）勾拳的要点有哪些？

（3）以人名命名的拳种有哪些？

八、参考文献

[1] 符文军，金波. 影响青少年一生的励志故事全集 [M]. 北京：北京工业大学出版社，2010.
[2] 蔡龙云. 剑术运动 [M]. 北京：人民体育出版社，2013.

第七讲

一、学习目标

（1）认知目标：活到老学到老，平凡的一句话蕴含做人的大意境。

（2）技能目标：学习武术基本功劈拳；学会前滑步刺剑 + 后滑步挑剑 + 换跳步抹剑、前滑步刺剑 + 后滑步挑剑 + 冲刺步撩剑；学会前滑步刺剑打反应桩 + 换跳步抹剑打固定桩颈部、前滑步刺剑打固定桩颈部 + 后滑步挑剑打固定桩肋部。

（3）情感目标：学习也是对精神的充实，在学的过程中会思考，在思考的过程中人性会得到升华。

二、本讲内容

（一）武德教育

【励志故事】

活动老学到老

晋平公作为一位国君，政绩不平，学问也不错。他 70 岁的时候，还希望多读点书，多长点知识，总觉得自己所掌握的知识实在是太有限了。可是 70 岁的人再去学习，困难是很多的，晋平公对自己的想法总还是不自信，于是他去询问他的一位贤明的臣子师旷。

师旷是一位双目失明的老人，他博学多智，虽眼睛看不见，但心里亮堂着呢。晋平公问师旷说：“你看，我已经 70 岁了，年纪的确大了一些，可是我还很希望再读些书，长些学问，又总是信心不足，是否太晚了呢？”

师旷回答说：“您说太晚了，那为什么不把蜡烛点起来呢？”

晋平公不明白师旷在说什么，便说："我在跟你说正经话，你跟我瞎扯什么？哪有做臣子的随便戏弄国君的呢？"

师旷一听，乐了，连忙说："大王，您误会了，我这个双目失明的臣子，怎么敢随便戏弄大王呢？我也是在认真地跟您谈学习的事呢。"

晋平公说："此话怎么讲？"

师旷回答说："我听说，人在少年时代好学，就如同获得了早晨温暖的阳光一样，那太阳越照越亮，时间也久长。人在壮年的时候好学，就好比获得了中午明亮的阳光一样，虽然中午的太阳已走了一半，可他的力量很强，时间还有许多。人到老年的时候好学，虽然已是日暮，没有了阳光，可他还可以借助蜡烛啊，蜡烛的光亮虽然不怎么明亮，可是只要获得了这点烛光，尽管有限，也总比在黑暗中摸索要好多了吧。"

晋平公恍然大悟，高兴地说："你说得太好了，的确如此！我有信心了。"

【励志感言】

人要活到老学到老。不爱学习的人即使在白天也看不到光明。只有不断学习，才能永远拥有光明的力量。不论年少还是年长，学问越多心里越亮堂，遇事才不至于盲目，做人才不至于糊涂。

（二）技术教学

1. 学习三段基本形态

1）动态

劈拳。

2）动作解析

动作：劈拳如斧之劈也，拳成立拳，从上向下击打，力达拳轮，由立正变弓步（图 3-7-1）。

图 3-7-1 劈拳

要点：拳要握紧，力要顺达，击打力点准确。

2. 单练套路、对打套路、拆招技术

1）三段第一小节第 21 至 22 式动作

（1）前滑步刺剑 + 后滑步挑剑 + 换跳步扫剑。（2）前滑步刺剑 + 后滑步挑剑 + 冲刺步撩剑。

2）动作解析

（1）前滑步刺剑 + 后滑步挑剑 + 换跳步扫剑。

动作：右实战姿势站立，右脚在前，前滑步的同时，双手握剑柄，劲贯剑尖，剑身平行于地面向前刺出；然后后脚贴地向后退一步（约半步的距离），前脚蹬地，推动后脚移动，随即跟退；同时，右手握剑直臂前平举，虎口向上，直臂上挑，力达剑尖；紧接着双脚蹬地交换前后脚站位，保持侧身不变，目视前方；同时手持剑，右臂内旋，手心向下，剑由前向右横扫，力达小指侧剑刃（图 3-7-2）。

要点：扫剑要随腰的转动而动，因此应在换跳步脚落地时进行。

（a） （b）

（c） （d）

图 3-7-2 前滑步刺剑 + 后滑步挑剑 + 换跳步扫剑

（2）前滑步刺剑＋后滑步挑剑＋冲刺步撩剑。

动作：右实战姿势站立，右脚在前，前滑步的同时，右手握剑柄，劲贯剑尖，剑身平行于地面向前刺出；然后后脚贴地向后退一步（约半步的距离），前脚蹬地，推动后脚移动，随即跟退，同时右手握剑直臂前平举，虎口向上，直臂上挑，力达剑尖；接着左脚向前上步成左实战姿势，同时右手握剑，剑尖向上、向左沿弧线下落，臂内旋，剑尖向下沿身体左侧贴身画弧；紧接着右脚向前上步回到右实战姿势并成冲刺步，右手持剑向前撩至体前上方，虎口斜向下，力达剑刃前部（图 3-7-3）。

要点：撩剑是右撩剑，应注意上下肢的配合。

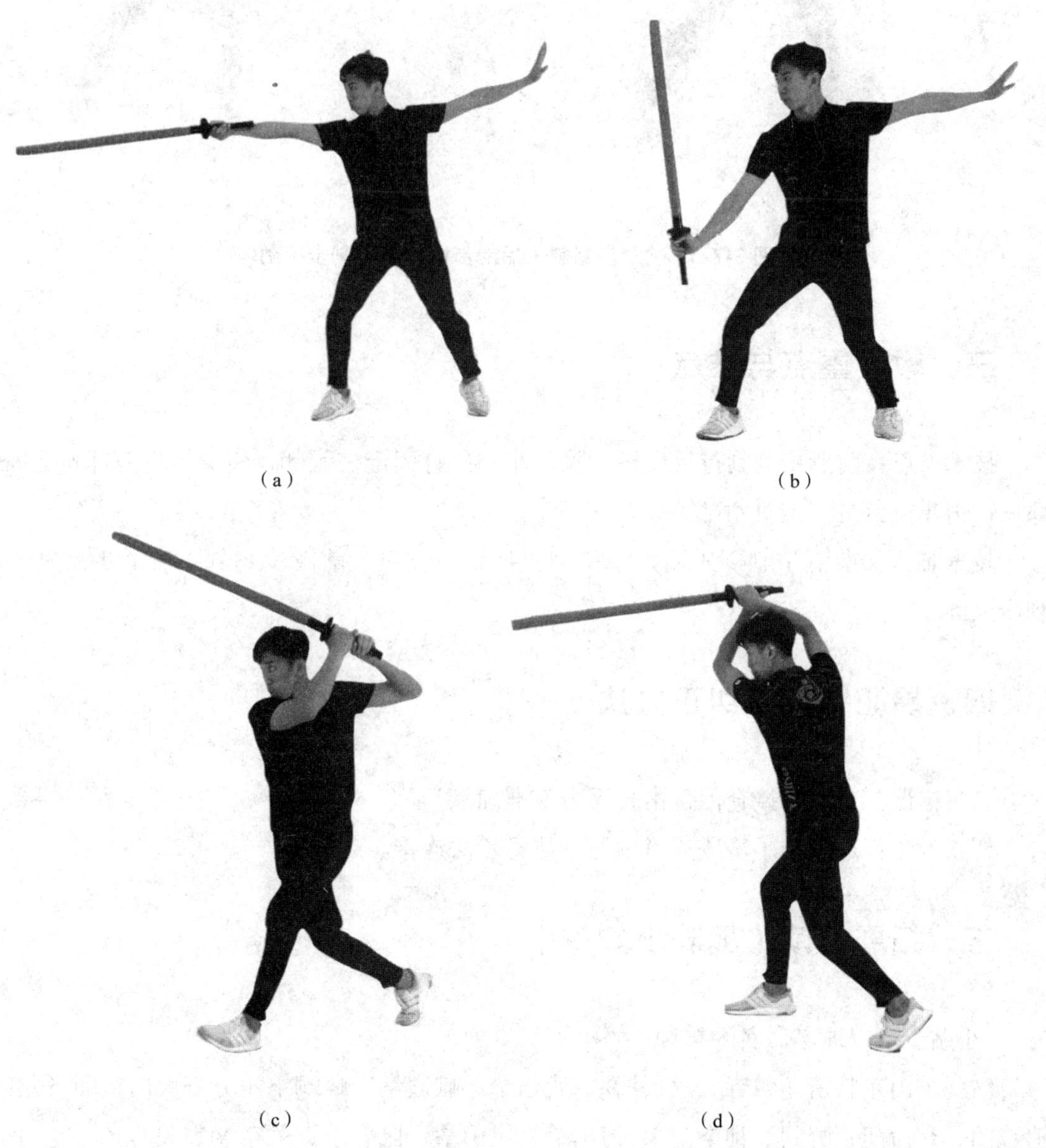

（a）　（b）

（c）　（d）

（e） （f）

图 3-7-3 前滑步刺剑 + 后滑步挑剑 + 冲刺步撩剑

三、教学重点与难点

技术重点：前滑步刺剑打反应桩 + 换跳步扫剑打固定桩颈部、前滑步刺剑打固定桩颈部 + 后滑步挑剑打固定桩肋部。

技术难点：前滑步刺剑 + 后滑步挑剑 + 换跳步扫剑、前滑步刺剑 + 后滑步挑剑 + 冲刺步撩剑。

四、易犯错误与纠正方法

易犯错误：步法连接仓促，击打无力不准确。

纠正方法：通过徒手步法连贯练习，熟悉步法连接。

五、拓展阅读（趣味小知识）

【小贴士】以地名命名的拳种

潭腿（山东临清龙潭寺）、少林拳、武当拳、峨眉拳、崆峒拳（分五大门，即飞龙门、追魂门、夺命门、醉门、神拳门）、梅山拳、灵山拳、昆仑拳、关东拳、关西拳、龙门拳、登州拳、东安拳、石头拳、水游拳、西凉掌、太行意拳、洪洞通背拳等。

六、课后练习与功法功力

（1）前滑步刺剑 + 后滑步挑剑 + 换跳步扫剑、前滑步刺剑 + 后滑步挑剑 + 冲刺步撩剑，每组 5 次，完成 5 组。

（2）高鞭腿打靶练习，20 次一组，完成 5 组。

七、思考题

（1）学无止境，活到老学到老，对我们产生什么样的启示？

（2）你认为什么样的步法最实用？

（3）以地名命名的拳种有哪些？

八、参考文献

[1]　符文军，金波. 影响青少年一生的励志故事全集 [M]. 北京：北京工业大学出版社，2010.

[2]　蔡龙云. 剑术运动 [M]. 北京：人民体育出版社，2013.

第八讲

一、学习目标

（1）认知目标：晋朝车胤和孙康利用萤火虫的光和雪的反光刻苦读书的故事告诉我们，虽然家境贫穷，但是仍然要勤学苦读。

（2）技能目标：学习武术基本功转身鞭拳；学会前滑步撩剑 + 右滑步劈剑 + 换跳步拦剑、前滑步撩剑 + 左滑步劈剑 + 后滑步崩剑；学会前滑步撩剑打固定桩肋部 + 右滑步劈剑打固定桩太阳穴 + 换跳步拦剑、前滑步撩剑打固定桩肋部 + 左滑步劈剑打固定桩太阳穴 + 后滑步崩剑。

（3）情感目标：我们知道书籍能启迪人的智慧，知识让人插上翅膀，为了获取知识和智慧与贫困做斗争的精神值得我们敬重和学习。“囊萤映雪”就是这种奋斗精神的典范。

二、本讲内容

（一）武德教育

【励志故事】

囊萤映雪

晋代时，车胤从小好学不倦，但因家境贫困，父亲无法为他提供良好的学习环境，为了维持温饱，没有多余的钱买灯油供他晚上读书。为此，车胤只能利用白天的时间背诵诗文。夏天的一个晚上，他正在院子里背一篇文章，忽然见许多萤火虫在低空中飞舞。一闪一闪的光点，在黑暗中显得格外耀眼。他想：“如果把许多萤火虫集中在一起，不就成为一盏灯了吗？”于是，他去找了一只白绢口袋，随即抓了几十只萤火虫放在里面，再扎住袋口，把它吊起来。袋子虽然不怎么明亮，但可勉强用来看书。从此，只要有萤火虫，他就去抓一些来当作灯用。他勤学苦练，终于学有所成。

同朝代的孙康情况也是如此。由于没钱买灯油，晚上不能看书，只能早早睡觉。他觉得让时间白白跑掉，非常可惜。一天半夜，他从睡梦中醒来，把头侧向窗户时，发现窗缝里透进一丝光亮。原来，那是大雪映出来的，可以利用它来看书。于是他倦意顿失，立即穿好衣服，取出书籍，来到屋外。宽阔的大地上映出的雪光，比屋里要亮多了。孙康不顾寒冷，立即看起书来，手脚冻僵了，就起身跑一跑，同时搓搓手指。此后，每逢有雪的晚上，他就抓住这个好机会，孜孜不倦地读书。这种苦学的精神，促使他的学识突飞猛进，成为饱学之士。

【励志感言】

书籍是人类知识的载体，是人类智慧的结晶，是人类进步的阶梯。古今圣贤读书的故事启示我们要抓紧时间勤奋学习。如果能养成刻苦读书的好习惯，将终身受益。

（二）技术教学

1. 学习三段基本形态

1）动态

转身鞭拳。

2）动作解析

转身鞭拳是一种横向进攻动作，它借助转体的惯性，动作幅度大，运动路线长，力度较大。

动作：左脚经右腿后插步，身体向左后转 180 度；同时，两手屈臂一起回收至胸前；动作不停，上身继续向左转体 90 度，同时左拳反臂向左侧横向鞭打，拳眼向上，力达拳背（图 3-8-1）。

图 3-8-1　转身鞭拳

要点：转体要快，以头领先，不能停顿，双腿支撑要稳，要以腰带臂，前臂鞭打甩拳。

2. 单练套路、对打套路、拆招技术

1）三段第一小节第 23 至 24 式动作

（1）前滑步撩剑 + 右滑步劈剑 + 换跳步拦剑。（2）前滑步撩剑 + 左滑步劈剑 + 后滑步崩剑。

2）动作解析

（1）前滑步撩剑 + 右滑步劈剑 + 换跳步拦剑。

动作：实战姿势站立，左脚在前，前滑步的同时，剑尖向上、向后沿弧线下落，臂内旋，剑尖向下沿身体左侧画弧向前撩至体前上方，力达剑刃前部，然后左脚蹬地，右脚向右前方横移半步，左脚随即向右跟半步，变右脚在前，保持侧身不变，目视前方；同时双手提剑直臂上举，剑尖向上，由上向下劈剑，力达剑身中部；接着左右脚同时离地，以腰部力量带动双腿位置互换，同时双手握剑柄，左手在前，小臂外旋，左手翻转向上，使剑身向上、向外再向下画半圆，劲贯剑身前外侧（图 3-8-2）。

要点：经历两次换式，即左式—右式—左式，步法变换要灵活。

图 3-8-2 前滑步撩剑 + 右滑步劈剑 + 换跳步拦剑

（2）前滑步撩剑 + 左滑步劈剑 + 后滑步崩剑。

动作：右实战姿势站立，手握剑直臂前平举，向上、向后立绕至体后，随之臂外旋向下，沿身体右侧画弧向前撩至体前上方，同时左脚在前成前滑步；然后右脚蹬地，左脚向左横移半步，右脚随即向左横移半步，重心保持在两腿中间不变，同时双手提剑直臂上举，剑尖向上，由上向下劈剑，力达剑身中部；接着后脚贴地向后退一步（约半步的距离），前脚蹬地，推动后脚移动，随即跟退，同时双手握剑沉腕，直臂下落，使剑尖猛向上崩起，力达剑尖（图 3-8-3）。

要点：前滑步的同时撩剑，注意步法、剑法的配合。

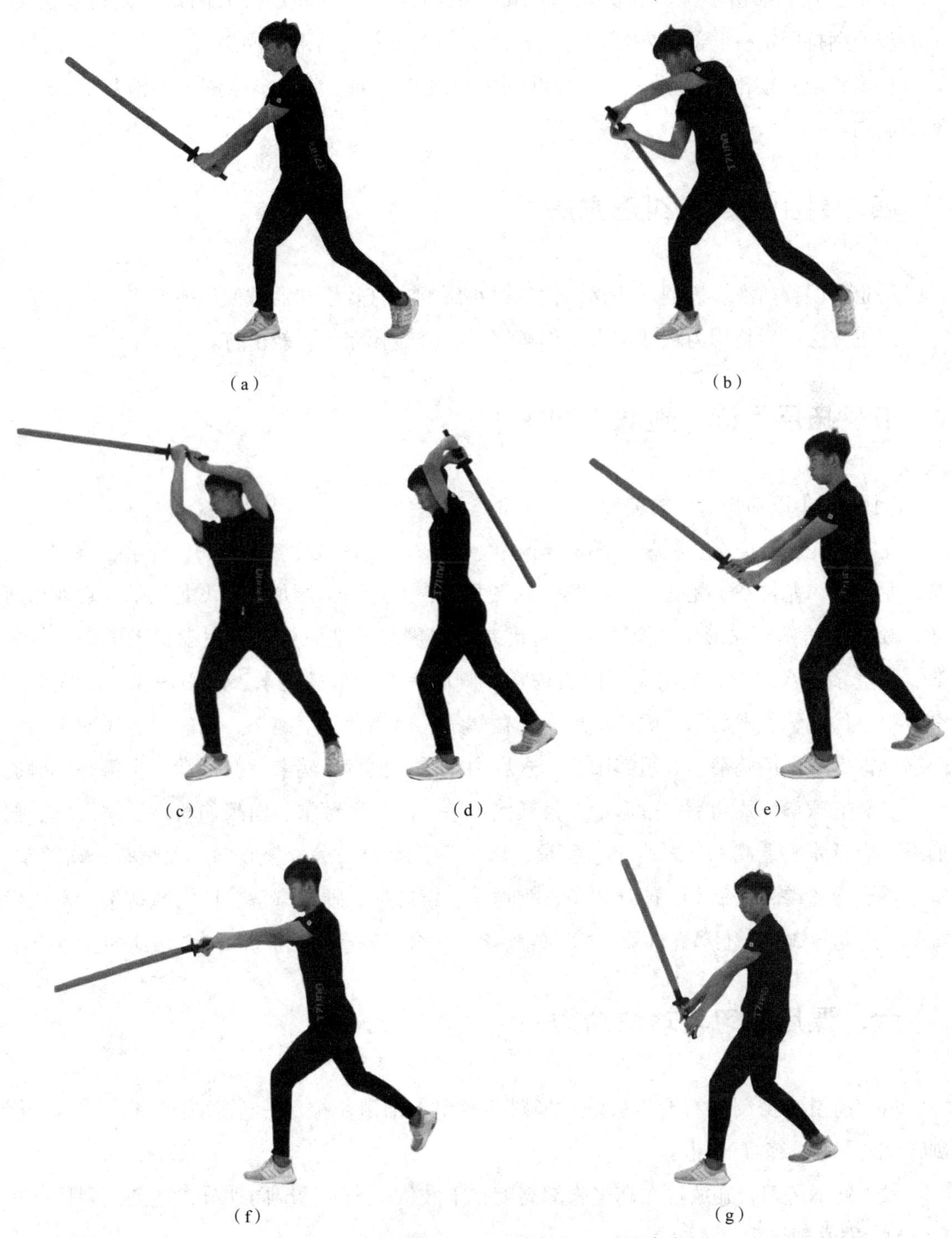

（a）（b）（c）（d）（e）（f）（g）

图 3-8-3　前滑步撩剑 + 左滑步劈剑 + 后滑步崩剑

三、教学重点与难点

技术重点：前滑步撩剑打固定桩肋部 + 右滑步劈剑打固定桩太阳穴 + 换跳步拦剑、前滑步撩剑打固定桩肋部 + 左滑步劈剑打固定桩太阳穴 + 后滑步崩剑。

技术难点：前滑步撩剑 + 右滑步劈剑 + 换跳步拦剑、前滑步撩剑 + 左滑步劈剑 + 后滑步崩剑。

四、易犯错误与纠正方法

易犯错误：前滑步撩剑步法移动幅度过小影响击打效果和器械使用效果。

纠正方法：后腿用力蹬地增大动作幅度，配合转腰完成有效击打。

五、拓展阅读（趣味小知识）

【小贴士】以动物命名的拳种

龙拳、蛇拳、虎拳、豹拳、鹤拳、狮拳、象拳、马拳、猴拳、彪拳、狗拳、鸡拳、鸭拳、龙形拳、龙桩拳、龙化拳、行龙拳、飞龙拳、火龙拳、青龙拳、飞龙长拳、青龙出海拳、毒蛇吐信拳、虎形拳、黑虎拳、青虎拳、白虎拳、饿虎拳、猛虎拳、飞虎拳、伏虎拳、五虎拳、八虎拳、虎啸拳、回头虎拳、侧面虎拳、车马虎拳、隐山虎拳、五虎群羊拳、工字伏虎拳、虎豹拳、虎鹤双形拳、猛鹤拳、白鹤拳、宗鹤拳、鸣鹤拳、飞鹤拳、食鹤拳、饱鹤拳、饿鹤拳、五祖鹤阳拳、永春白鹤拳、独脚飞鹤拳、狮形拳、金狮拳、狮虎拳、二狮抱球拳、猿功拳、猿形拳、猿猱伏地拳、白猿短臂拳、白猿偷桃拳、鸡形拳、鸭形拳、鹰爪拳、老鹰拳、岩鹰拳、雕拳、鹞子拳、鹞子长拳、燕形拳、大雁掌、蝴蝶掌、龟牛拳、螃蟹拳、灰狼拳、黄莺架子、鸳鸯拳、螳螂拳、硬螳螂拳、秘门螳螂拳、八步螳螂拳、梅花螳螂拳、七星螳螂拳、摔手螳螂拳、六合螳螂拳、光板螳螂拳、玉环螳螂拳等。

六、课后练习与功法功力

（1）前滑步撩剑 + 右滑步劈剑 + 换跳步拦剑、前滑步撩剑 + 左滑步劈剑 + 后滑步崩剑，5 次一组，练习 10 组。

（2）耗腿练习，腿放置在高于胸部高度，下肢依据个人情况向外分，达到极限后静止 1 分钟，左右腿各重复 5 次。

七、思考题

（1）囊萤映雪的主人公是谁?

（2）腿部柔韧性好坏影响实战吗?

（3）以动物命名的拳种有哪些?

八、参考文献

[1]　蔡龙云. 剑术运动 [M]. 北京：人民体育出版社，2013.

第九讲

一、学习目标

（1）认知目标：只要勤学苦练、认真钻研，就一定能实现自己的目标。

（2）技能目标：学习武术基本功前滚翻，学会三段单练套路前三式，并利用所学技术进行实战练习。

（3）情感目标：我们只有加强自身实力，才能在国家危难之时挺身而出、为国争光。

二、本讲内容

（一）武德教育

【励志故事】

神拳大龙击败马索洛夫

蔡龙云（1928 年 11 月—2015 年 12 月），山东济宁人，中国的武术泰斗，著名的技击家，中国武术九段。

1943 年 11 月 13 日，历史上第一场武术与拳击的正式比赛在今天上海的陕西南路、当时的回力球场举行，能容纳三千多人的回力球场被挤得水泄不通。经过抽签，蔡龙云第二对出场。只有15岁的他对决西洋拳击界名手、俄籍拳师马索洛夫。马索洛夫年约三十，体格魁梧。当他神情傲慢地走上拳台的时候，不少观众为相形之下异常瘦小的蔡龙云捏了一把冷汗。回忆起当天比赛的情景，蔡龙云笑着说："当时还小，都没搞清楚马索洛夫是哪国人，后来看报纸才知道这个人高马大的对手是俄国人。"

光膀子，戴拳套，裁判是外国人。"噹……"一声锣响，比赛开始了。两个人从拳台各自的角落站了起来，裁判员示意到台子中央。蔡龙云根本就不懂西洋拳的比赛规矩，也不知道双方还要互相示意，刚一靠近对手，就使出浑身力气给了他一个灌耳拳，马索洛夫毫无准备，一下就被打蒙了，半天没琢磨过味儿来，全场一片哄笑。

第一回合，蔡龙云胆大心细，趁马索洛夫左脚在前，他运用勾挂腿，右腿一扫就把他撂倒在地。倒下的马索洛夫即将站起，两手刚一离地，便又挨一脚，按规则这算又一次倒地。第一回合，蔡龙云打了马索洛夫好多个跟头。

第二回合，蔡龙云勾腿外摆，没想到马索洛夫一下子抄住了蔡龙云的腿，蔡龙云腰一扭在对手的帮助下顺势来了一个侧空翻，稳稳地站在了地上，全场观众在几秒钟的沉寂后爆发出雷鸣般的掌声。

第三回合，蔡龙云大胆贴近对手，在他的连续重击下，马索洛夫难以招架，蔡龙云用少林拳的"连环"手法和华拳的"迎面三腿"向对方反击，使对方防不胜防，马索洛夫的头部不时地受到重击。蔡龙云抓住有利时机，步步逼近，乘隙飞起一脚，正中对方腹部，只听得"啊"一声，马索洛夫高大的身躯晃了两晃，倒了下去。"……七、八、九、十"，马索洛夫躺在地上没有反应。

当天比赛结束后，《新闻日报》以《中西拳击对抗，中华队获大胜》为标题，发表了"中国队以五胜二负一和获得大胜"的消息。15岁的蔡龙云两个半回合打了对手十三个跟头，大胜而归，轰动大上海，成了家喻户晓的人物。因为他的小名叫"大龙"，从此便在武术界享有"神拳大龙"的称号。

【励志感言】

武术是祖先在生存过程中创造总结出来的技能。武术是我国的国粹，是中华民族祖先留给我们最宝贵的遗产，是中华民族发展和总结出来的、奉献给世界的、最具有民族特色的瑰宝。继承和发展武术运动，就是发展中华民族文化。

（二）技术教学

1. 学习三段基本形态

1）动态

前滚翻。

2）动作解析

动作：由蹲撑开始，重心前移，两腿蹬直离地，同时屈膝；低头、含胸、提臀，头的后部在两手支点前着垫，依次经颈、背、腰、臀向前滚动；当滚至背部着垫时迅速收腹屈膝，身体紧跟大腿团身抱膝成蹲立（图 3-9-1）。

要点：低头含胸，注意对头部的保护，抱膝将身体团在一起。

图 3-9-1　前滚翻

2. 单练套路、对打套路、拆招技术

1）三段第二小节第 1 至 4 式动作

（1）起式。（2）凤凰展翅 1：转身扫剑。（3）凤凰展翅 2：弓步刺剑。（4）左右下劈。

2）动作解析

（1）起式。

动作：面向正前方并步站立，左手全把持剑，剑尖向斜下方，右手四指并拢伸直，拇指内扣按掌置于剑上方，目视前方。

要点：抬头挺胸，精神集中。

图 3-9-2 起式

（2）凤凰展翅 1：转身扫剑。

动作：接上式，向右转身 90 度，抬右脚垫步，重心前移，双手举剑收于胸前；上左脚，然后前脚掌蹬地拧转，上体右转 180 度；右腿提膝于胸前，右手持剑掌心向下，向后扫剑，目视前方。

要点：蹬地拧转时向后扫剑，力达剑身。

（a） （b）

图 3-9-3 凤凰展翅 1：转身扫剑

（3）凤凰展翅 2：弓步刺剑。

动作：右手持剑收于腰间，右脚前进步上步成弓步，同时右手持剑从腰间向前直刺，目视前方。

要点：刺剑力达剑尖。

图 3-9-4 凤凰展翅 2：弓步刺剑

（4）左右下劈。

动作：右手持剑经头顶向前下方劈剑，然后向左拧转身体，左腿弓，右腿蹬，右手持剑经头顶向左前方下劈，目视剑尖。

要点：劈剑力达剑身。

（a） （b）

图 3-9-5 左右下劈

三、教学重点与难点

技术重点：利用所学技术进行实战练习。

技术难点：三段套路前三式技术学习。

四、易犯错误与纠正方法

易犯错误：套路演练缺乏连贯性。

纠正方法：按照要求反复进行演练，强化套路动作间的衔接。

五、拓展阅读（趣味小知识）

【小贴士】以日常杂物命名的拳种

巾拳、扇拳、伞拳、花拳、船拳、钟拳、板凳拳、褂子拳、云帚拳、脱梏拳、百花拳、梅花拳、莲花拳、螺旋拳、山门拳、白玉拳、汤瓶拳、沾衣拳、衣衫母拳、三战铁扇拳、三十六合锁等。

六、课后练习与功法功力

（1）三段套路前三式，重复练习 20 遍。

（2）左右直拳练习，20 拳一组，练习 5 组。

七、思考题

（1）神拳大龙是谁？

（2）你认为如何能克服实战中闭眼的习惯？

（3）以日常杂物命名的拳种有哪些？

八、参考文献

[1] 蔡龙云. 剑术运动 [M]. 北京：人民体育出版社，2013.

第十讲

一、学习目标

（1）认知目标：虽然生活中和朋友有一些不愉快，但是要以一颗宽容的心对待。

（2）技能目标：学习武术基本功后滚翻动作，学会三段套路第 5 至 7 式动作，进行一对一实战练习。

（3）情感目标：解决问题的方法很多，握手言和最能体现双方的包容之心，最能体现社会的和谐之意。

二、本讲内容

（一）武德教育

【励志故事】

握手言和

我们经常会看到这样一幕，当大人余怒未息时，两个刚刚还在争吵发生矛盾的孩子早已嘻嘻哈哈地又玩在了一处。在聚集着许多中学生的校园里每天都要上演很多类似的事。经常有同学含着眼泪一脸委屈地跑到我面前，向我哭诉："老师，×× 欺负我！他把我的铅笔盒扔在地上！"还没等这个学生说完，另一个参与者红着眼睛嚷嚷道："老师，他先欺负我！"两人在我面前又你一言我一语地争吵起来，看着他们脸红脖子粗的样子，我决定先让两个人平静下来。以前我总是不停地给他们讲道理，还会严厉地批评他们，虽然有时候矛盾解决了，但这会影响他们今天的心情，这次我决定让他们自己先反思。

过了片刻，他们一起来到我面前，他们不好意思地表示矛盾已经解决了，不需要我再帮忙。这时，我笑着说："这就对了，以后遇到问题要想办法解决，不要激动嘛！来，大家还是好朋友，握手言和吧！"他们红着脸握了握小手。

【励志感言】

不计前嫌是一种美德，握手言和是一种包容；前嫌往往是一些鸡毛蒜皮的小事，只有不计前嫌才能心安理得；握手言和是大度的表现，生活中和朋友产生一些不愉快，要学会以宽容之心对待。只有大家都有一颗宽容之心，社会才能和谐发展。

（二）技术教学

1. 学习三段基本形态

1）动态

后滚翻。

2）动作解析

动作：由蹲撑开始，双臂推撑用力均匀，身体后倒，臀部、背部、颈部、头依次着地，滚动要圆滑（图 3-10-1）。

图 3-10-1　后滚翻

要点：肩部接触地面后，头部略微向一侧倾斜，注意对后脑的保护。

2. 单练套路、对打套路、拆招技术

1）三段第二小节第 5 至 7 式动作

（1）灵猫捕鼠 1：转身下截。（2）灵猫捕鼠 2：进步下劈。（3）收式。

1）动作解析

（1）灵猫捕鼠 1：转身下截。

动作：接上式，向右转身，右手持剑收至左腰侧，起身上左脚，同时将剑向前下方截出（图 3-10-2）。

要点：截剑力达剑身前部。

（a）　（b）

图 3-10-2　灵猫捕鼠 1：转身下截

（2）灵猫捕鼠 2：进步下劈。

动作：上动不停，右手持剑经身体左侧回环画立圆，左脚向前上步；然后右手持剑从头顶下劈，左手向后伸直，右脚上步，重心在前，目视前下方（图 3-10-3）。

要点：劈剑力达剑身。

（a）　（b）

图 3-10-3　灵猫捕鼠 2：进步下劈

（3）收式。

动作：右手持剑插剑置于左侧腰间，左手持剑；两腿并立，然后身体后转 180 度，面向正前方（图 3-10-4）。

要点：先收势，后转身。

（a）　　（b）

图 3-10-4　收式

三、教学重点与难点

技术重点：1 对 1 实战练习。

技术难点：三段套路第 5 至 7 式演练。

四、易犯错误与纠正方法

易犯错误：套路演练中单式动作幅度过大，动作衔接脱节。

纠正方法：减小单个动作幅度，缩短时间，整套反复进行练习。

五、拓展阅读（趣味小知识）

【小贴士】以手法命名的拳种

插拳、截拳、挂拳、挡拳、扎拳、套拳、穿拳、撕拳、翻拳、炮拳、罩掌、剑手、短手、五手拳、应手拳、捏手拳、合手拳、封手拳、练手拳、拦手拳、劈挂拳、摺挡拳、撞打拳、通臂拳、杀手掌、反臂掌、字手、十字手、排子手、万古手、黄英手、八黑手、锦八手、照阳手、金枪手、天罡手、地煞手、四门重手、分手八快、咬手六合拳、盖手六合拳、九宫擒跌手、罗汉十八手、二十四破手、三十六闭手、七十二插手、三十六看对手等。

六、课后练习与功法功力

三段套路第 5 至 7 式练习 10 遍。

七、思考题

（1）握手言和的寓意是什么？
（2）实战中的胆怯心理应该如何去克服？
（3）以手法命名的拳种有哪些？

八、参考文献

[1]　蔡龙云. 剑术运动 [M]. 北京：人民体育出版社，2013.

四 段

第一讲

一、学习目标

（1）认知目标：孔子这样学识渊博的大学者还要尊师，我们更要在平常的生活中尊敬师长。

（2）技能目标：基本掌握鱼跃前滚翻的动作要领；学会后滑步撩剑 + 前滑步劈剑、后滑步格剑 + 左滑步点剑；熟练掌握后滑步撩剑打固定桩肋部 + 前滑步劈剑打固定桩顶部、后滑步点剑打固定桩颈部 + 左滑步点剑打固定桩颈部。

（3）情感目标：充分了解儒家思想的启示和胸怀，尊师重道思想是我国传统文化中宝贵的财富。

二、本讲内容

（一）武德教育

【励志故事】

孔子尊师

公元前 521 年春，孔子得知他的学生宫敬叔奉鲁国国君之命，要前往周朝京都洛阳去朝拜天子，觉得这是一个向周朝守藏史老子请教“礼制”的好机会，于是征得鲁昭公的同意后，与宫敬叔同行。到达京都的第二天，孔子便徒步前往守藏史府去拜望老子。正在书写《道德经》的老子听说誉满天下的孔丘前来求教，赶忙放下手中的笔，整顿衣冠出迎。

孔子见大门里出来一位年逾古稀、精神矍铄的老人，料想便是老子，急趋向前，恭恭敬敬地向老子行了弟子礼。进入大厅后，孔子再拜后才坐下来。老子问孔子为何事而来，孔子离座回答：“我学识浅薄，对‘礼制’一无所知，特地向老师请教。”老子见孔子这样诚恳，便详细地阐述了自己的见解。

回到鲁国后，孔子的学生们请他讲解老子的学识。孔子说：“老子博古通今，通礼乐之源，明道德之归，确实是我的好老师。”同时，还打比方赞扬老子，他说：“鸟儿，我知道它能飞；鱼儿，我知道它能游；野兽，我知道它能跑。善跑的野兽我可以结网来逮住它，会游的鱼儿我可以用丝条缚在鱼钩来钓到它，高飞的鸟儿我可以用良箭把它射下来。至于龙，我却不能够知道它是如何乘风云而上天的。老子，其犹龙邪！”

【励志感言】

教师是人类灵魂的工程师，尊师重教是中华美德，尊师从我做起，感恩从现在开始。

（二）技术教学

1. 学习四段基本形态

1）动态

鱼跃前滚翻。

2）动作解析

动作：助跑向前方跃起，在空中身体要伸展，着地时要屈臂低头含胸，用身体的一侧按照肩、背、臀部的顺序依次着地，当着地时迅速折小腿成左（右）腿在下、右（左）腿在上的三角支撑。上体与膝部靠紧，身体借惯性向前滚动成屈体站立，背对滚翻方向屈体站立（图 4-1-1）。

图 4-1-1　鱼跃前滚翻

要点：手接触到地面后注意顺势屈臂缓冲。

2. 单练套路、对打套路、拆招技术

1）四段第一小节第 1 至 2 式动作

（1）后滑步撩剑 + 前滑步劈剑。（2）后滑步格剑 + 左滑步点剑。

2）动作解析

（1）后滑步撩剑 + 前滑步劈剑。

动作：实战姿势站立，右脚后退，左脚跟退，步幅相同，重心保持不变；同时双手持剑，剑尖向上、向左画弧下落，再向下沿身体左侧画弧向前撩至体前上方，虎口斜向下，力达剑刃前部；然后前脚贴地向前进一步（约一脚的距离），后脚蹬地，推动前脚移动，随即跟进，步幅与前脚相同，上体保持侧向正身，重心置于两腿中间；同时双手提剑直臂上举，由上向下劈剑，力达剑身中部（图 4-1-2）。

要点：后滑步的同时双手持剑左撩剑。

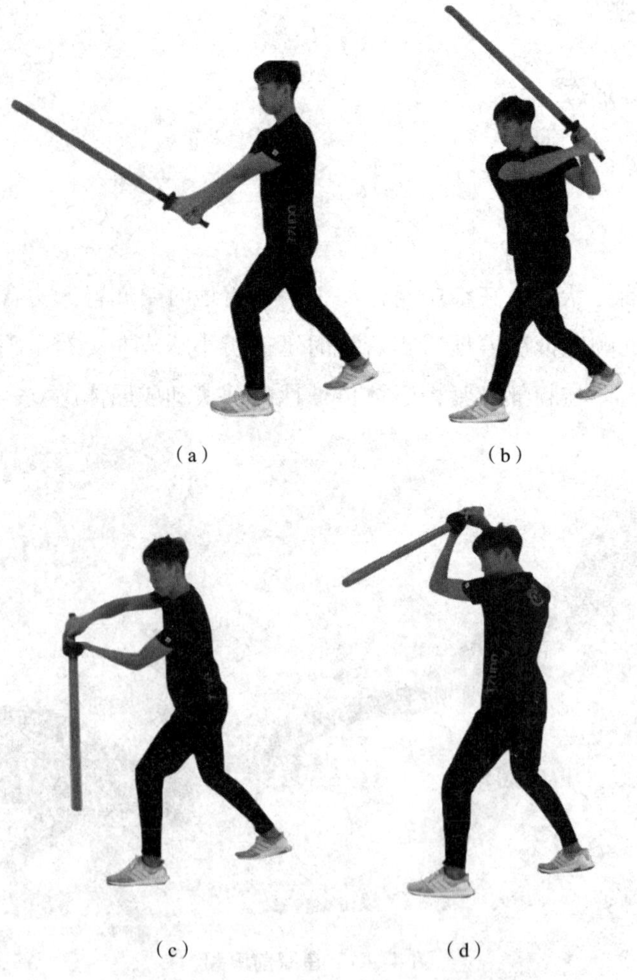

（a） （b）

（c） （d）

（e） （f）

图 4-1-2 后滑步撩剑 + 前滑步劈剑

（2）后滑步格剑 + 左滑步点剑。

动作：实战姿势站立，右脚后退，左脚跟退，步幅相同，重心保持不变；提剑力达剑身，双手握剑柄，随身体向左转动，平举至头顶上方；然后右脚蹬地，左脚向左横移半步，右脚跟步，重心保持不变，成左滑步；同时双手握剑，提劲力达剑尖，手腕放松，突然而短促地用力上提，剑尖由上向下啄击（图 4-1-3）。

要点：后滑步配合左格剑，步法落地站稳后，再向左转腰带剑，力达剑身。

（a） （b）

（c） （d）

图 4-1-3 后滑步格剑 + 左滑步点剑

3. 学习四段打桩技术第 1 至 2 式动作

（1）后滑步撩剑打固定桩肋部 + 前滑步劈剑打固定桩顶部。

动作：格斗式和一个固定桩并排站立，后滑步撩剑打固定桩肋部，随即前滑步劈剑打另外一个固定桩顶部。

要点：与固定桩的距离以一个后滑步刚刚可以用剑击打到固定桩为宜；后滑步撩剑打目标后，随即前滑步劈剑打另外一个固定桩顶部，步法变换灵活、转换自然、一气呵成。

（2）后滑步点剑打固定桩颈部 + 左滑步点剑打固定桩颈部。

动作：格斗式和一个固定桩并排站立，后滑步点剑打固定桩颈部，随即左滑步点剑打另外一个固定桩颈部。

要点：与固定桩的距离以一个后滑步刚刚可以用剑击打到固定桩为宜；后滑步点剑打目标后，随即左滑步点剑打另外一个固定桩顶部，步法变换灵活、转换自然、一气呵成。

三、教学重点与难点

技术重点：后滑步点剑打固定桩颈部 + 左滑步点剑打固定桩颈部，步法的组合及剑法组合协调配合。

技术难点：打固定桩时对力点的把握，步法变换灵活、准确。

四、易犯错误与纠正方法

易犯错误：后滑步点剑打固定桩颈部，人与桩的距离掌握不准确。

纠正方法：后滑步时，以后脚带动前脚，手臂屈伸距离与固定柱颈部的距离为手臂加剑的距离。

五、拓展阅读（趣味小知识）

【小贴士】以步法、腿法命名的拳种

弹腿、暗腿、踔腿功、截腿、连腿、戳脚、四步拳、六步拳、八步拳、练步拳、穿步拳、顺步捶、腰步捶、挡步捶、涌步捶、乱八步、三步架、五步打、八步转、掘子腿、溜脚式、十二步架、六步散手、十字腿拳、溜脚架子、连环鸳鸯步、鹿步梅花桩、八步连环拳、九宫十八腿、少林二十八步、进步鸳鸯连环腿等。

六、课后练习与功法功力

（1）一组复练习：打桩技术动作第 1 至 2 式，每式 20 遍。

（2）一组功法功力：跳绳练习，1~2 分钟一组，共 3 组。

七、思考题

（1）孔子如何赞扬老子？

（2）打桩动作时，步法如何能够变化灵活？

（3）以步法、腿法命名的拳种有哪些？

八、参考文献

[1] 李长之. 孔子的故事 [M]. 杭州：浙江文艺出版社，2008.

[2] 杨柏龙，刘玉萍. 武术基础练习（五）：剑术、刀术 [M]. 北京：人民体育出版社，1994.

第二讲

一、学习目标

（1）认知目标：信念的力量是伟大的，它支撑着人们生活，督促着人们奋斗，推动着人们进步，它创造了世界上一个又一个的奇迹。

（2）技能目标：基本掌握横踢腿的动作要领；学会后滑步切剑 + 右滑步斩剑、后滑步劈剑 + 冲刺步刺剑；熟练掌握后滑步切剑打反应桩 + 右滑步斩剑打固定桩颈部、后滑步劈剑打反应桩 + 冲刺步刺剑打反应桩。

（3）情感目标：信念的力量是生命的源泉，在它的帮助下，人生路上又有什么能够与之抗衡呢？

二、本讲内容

（一）武德教育

【励志故事】

信念的力量

曾经有人讲过这样一个耐人寻味的故事：一场突然而来的沙漠风暴使一位旅行者迷失了前进方向。更可怕的是，旅行者装水和干粮的背包也被风暴卷走了。他翻遍身上所有的口袋，找到了一个青青的苹果。“啊，我还有一个苹果！”旅行者惊喜地叫着。

他紧握着那个苹果，独自在沙漠中寻找出路。每当口渴、饥饿、疲乏袭来的时候，他都要看一看手中的苹果，抿一抿干裂的嘴唇，陡然又会增添不少力量。

一天过去了，两天过去了。第三天，旅行者终于走出了沙漠。那个他始终未曾咬过一口的青苹果，已干巴得不成样子，他却宝贝似的一直紧攥在手里。

在深深赞叹之余，人们不禁感到惊讶：一个表面上看来是多么微不足道的青苹果，竟然会有如此不可思议的神奇力量！

是的，这是信念的力量！这是精神的力量！信念，是成功的起点，是托起人生大厦的坚强支柱。在人生的旅途中，不可能总是一帆风顺、事遂人愿。有的人可能先天不足或后天病残，但他却能成为生活的强者，创造出常人难以创造的奇迹，他们靠的就是信念。对一个有志者来说，信念是立身的法宝和希望的长河。

信念的力量在于即使身处逆境，亦能帮助你扬起前进的风帆；信念的伟大在于即使遭遇不幸，亦能召唤你鼓起生活的勇气。信念，是蕴藏在心中的一团永不熄灭的火焰。信念，是保证一生追求目标成功的内在驱动力。信念的最大价值是支撑人对美好事物的孜孜以求。坚定的信念是永不凋谢的玫瑰。

我命在我，不在天。

【励志感言】

或许生命什么都可以缺，譬如失去一只眼睛，或者失去一条腿，但就是不能失去信念。信念是生命的灯塔。信念要是破灭了，人便会失去前进的方向，生命就变得没有意义。

（二）技术教学

1. 学习四段基本形态

1）动态

横踢腿。

2）动作解析

动作：右势站立，重心移至右腿；提起左大腿，同时髋部略向右转，膝盖朝前，大小腿折叠，脚面绷直；继续将左大腿向前抬高，右脚向外侧转动，左腿快速鞭打踢出小腿，膝盖朝向右侧；用脚面击打对方胸腹部和面部及两肋部；击打后，左脚自然落下成左式，然后后撤左脚，还原成右式（图 4-2-1）。

图 4-2-1 横踢腿

要点：击打时脚面绷直，踝关节要放松，腿弹出后，在弹直的一刹那，要有一个制动的过程，使脚产生鞭打的效果；提膝尽量随着转髋的同时进行，不能完全转髋后再提膝，否则会造成膝盖过早偏向左侧；左脚应积极配合髋部的转动，转动时可稍踮起。

2. 单练套路、对打套路、拆招技术

1）四段第一小节第 3 至 4 式动作

（1）后滑步切剑 + 右滑步斩剑。（2）后滑步劈剑 + 冲刺步刺剑。

2）动作解析

（1）后滑步切剑 + 右滑步斩剑。

动作：实战姿势站立，右脚后退，左脚跟退，步幅相同，重心保持不变；同时双手手心向下握剑柄，剑尖向前，剑刃向下按切，着力点在剑刃中段；然后实战姿势站立，左脚蹬地，右脚向右前方横移半步，左腿随即向右跟半步，变右脚在前，成右滑步，保持侧身不变，目视前方；同时双手持剑收于左侧腰间，身体右转，同时两脚辗转，剑身向右平摆，与腰或肩同高，提劲力达剑身中部（图 4-2-2）。

要点：切剑为双手阴把持剑，斩剑时同样为阴把持剑，以腰带剑。

（a） （b）

（c）　　（d）

图 4-2-2　后滑步切剑 + 右滑步斩剑

（2）后滑步劈剑 + 冲刺步刺剑。

动作：实战姿势站立，左脚后退，右脚跟退，步幅相同，重心保持不变；同时双手提剑直臂上举，由上向下劈剑，力达剑身中部；成右实战姿势，左脚向前上步回到左实战姿势；同时，右手握剑柄，劲贯剑尖，剑身平行于地面向前刺出。

要点：冲刺步与刺剑要同时到位，目视攻击目标。

（a）　　（b）

（c） （d）

图 4-2-3 后滑步劈剑 + 冲刺步刺剑

3. 学习四段打桩技术第 3 至 4 式动作

（1）后滑步切剑打反应桩 + 右滑步斩剑打固定桩颈部。

动作：和一个反应桩并排站立，反应桩发出感应信号后，立即后滑步切剑击打反应桩；随即右滑步斩剑击打另外一个固定桩颈部。

要点：与反应桩的距离以一个后滑步刚刚可以用剑击打到固定桩为宜；后滑步切剑击中目标后，随即右滑步斩剑击打另一个固定桩顶部；步法变换灵活、自然、一气呵成。

（2）后滑步劈剑打反应桩 + 冲刺步刺剑打反应桩。

动作：和一个反应桩并排站立，反应桩发出感应信号后，立即后滑步劈剑击打反应桩；待另一个反应桩发出感应信号后，随即冲刺步刺剑击打另外一个反应桩。

要点：与反应桩的距离以一个后滑步刚刚可以用剑击打到反应桩为宜；后滑步劈剑击中目标后保持格斗状态，待另一个反应桩发出感应信号后，随即冲刺步刺剑击打另外一个反应桩；步法变换灵活、自然、一气呵成，剑随身到。

三、教学重点与难点

技术重点：后滑步劈剑打反应桩 + 冲刺步刺剑打反应桩，两个反应桩的衔接流畅。

技术难点：动作之间协调配合。

四、易犯错误与纠正方法

易犯错误：打反应桩时，容易使用习惯性动作，步法配合不协调。

纠正方法：先运用想象练习法，空击练习，再结合反应桩进行训练。

五、拓展阅读（趣味小知识）

【小贴士】长拳

长拳即传统北派武术中一部分拳术。查拳、华拳、炮拳、洪拳均属长拳。古代也有专称长拳的拳种。现代新编国标武术长拳是中华人民共和国建立后发展起来的一个拳种，在武术运动中影响较大，有广泛的群众基础。国标武术长拳吸取了查、华、炮、洪诸拳种之长，把长拳类型的手法、手型、步型、步法、腿法、平衡、跳跃等动作规格化，按照长拳运动方法编成各种拳械套路。它的特点是姿势舒展大方，动作灵活快速，出手长，跳得高，蹦得远，刚柔相济，快慢相间，动迅静定，节奏分明。长拳是全国武术表演和比赛项目之一。长拳适合青少年练习。从编排上看，它既有适于基础训练的一面，又有适于竞赛、提高的一面。它的内容包括拳、掌、钩三种手型，弓、马、仆、虚、歇五种步型，还有一定数量的拳法、掌法、肘法和伸屈、直摆、扫转、击响等不同组别的腿法及平衡、跳跃、跌仆、滚翻动作。

六、课后练习与功法功力

（1）后滑步切剑打反应桩 + 右滑步斩剑打固定桩颈部、后滑步劈剑打反应桩 + 冲刺步刺剑打反应桩，每式 20 遍。

（2）利用六角球进行灵敏性练习，一组 2 分钟，练习 3 组。

七、思考题

（1）为什么说信念往往是决定一件事情成功的关键？

（2）打反应桩首先要锻炼的是什么？

（3）长拳的特点是什么？

八、参考文献

[1]　李继勇. 从失败中学习：改变你一生的励志故事 [M]. 北京：北京燕山出版社，2008.

第三讲

一、学习目标

（1）认知目标：粗心大意是许多年轻人共有的毛病，是我们进步的绊脚石。

（2）技能目标：基本掌握下劈腿的动作要领；学会后滑步扫剑＋换跳步换把斩剑、后滑步点剑＋转身撩剑；熟练掌握后滑步扫剑打反应桩＋换跳步斩剑打固定桩肋部、后滑步点剑打反应桩＋转身撩剑打固定桩脊柱。

（3）情感目标：从心理学的观点来看，粗心是指对自己理解和会做的事情，由于不仔细而造成的差错，作为一种心理性格缺陷，它的危害性是不言而喻的。

二、本讲内容

（一）武德教育

【励志故事】

粗心大意会毁掉一生幸福

某人是杂技团的台柱子，凭借一出惊险的高空走钢丝而声名远扬。在离地五六米的钢丝上，他手持一根蓝白相间的木杆，赤脚稳稳当当地走过 10 米长的钢丝。他技艺高超，身手灵活，还能从容地在钢丝上做出一些腾跃翻转的动作。多年来，他表演过无数次，从未有过丝毫闪失。

某人杂技团去外地演出回来的路上，装道具的卡车翻进了山沟，折断了他那根保持平衡的木杆。团里非常重视，不惜高价找来了粗细相同、长短一致、重量也一样的木杆。直到他觉得得心应手时，团长才请油漆匠给木杆刷上与以前那根木杆相同的颜色。

又是一次新的演出。在观众的阵阵掌声中，他微笑着赤脚踏上钢丝。助手递给他那根蓝白相间的木杆。他从左端开始默数，数到第 10 个蓝块，左手握住，又从右端默数到第 10 个蓝块，右手握紧，这是他最适宜的手握距离。然而今天，他感到两手间的距离比他以往的长度短了一些。他心里猛地一惊，难道有人将木杆截短了？不可能啊？！他小心翼翼地把两手分别向左右移动，一直到适宜的距离才停住。他看了看，两手都偏离了蓝块的中间位置。他一下子对木杆产生了怀疑。

这时，观众席上又一次爆发出雷鸣般的掌声，已经容不得他多想。他握紧木杆，提了一口气，向钢丝的中间走去。走了几步，他第一次没了自信，手心有汗冒出。终于，在钢丝中段做腾跃动作时，一个不留神，他从空中摔了下来，折断了踝骨，表演被迫停止。

事后检查，那根木杆的长度并没有改变，只是粗心的油漆匠将蓝白色块都增长了一毫米。

【励志感言】

失之毫厘，谬以千里，在某些事上来不得半点疏忽和草率。虽然有时我们可能只是一时的粗心大意，但却可能会毁掉别人一生的健康和幸福。如果我们用点心思就能把事情做好的话，那么就千万不要粗心大意。

（二）技术教学

1. 学习四段基本形态

1）动态

下劈腿。

2）动作解析

动作：左式站立，重心先移至左腿，抬起右腿，同时略转髋向左并向上送髋，使右腿膝盖与胸部尽量贴近；右脚高举过头，右腿伸直贴紧上体，上身保持正直或稍向前倾，重心向上；右脚脚面稍绷直，右腿快速下压（如刀劈木块一样），用脚掌或脚后跟下砸对方的头部，身体重心前移至右腿，身体稍后仰来控制重心；击打后，右脚自然落下成右式，然后后撤右脚，还原成左式（图 4-3-1）。

图 4-3-1　下劈腿

要点：在下劈时，身体重心向前移；上抬右腿时，右脚脚面不需要绷直，应自然放松，而下劈腿时要稍绷直；也可直接用前腿使用下劈，后腿进行跟步；后脚应积极配合身体向前移动，调整好身体重心。

2. 单练套路、对打套路、拆招技术

1）四段第一小节第 5 至 6 式动作

（1）后滑步扫剑 + 换跳步换把斩剑。（2）后滑步点剑 + 转身撩剑。

2）动作解析

（1）后滑步扫剑 + 换跳步换把斩剑。

动作：左实战姿势站立，右脚后退，左脚跟退，步幅相同，重心保持不变；同时右手握剑直臂后扫，手心向下，劲贯剑身，横扫对方膝部以下部位；然后换跳步，左右脚同时离地，利用腰部力量使双腿位置互换；同时双手持剑收于左侧腰间，身体左转，同时两脚蹬转，剑身向右平摆，与腰或肩同高，力达剑身中部（图 4-3-2）。

要点：后滑步的同时，右手持剑向后扫剑；换跳步时双手持剑向左斩出，动作协调、迅速。

（a） （b）

（c） （d）

图 4-3-2 后滑步扫剑 + 换跳步换把斩剑

（2）后滑步点剑 + 转身撩剑。

动作：左实战姿势站立，右脚后退，左脚跟退，步幅相同，重心保持不变；同时双手握剑，力达剑尖，手腕放松，突然用力上提，剑尖由上向下啄击；然后转身，身体向后转 180 度，前脚变后脚，目视前方；同时双手持剑，剑尖向下沿身体左侧贴身弧形向前撩至体前上方，虎口斜向下，力达剑刃前部（图 4-3-3）。

要点：转身撩剑速度要快，撩剑目标要准确。

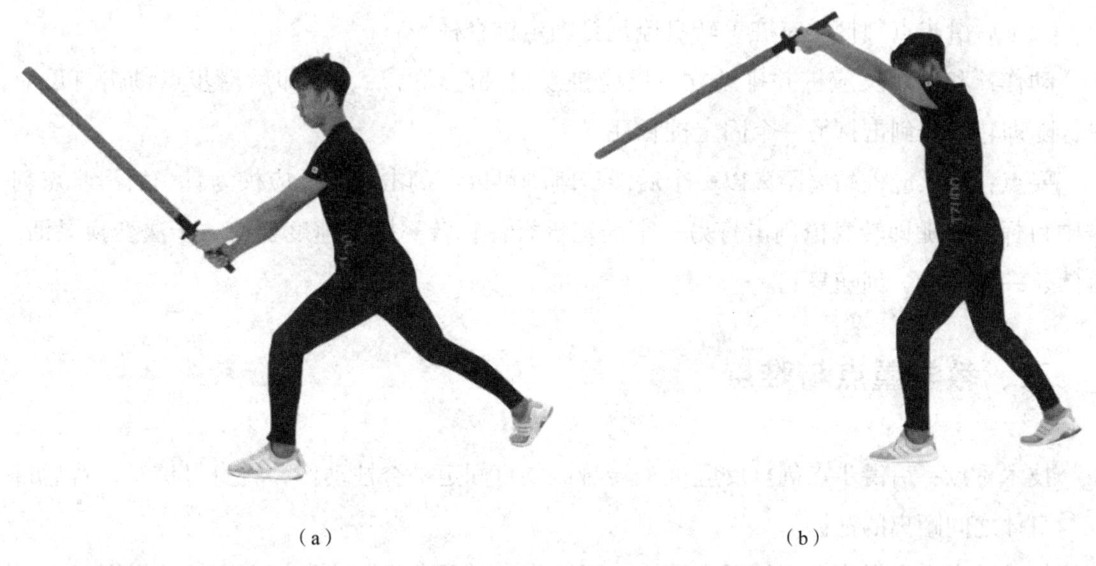

（a） （b）

（c）（d）

图 4-3-3 后滑步点剑 + 转身撩剑

3. 学习四段打桩技术第 5 至 6 式动作

（1）后滑步扫剑打反应桩 + 换跳步斩剑打固定桩肋部。

动作：和一个反应桩并排站立，反应桩发出感应信号后，立即后滑步扫剑击打反应桩，随即换跳步斩剑击打另一个固定桩肋部。

要点：与反应桩站立距离以一个后滑步刚刚可以用剑击打到反应桩为宜；后滑步扫剑击中目标后，随即换跳步斩剑击打另一个固定桩肋部；步法变换灵活、自然、一气呵成，剑随身到。

（2）后滑步点剑打反应桩 + 转身撩剑打固定桩脊柱。

动作：和一个反应桩并排站立，反应桩发出感应信号后，立即后滑步点剑击打反应桩，随即转身撩剑击打另一个固定桩脊柱。

要点：与反应桩站立距离以一个后滑步刚刚可以用剑击打到反应桩为宜；后滑步点剑击中目标后，随即转身撩剑击打另一个固定桩脊柱；转身撩剑速度要快，步法变换灵活、自然、一气呵成，剑随身到。

三、教学重点与难点

技术重点：后滑步点剑打反应桩 + 转身撩剑打固定桩脊柱动作，转身打桩时，背后目标与身体之间距离的把握。

技术难点：后滑步点剑打反应桩后，能够第一时间准确转身击打固定桩的目标。

四、易犯错误与纠正方法

易犯错误：转身撩剑打固定桩时，目标判断不准确。

纠正方法：注意转身的距离、速度、角度与撩剑时机的配合。

五、拓展阅读（趣味小知识）

【小贴士】太极拳

太极拳是以中国传统儒、道哲学中的太极、阴阳辩证理念为核心思想，集颐养性情、强身健体、技击对抗等多种功能于一体，结合易学的阴阳五行之变化、中医经络学、古代的导引术和吐纳术形成的一种内外兼修、柔和、缓慢、轻灵、刚柔相济的中国传统拳术。

1949 年后，太极拳被国家体委统一改编作为强身健体之体操运动、表演、体育比赛用途。中国改革开放后，太极拳又被分为比武用的太极拳、体操运动用的太极操和太极推手。

传统太极拳门派众多，常见的太极拳流派有陈式、杨式、武式、吴式、孙式、和式等派别，各派既有传承关系、相互借鉴，也有自己的特点，呈百花齐放之态。由于太极拳是近代形成的拳种，流派众多，群众基础广泛，因此是中国武术中非常具有生命力的拳种。2006 年，太极拳被列入中国首批国家非物质文化遗产名录。

六、课后练习与功法功力

（1）后滑步剑 + 转身撩剑练习 20 遍。

（2）下劈腿练习，左右腿各 3 组，每组 20 次。

七、思考题

（1）谈一谈，如何才能改掉粗心大意的坏毛病？

（2）转身撩剑的发力点是什么？

（3）传统太极拳门派有哪些？

八、参考文献

[1] 吴景明. 青少年一定要读的成功励志故事 [M]. 延吉：延边人民出版社，2008.

第四讲

一、学习目标

（1）认知目标：时间就是生命，无端空耗别人的时间无异于谋财害命。

（2）技能目标：基本掌握后踢的动作要领；学会后滑步撩剑 + 换跳步劈剑 + 左滑步斩剑、后滑步崩剑 + 右滑步撩剑 + 左滑步撩剑；熟练掌握换跳步劈剑打固定桩顶部 + 左滑步斩剑打反应桩、后滑步崩剑打反应桩 + 右滑步撩剑打固定桩肋部 + 左滑步撩剑打固定桩肋部。

（3）情感目标：谁对时间越吝啬，时间对他就越慷慨；要时间不辜负你，首先你要不辜负时间。放弃时间的人，时间也会放弃他。

二、本讲内容

（一）武德教育

【励志故事】

珍惜每一分钟

深夜，危重病房里，癌症患者迎来了他生命中的最后一分钟，死神如期来到他的身边。

隔着氧气罩，他含糊地对死神说："再给我一分钟，好吗？"

死神问："你要这一分钟干什么？"

他说："我要用这一分钟，最后一次看看天，看看地，想想我的朋友和敌人，或者听一片树叶从树枝上飞落到地上的那一声叹息；运气好的话，我也许还能看到一朵花儿由含苞到开放……"

死神说："你的想法不坏，但我不能答应你。因为这一切，我都留了时间给你欣赏，你却没有珍惜。在你的生命中，我从来没有见过你像今天珍惜这一分钟一样，珍惜任何一个小时或一天。不信，你看一下我给你列的这一份账单。

"你60年的生命中，你有一半时间在睡觉，这不怪你，这30年权且算是我占了你的便宜。

"在余下的30年中，你曾经叹息时间过得太慢的次数一共是1万次，平均每天一次，这其中包括你少年时代在课堂上，青年时期在约会的长椅上，中年时期下班前和等待升迁的仕途上。在你的生命中，你几乎每天都觉得时间太慢、太难熬，你也因此想出了许许多多排遣无聊、消磨时间的办法，其明细账大致可罗列如下。

"打麻将，以每天2小时计，从青年到老年，你一共耗去了6 500小时，折合39万分钟。

"喝酒，每顿以1小时计（实际远非这个数），从青年到老年，也不低于打麻将的时间。

"此外，同事之间的应酬，上班时间闲聊，上网玩游戏，又耗去你不低于打麻将和喝酒的时间……

"还有……"

死神想继续往下念的时候，发现病人的眼中生命之火已经熄灭了。于是，他长叹一口气说："如果你活着时，能想着节约一分钟的话，你就可以听完我给你记下的账单了。真可惜，我辛辛苦苦的工作又算白费了，世人怎么都是这样，总等不到我动手，就后悔地死了！"

【励志感言】

世界上最快而又最慢、最长而又最短、最平凡而又最珍贵、最容易被人忽视而又最令人后悔的就是时间。谁对时间越吝啬，时间对他就越慷慨。要时间不辜负你，首先你要不辜负时间。放弃时间的人，时间也会放弃他。

（二）技术教学

1. 学习四段基本形态

1）动态

后踢。

2）动作解析

动作：格斗式站立，重心移至右腿；以右脚尖为轴，右脚跟外旋，身体向左后方转动，同时抬起左大腿，使大小腿折叠，脚尖勾起，头部稍向左后方转动，左腿向后平伸后蹬，在蹬直前膝盖稍外翻；左脚跟部位击打对方腹部和胸部；击打后，左脚自然落下成左式（图 4-4-1）。

图 4-4-1　后踢

要点：身体向后方向转动时，同时要快速提起右腿；同时右脚后蹬，此时身体不应再转动，膝盖此时的方向应与左腿膝盖方向一致；在抬起小腿时，两大腿内侧之间的距离应尽量小；身体转动时头部配合同向转动。为保持重心，在躯干向下弯曲的同时可稍挺胸。

2. 单练套路、对打套路、拆招技术

1）四段第一小节第 7 至 8 式动作

（1）后滑步撩剑 + 换跳步劈剑 + 左滑步斩剑。（2）后滑步崩剑 + 右滑步撩剑 + 左滑步撩剑。

2）动作解析

（1）后滑步撩剑 + 换跳步劈剑 + 左滑步斩剑。

动作：左实战姿势站立，右脚后退，左脚跟退，步幅相同，重心保持不变；同时双手持剑，剑尖向下沿身体左侧画弧向前撩至身体前上方，虎口斜向下，力达剑刃前部；然后换跳步，左右脚同时离地，利用腰部力量使双腿位置互换；同时双手提剑直臂上举，由上向下劈剑，力达剑身中部；然后右脚蹬地，左脚向左横移半步，右脚跟步，重心保持不变，成左滑步；同时双手持剑收于左侧腰间，身体右转，同时两脚蹬转，剑身向右平摆与腰或肩同高，力达剑身中部。

要点：后滑步同时左撩剑，换跳步为右式，再变左式左滑步，步法变换要灵活、机动（图 4-4-2）。

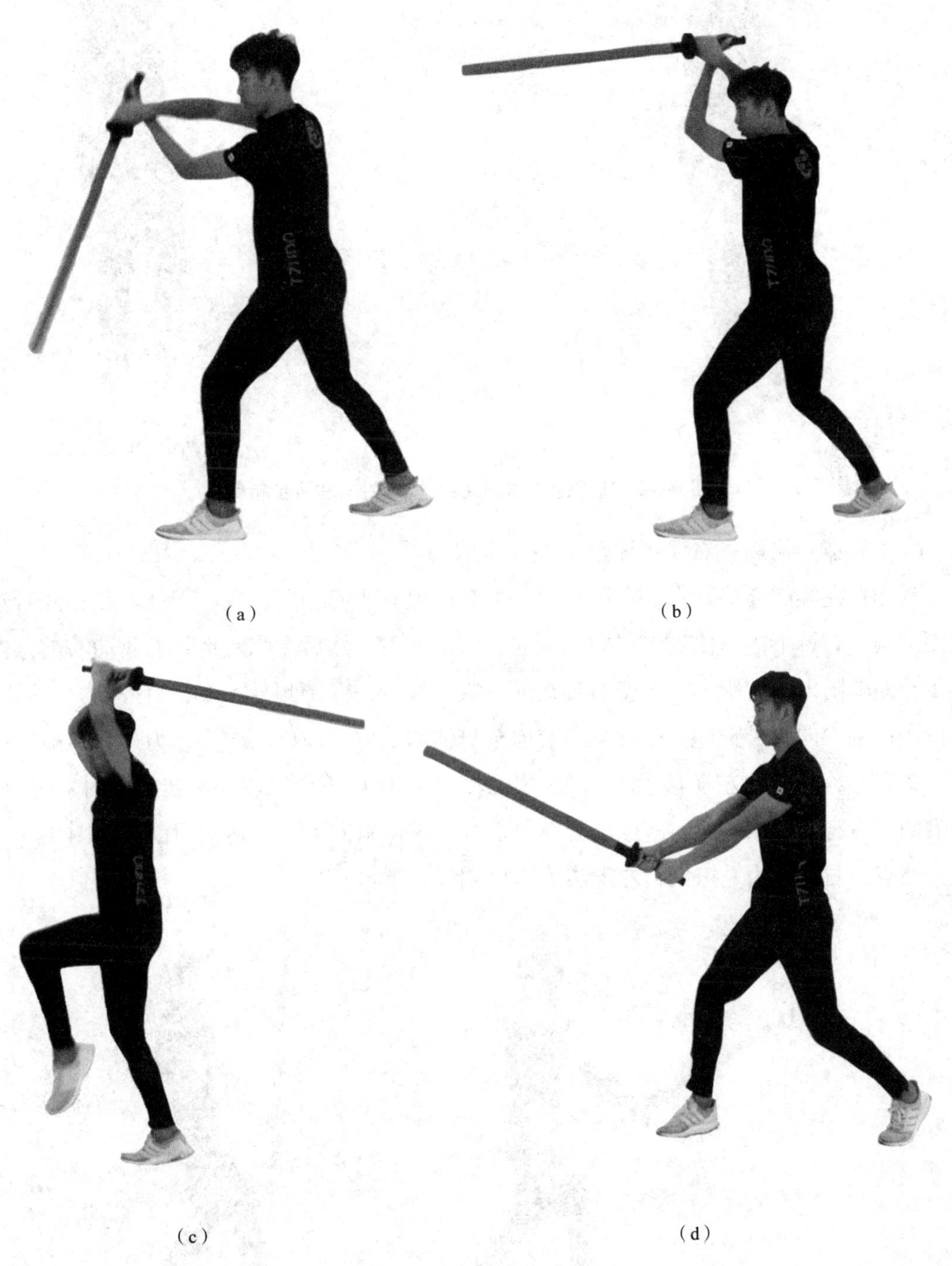

（a）　（b）　（c）　（d）

（e） （f）

图 4-4-2 后滑步撩剑 + 换跳步劈剑 + 左滑步斩剑

（2）后滑步崩剑 + 右滑步撩剑 + 左滑步撩剑。

动作：左实战姿势站立，右脚后退，左脚跟退，步幅相同，重心保持不变；同时双手握剑沉腕，直臂下落，使剑尖猛向上崩起，力达剑尖；然后左脚蹬地，右脚向右前方横移半步，左腿随即向右跟半步，变右脚在前，成右滑步，保持侧身不变，目视前方；同时双手持剑，剑尖向下沿身体左侧画弧向前撩至身体前上方，虎口斜向下，力达剑刃前部；然后右脚蹬地，左脚向左横移半步，右脚跟步，重心保持不变，成左滑步；同时双手持剑，剑尖向下沿身体右侧画弧向前撩至身体前上方，虎口斜向下，力达剑刃前部（图 4-4-3）。

要点：右滑步为左撩剑，左滑步为右撩剑。

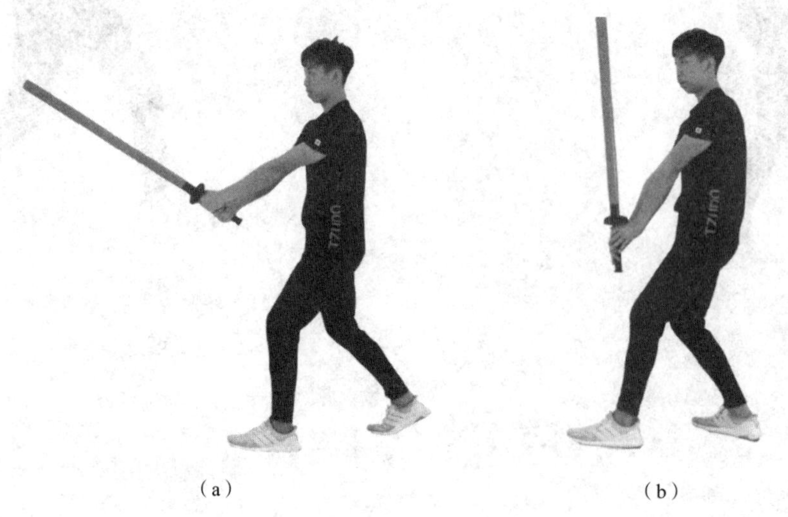

（a） （b）

（c）　（d）

（e）　（f）

图 4-4-3　后滑步崩剑 + 右滑步撩剑 + 左滑步撩剑

3. 学习四段打桩技术第 7 至 8 式动作

（1）换跳步劈剑打固定桩顶部 + 左滑步斩剑打反应桩。

动作：格斗式站在固定桩前一剑距离，反应桩发出感应信号后，立即换跳步劈剑击打固定桩顶部，随即左滑步斩剑向外击打另一个反应桩。

要点：换跳步劈剑击中目标后，随即左滑步斩剑击打另一个反应桩；步法变换灵活、自然、一气呵成，剑随身到。

（2）后滑步崩剑打反应桩＋右滑步撩剑打固定桩肋部＋左滑步撩剑打固定桩肋部。

动作：与一个反应桩并排站立，反应桩发出感应信号后，立即后滑步崩剑击打反应桩，随即右滑步撩剑击打另一个固定桩肋部，击中目标后立即左滑步撩剑击打第二个固定桩肋部。

要点：与反应桩站立距离，以一个后滑步刚刚可以用剑击打到反应桩为宜；后滑步崩剑击中目标后，随即右滑步撩剑击打另一个固定桩肋部和左滑步撩剑击打第二个固定桩肋部；步法变换灵活、自然、一气呵成，剑随身到。

三、教学重点与难点

技术重点：后滑步崩剑打反应桩＋右滑步撩剑打固定桩肋部＋左滑步撩剑打固定桩肋部

技术难点：三个动作的熟练衔接及发力点准确。

四、易犯错误与纠正方法

易犯错误：撩剑打固定桩肋部时，发力不正确。

纠正方法：撩剑时，应斜向上撩起，力达剑身前部，随步法同时发力，转腰带剑击打固定桩肋部。

五、拓展阅读（趣味小知识）

【小贴士】陈氏太极拳

陈氏太极拳是一种起源于明末的汉族拳术。陈氏始祖陈卜全家定居清风岭上的常阳村后，勤劳耕作，兴家立业，为了保卫桑梓不受地方匪盗危害，精通拳械的陈卜在村中设立武学社，传授子孙习拳练武。

陈王廷（约1600—1680年），字奏庭，系明末文庠生、清初武庠生，文武双全，曾只身闯玉带山，劝阻登封武举李际遇叛乱，为清廷在山东平定盗匪立过战功，在河南、山东负有盛名，却不被清廷重用。陈王廷报国无门，收心隐退，在耕作之余，依据自己祖传之一百单八式长拳，博采众家精华，结合易学上有关的阴阳五行之理，并参考传统医学中有关经络学说及导引、吐纳之术，创造出一套具有阴阳相合、刚柔相济的新型拳术，包括太极拳五路、炮捶一路、双人推手及刀、枪、棍、剑、锏、双人粘枪等器械套路。

六、课后练习与功法功力

（1）打桩技术动作第 7 至 8 式，每式 20 遍。

（2）后压腿柔韧，练习，50 次一组，共 3 组。

七、思考题

（1）谈一谈，如何使用好我们的宝贵时间？

（2）如何有效击打固定桩的击打点？

（3）陈氏太极拳有哪些器械套路？

八、参考文献

[1] 吴景明. 青少年一定要读的成功励志故事 [M]. 延吉：延边人民出版社，2008.

第五讲

一、学习目标

（1）认知目标：没有加倍的勤奋，就既没有才能，也没有天才。

（2）技能目标：基本掌握鲤鱼打挺的动作要领；学会左滑步挑剑 + 右滑步劈剑、左滑步撩剑 + 转身步斩剑；熟练掌握左滑步挑剑打固定桩裆部 + 右滑步劈剑打反应桩、左滑步撩剑打反应桩 + 转身步斩剑打固定桩颈部。

（3）情感目标：天才是百分之一的灵感加上百分之九十九的勤奋，只要持续努力、不懈奋斗，就没有征服不了的东西。

二、本讲内容

（一）武德教育

【励志故事】

贵在持之以恒

开学第一天，苏格拉底对学生们说："今天咱们只学一件最简单也是最容易的事儿。每人把胳膊尽量往前甩，然后再尽量往后甩。"说着，苏格拉底示范了一遍。"从今天开始，每天做 300 下。大家能做到吗？"

学生们都笑了。这么简单的事，有什么做不到的？过了一个月，苏格拉底问学生们："每天甩手 300 下，哪些同学在坚持着？"有 90% 的学生骄傲地举起了手。又过了一个月，苏格拉底又问，这回坚持下来的学生只剩下 80%。

一年过后，苏格拉底再问大家："请告诉我，最简单的甩手运动，还有哪几位同学在坚持？"这时，整个教室里，只有一人举起了手。这个学生就是古希腊另一位大哲学家柏拉图。

耐心、勤奋和顽强的毅力是取得成功的法宝。所谓天才，就是能够沿着正确的人生方向执着前进的人。

【励志感言】

世间最容易的事常常也是最难做的事，最难的事也是最容易做的事。说它容易，是因为只要愿意做，人人都能做到：说它难，是因为真正能做到并持之以恒的，终究只是极少数人。

半途而废者经常会说"那已足够了""这不值""事情可能会变坏""这样做毫无意义"。而能够持之以恒者会说"做到最好""尽全力""再坚持一下"。

（二）技术教学

1. 学习四段基本形态

1）动态

鲤鱼打挺。

2）动作解析

动作：躺在地上高举起双腿后快速向下摆，双脚的着地位置尽量接近臀部所在位置，在双腿向下摆的过程中，肩、头或手支撑向上挺起胯腰，在双脚着地时迅速收腹带动上半身向上、向前（图 4-5-1）。

图 4-5-1 鲤鱼打挺

要点：摆动腿尽量向臀部下方蹬踏，上身积极配合起身；蹬地与起身必须协调。

2. 单练套路、对打套路、拆招技术

1）四段第一小节第 9 至 10 式动作

（1）左滑步挑剑 + 右滑步劈剑。（2）左滑步撩剑 + 转身步斩剑。

2）动作解析

（1）左滑步挑剑 + 右滑步劈剑。

动作：左实战姿势站立，右脚蹬地，左脚向左横移半步，右脚跟步，重心保持不变，成左滑步；同时，手握剑直臂前平举，虎口向上，直臂上挑，力达剑尖；然后左脚蹬地，右脚向右前方横移半步，左腿随即向右跟半步，上身保持侧身不变，目视前方；同时双手提剑直臂上举，剑尖向上，由上向下劈剑，力达剑身中部（图 4-5-2）。

要点：注意挑剑时直臂上挑，力达剑尖。

（a） （b）

（c） （d）

图 4-5-2　左滑步挑剑 + 右滑步劈剑

（2）左滑步撩剑 + 转身步斩剑。

动作：左实战姿势站立，右脚蹬地，左脚向左横移半步，右脚跟步，重心保持不变；同时双手持剑，剑尖向下沿身体右侧画弧向前撩至身体前上方，力达剑刃前部；然后左脚蹬地，转身向后，重心置于两腿中间，同时两脚蹬转，剑身向右平摆与腰或肩同高，力达剑身中部。

要点：转身步斩剑为撤步转身，借右脚向右退，身体转动 180 度时，以腰带剑向前横斩。

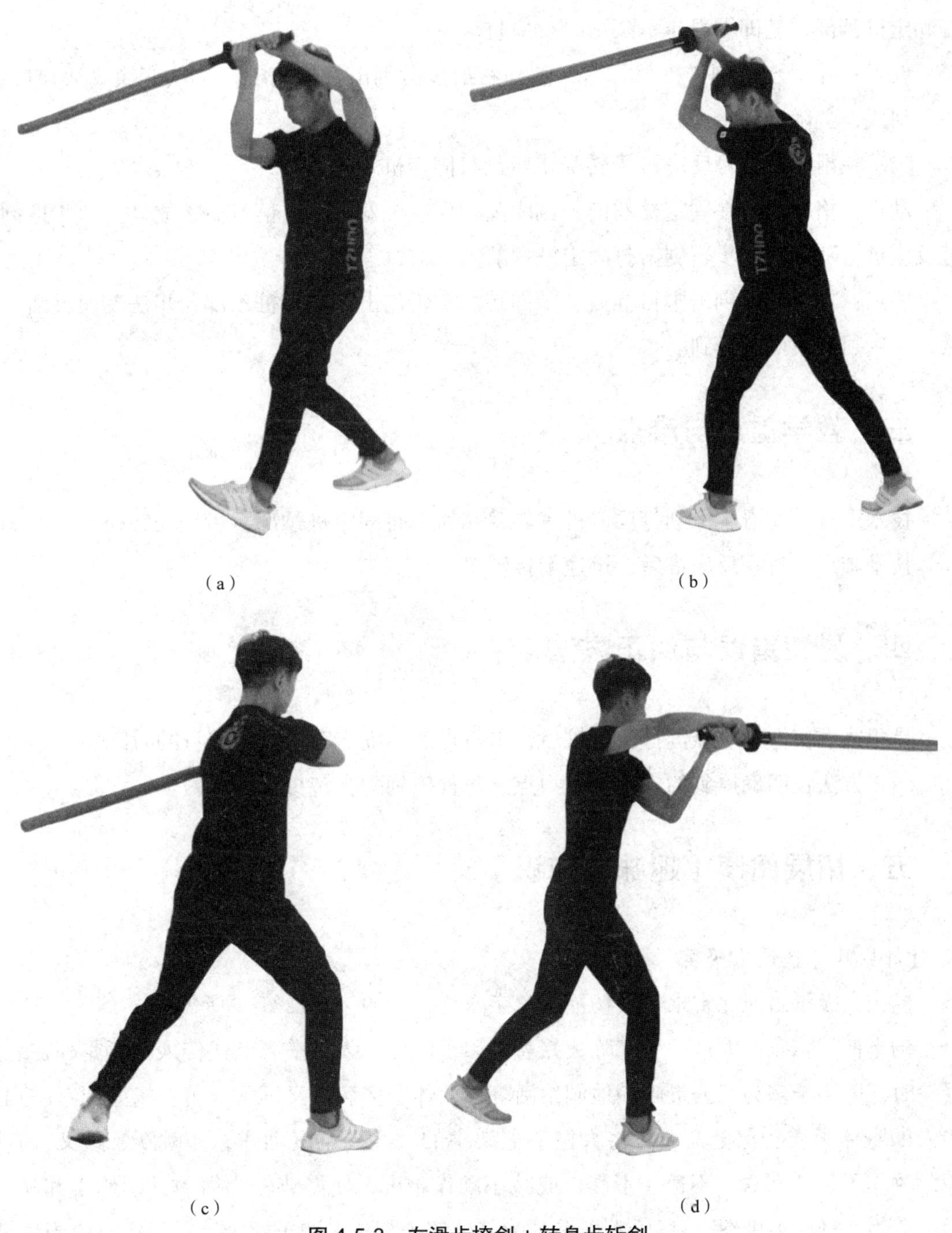

（a）　（b）　（c）　（d）

图 4-5-3　左滑步撩剑 + 转身步斩剑

3. 学习四段打桩技术第 9 至 10 式动作

（1）左滑步挑剑打固定桩裆部 + 右滑步劈剑打反应桩。

动作：格斗式站在固定桩右前一剑距离，反应桩发出感应信号后，立即左滑步挑剑击打固定桩裆部，随即右滑步劈剑击打反应桩。

要点：左滑步挑剑击中目标后，随即右滑步劈剑击打反应桩，步法变换灵活、自然、一气呵成，剑随身到。

（2）左滑步撩剑打反应桩 + 转身步斩剑打固定桩颈部。

动作：格斗式站在固定桩右前一剑距离，反应桩发出感应信号后，立即左滑步撩剑击打反应桩，随即转身步斩剑击打固定桩颈部。

要点：左滑步撩剑击中目标后，随即转身步斩剑击打固定桩颈部，步法变换灵活、自然、一气呵成，剑随身到。

三、教学重点与难点

技术重点：左滑步撩剑打反应桩 + 转身步斩剑打固定桩颈部，步法的转换灵活自如。

技术难点：打完反应桩后，迅速衔接转身。

四、易犯错误与纠正方法

易犯错误：左滑步撩剑打反应桩后，击打点的不确定容易造成转身的时间延误。

纠正方法：明确撩剑的方向及发力点，每种撩剑配合转身进行练习。

五、拓展阅读（趣味小知识）

【小贴士】杨氏太极拳

杨氏太极拳由河北省永年人杨福魁（字露禅，1799—1872 年）所创。

杨露禅，陈家沟太极拳名家陈长兴著名弟子之一，太极拳第七代传人。杨露禅在北京授拳时，因弟子多为王公贵族，他们生活奢侈而体弱多病，又不耐艰苦。杨露禅考虑到这些人的身体素质和保健需要，将太极拳老架中的一些高难度动作，如跳跃、跌叉、震脚等，改作不跳、不跌、不速、不震，或减小动作难度，使姿势较为简单，动作柔和易练，后被誉为“杨氏太极拳”。杨氏太极拳分为养生架子与技击架子，因此在习练时应当注意。

传承脉络：陈王廷—陈汝信—陈大鹏—陈善志—陈秉旺—陈长兴—杨露禅。

六、课后练习与功法功力

（1）打桩技术动作第 9 至 10 式，每式 20 遍。

（2）仰卧起坐，20~30 次一组，共 3 组。

七、思考题

（1）无论是学文还是习武，都是苦差事，如何才能坚持下来？

（2）击打反应桩后，如何快速有效地衔接转身动作？

（3）杨氏太极拳的传承脉络？

八、参考文献

[1] 吴景明. 青少年一定要读的成功励志故事 [M]. 延吉：延边人民出版社，2008.

第六讲

一、学习目标

（1）认知目标：年轻人要设立自己的奋斗目标，但也不可脱离实际地追求目前不可能实现的目标。

（2）技能目标：基本掌握勾踢腿的动作要领；学会左滑步拦剑 + 前滑步扎剑、左滑步点剑 + 后滑步崩剑；熟练掌握左滑步拦剑 + 前滑步扎剑打反应桩、左滑步点剑打反应桩 + 后滑步崩剑打反应桩。

（3）情感目标：知识和能力的学习是一点一滴的积累过程，学习过程中切不可好高骛远、贪多求大、顾此失彼。

二、本讲内容

（一）武德教育

【励志故事】

把水倒掉一些

一位青年满怀烦恼地去找一位智者。他大学毕业后，曾豪情万丈地为自己树立了许多目标，可是几年下来，却一事无成。他找到智者时，智者正在河边的小屋里读书。智者微笑着听完青年的倾诉，对他说："来，你先帮我烧壶开水！"

青年看见墙角放着一个极大的水壶，旁边是一个小火灶，可是没发现柴火，于是便出去找。他从外面拾了一些枯枝回来，把壶装满水，放在灶台上，在灶内放了些柴火便烧起水来。可是由于壶里的水太多，柴火烧尽后，水也没开。于是他跑出去继续找柴火，等找到了足够的柴火回来，那壶水已经凉得差不多了。这回他学聪明了，没有急于点火，而是再次出去找柴火。由于柴火准备得足，水也就烧开了。

这时智者问他："如果没有足够的柴火，你该怎样把水烧开？"

青年想了一会儿，摇摇头。智者说："如果那样，就把壶里的水倒掉一些！"

青年若有所思地点了点头。智者接着说："你一开始踌躇满志，树立了太多的目标，就像这个大壶装的水太多一样，而你又没有足够多的柴火，所以不能把水烧开。想要把水烧开，你或者倒出一些水，或者先去多准备柴火！"

青年顿时大悟。回去后，他把计划中所列的目标划掉了许多，只留下最近的几个，同时利用业余时间学习各种专业知识，几年后，他的目标基本上都实现了。

【励志感言】

好高骛远，贪多求大，最终会顾此失彼，一事无成。只有把"水"倒掉一些，从最近的目标开始，一点一滴积累；同时，不断捡拾需要的"柴火"，持续为自己 加温，才能最终让生命沸腾！

（二）技术教学

1. 学习四段基本形态

1）动态

勾踢腿。

2）动作解析

动作：右膝外展，身体右转 180 度，收腹合胯，带动左腿勾脚向前、向右沿弧线擦地勾踢，脚背绷紧内扣，力达脚弓内侧（图 4-6-1）。

图 4-6-1　勾踢腿

要点：勾踢快速，发力点准确，保持身体平衡。

2. 单练套路、对打套路、拆招技术

1）四段第一小节第 11 至 12 式动作

（1）左滑步拦剑 + 前滑步扎剑。（2）左滑步点剑 + 后滑步崩剑。

2）动作解析

（1）左滑步拦剑 + 前滑步扎剑。

动作：左实战姿势站立，右脚蹬地，左脚向左横移半步，右脚跟步，重心保持不变，成左滑步；同时双手握剑柄，左手在前，小臂外旋，左手翻转向上，使剑身向上、向外再向下画半圆，劲贯剑身前外侧；然后前脚贴地向前进一步（约一脚的距离），后脚蹬地，推动前脚移动，随即跟进，步幅与前脚相同，上身保持侧向正身，重心置于两腿中间；同时双手握剑柄，水平向前扎出，掌心向上仰腕，劲贯剑尖（图 4-6-2）。

要点：拦剑与扎剑要连贯、流畅，发力点准确。

（a） （b） （c） （d）

图 4-6-2 左滑步拦剑 + 前滑步扎剑

（2）左滑步点剑 + 后滑步崩剑。

动作：左实战姿势站立，右脚蹬地，左脚向左横移半步，右脚跟步，重心保持不变，成左滑步；同时双手握剑，力达剑尖，手腕放松，突然用力上提，剑尖由上向下啄击；然后右脚后退，左脚跟退，步幅相同，重心保持不变；同时双手握剑沉腕，直臂下落，剑尖猛向上崩起，力达剑尖（图 4-6-3）。

要点：点剑、崩剑攻守结合。

（a）　（b）

（c）　（d）

图 4-6-3　左滑步点剑 + 后滑步崩剑

3. 学习四段打桩技术第 11 至 12 式动作

（1）左滑步拦剑 + 前滑步扎剑打反应桩。

动作：格斗式站在固定桩右前三剑距离，反应桩发出感应信号后，立即左滑步拦剑并迅速变前滑步扎剑刺向反应桩。

要点：左滑步拦剑后，随即前滑步扎剑刺向反应桩，步法变换灵活、自然、一气呵成，剑随身到。

（2）左滑步点剑打反应桩 + 后滑步崩剑打反应桩。

动作：格斗式站在固定桩右前一剑距离，反应桩发出感应信号后，立即左滑步点剑击打反应桩，等另一个反应桩发出感应信号后，立即后滑步崩剑击打反应桩。

要点：双反应桩的时间不一致，把握步法与剑法的反应点，左滑步点剑击中目标后，随即准备好下一个步法和打法，步法变换灵活、自然、一气呵成，剑随身到。

三、教学重点与难点

技术重点：左滑步点剑打反应桩 + 后滑步崩剑打反应桩。

技术难点：两个反应桩的组合练习，衔接流畅。

四、易犯错误与纠正方法

易犯错误：点剑与崩剑的发力点把握不准确。

纠正方法：两个剑法发力点均在剑尖，击打反应桩时，注意击打点与剑法的配合。

五、拓展阅读（趣味小知识）

【故事名】武氏太极拳

武氏太极拳由河北省永年人武禹襄（名河清，1812—1880 年）所创。

武禹襄，赵堡太极拳名家陈清萍著名弟子之一，太极拳第八代传人。清道光十三年（1833 年），同乡杨露禅自河南省温县陈家沟学艺返乡，武禹襄见而好之，常与比较，得以知其概要。约 1850 年，武禹襄从其学赵堡太极拳。1852 年，武禹襄亲赴河南，在赵堡镇从陈清萍学习赵堡太极拳小架四十天，尽得其精妙，并获赠《太极拳谱》，读后大悟。返里后，在钻研赵堡太极拳架的基础上，结合《太极拳谱》之精华，通过自身练拳体会，融会贯通。经数年研发，他创编出一套“圈小劲捷、紧凑灵巧、势简技繁、术法分明、古朴典雅、端庄洒脱”的新型拳术，后人称之为“武氏太极拳”。

传承脉络：陈王廷—陈所乐—陈正如—陈敬—陈公兆—陈有本—陈清萍—武禹襄。

六、课后练习与功法功力

（1）打桩技术动作第 11 至 12 式，每式 20 遍。

（2）正踢腿，10 腿为 1 组，共 5 组。

七、思考题

（1）前面故事中为什么要把水倒掉一些？

（2）点剑、崩剑的发力点在哪里？

（3）武氏太极拳的起源？

八、参考文献

[1] 符文军，金波. 影响青少年一生的励志故事全集 [M]. 北京：北京工业大学出版社，2010.

第七讲

一、学习目标

（1）认知目标：只会生气的人是蠢人，能够控制自己情绪，做到尽量不为小事生气的人是聪明人。

（2）技能目标：基本掌握后撩腿的动作要领；学会左滑步劈剑 + 冲刺步扎剑、左滑步斩剑 + 换跳步劈剑；熟练掌握左滑步劈剑打固定桩顶部 + 冲刺步扎剑打反应桩、左滑步斩剑打反应桩 + 换跳步劈剑打固定桩顶部。

（3）情感目标：生气是常见的情绪反应，它时不时会让人情不自禁地表现出来；生气具有很强的破坏性，它能毁坏一个人的学业、事业、人脉、家庭和身体等。

二、本讲内容

（一）武德教育

【励志故事】

不要为一点小事而生气

一只骆驼在沙漠里跋涉着。正午的太阳像一个大火球，晒得它又饿又渴，焦躁万分，一肚子火不知道该往哪儿发才好。

正在这时，一块儿玻璃瓶的碎片把它的脚掌硌了一下，疲惫的骆驼顿时火冒三丈，抬起脚狠狠地将碎片踢了出去，脚掌却被划开了一道深深的口子，鲜红的血液顿时染红了沙粒。

生气的骆驼一瘸一拐地走着，一路的血迹引来了空中的秃鹫。它们叫着在骆驼上方的天空中盘旋着。骆驼心里一惊，不顾伤势狂奔起来，在沙漠上留下一条长长的血痕。跑到沙漠边缘时，浓重的血腥味引来了附近沙漠里的狼，疲惫加之流血过多，无力的骆驼只得像只无头苍蝇般东奔西突，仓皇中跑到了一处食人蚁的巢穴附近，鲜血的腥味儿惹得食人蚁倾巢而出，黑压压地向骆驼扑过去。一眨眼，食人蚁就像一块黑色的毯子一样把骆驼裹了个严严实实。

不一会儿，可怜的骆驼就鲜血淋漓地倒在地上了。

临死前，这个庞然大物追悔莫及地叹道："我为什么跟一块小小的碎玻璃生气呢？"

【励志感言】

在生活中，经常会有些小事让我们感到不舒服，这时一定要保持自己内心的平静，不要动不动就为了一点小事而大动肝火。为了一点小事而生气不但于事无补，往往还会造成无法弥补的严重后果。

（二）技术教学

1. 学习四段基本形态

1）动态

后撩腿。

2）动作解析

动作：仰头挺胸，一腿伸直支撑，另一腿向后上方摆起；上体正直或前俯，勾紧脚尖，脚跟用力向后上方踢；脚高可低于臀部也可高于臀部（图 4-7-1）。

图 4-7-1　后撩腿

要点：仰头与腿后踢动作要同步，从而完成反向背弓。

2. 单练套路、对打套路、拆招技术

1）四段第一小节第 13 至 14 式动作

（1）左滑步劈剑 + 冲刺步扎剑。（2）左滑步斩剑 + 换跳步劈剑。

2）动作解析

（1）左滑步劈剑 + 冲刺步扎剑。

动作：左实战姿势站立，右脚蹬地，左脚向左横移半步，右脚跟步，重心保持不变，成左滑步；同时双手提剑直臂上举，由上向下劈剑，力达剑身中部；然后右脚向前上步成右实战姿势，紧接着左脚向前上步回到左实战姿势；同时双手握剑柄，水平向前扎出，掌心向上仰腕，劲贯剑尖（图 4-7-2）。

要点：劈剑力达剑身，扎剑力达剑尖。

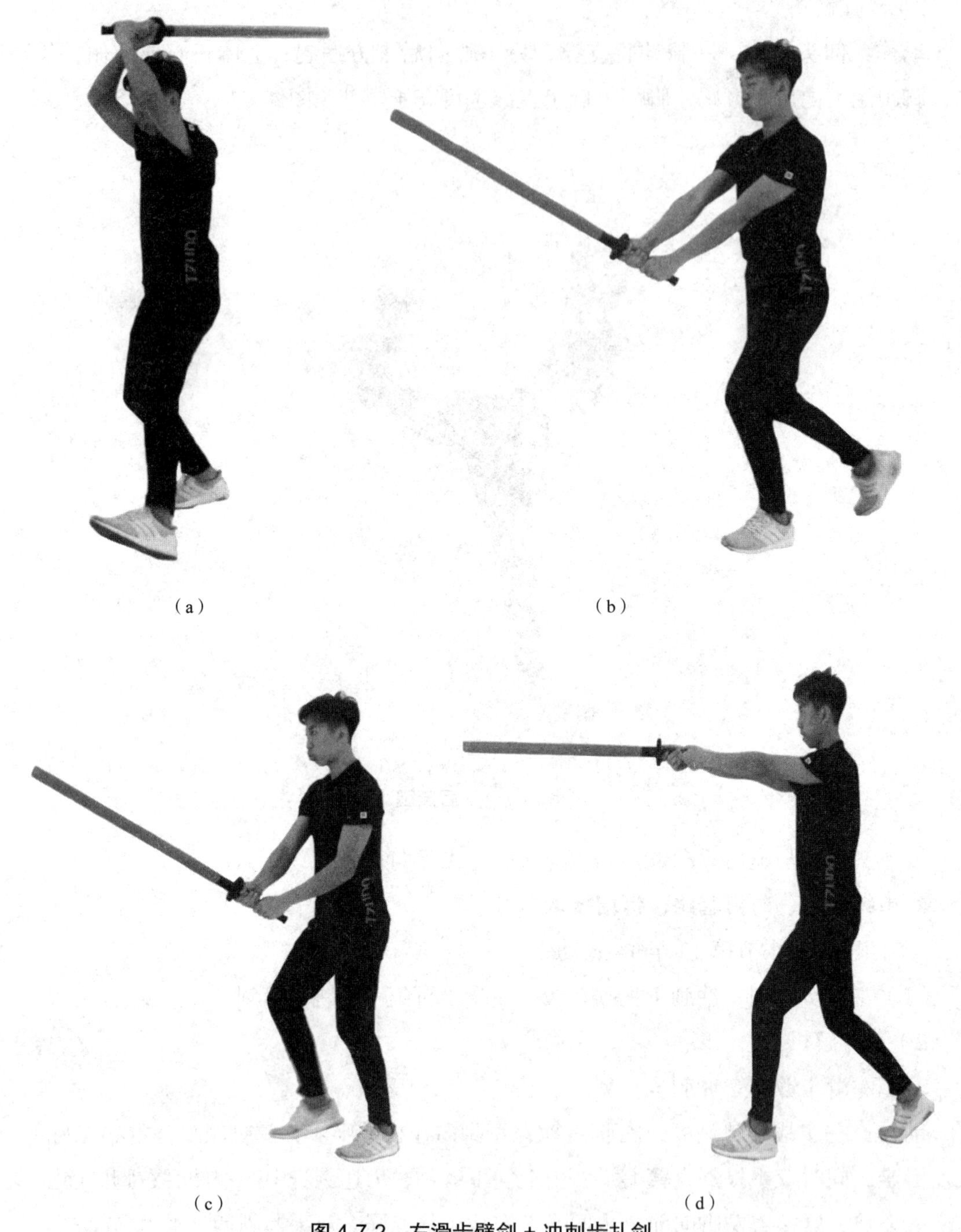

（a）　（b）　（c）　（d）

图 4-7-2　左滑步劈剑 + 冲刺步扎剑

（2）左滑步斩剑 + 换跳步劈剑。

动作：左实战姿势站立，右脚蹬地，左脚向左横移半步，右脚跟步，重心保持不变，成左滑步；同时双手持剑收于右侧腰间；身体左转，同时两脚蹬转，剑身向左平摆，与腰或肩同高，力达剑身中部；然后左右脚同时离地，利用腰部力量使双腿位置互换；同时双手提剑直臂上举，由上向下劈剑，力达剑身中部。

要点：左滑步向左斩剑，换跳步之前，双手先上举，脚落地后顺势下劈。

（a）　（b）　（c）　（d）

图 4-7-3　左滑步斩剑 + 换跳步劈剑

3. 学习四段打桩技术第 13 至 14 式动作

（1）左滑步劈剑打固定桩顶部 + 冲刺步扎剑打反应桩。

动作：格斗式站在固定桩右前一剑距离，反应桩发出感应信号后，立即左滑步劈剑击打固定桩顶部，然后冲刺步扎剑击打反应桩。

要点：左滑步劈剑击中目标后，随即冲刺步扎剑击打另一个反应桩，步法变换灵活、自然、一气呵成，剑随身到，劈剑力达剑身，扎剑力达剑尖。

（2）左滑步斩剑打反应桩 + 换跳步劈剑打固定桩顶部。

动作：格斗式站在固定桩右前一剑距离，反应桩发出感应信号后，立即左滑步斩剑击打反应桩，击中目标后立即换跳步劈剑击打固定桩顶部。

要点：左滑步斩剑击中目标后，随即换跳步劈剑击打另一个固定桩顶部，步法变换灵活、自然、一气呵成，剑随身到。

三、教学重点与难点

技术重点：左滑步斩剑打反应桩 + 换跳步劈剑打固定桩顶部，换跳步时，左式换右式迅速连贯。

技术难点：左右换跳时，步法与剑法要同步。

四、易犯错误与纠正方法

易犯错误：换跳步脚离地腾空。

纠正方法：以转胯为主，带动双脚交换。

五、拓展阅读（趣味小知识）

【小贴士】吴氏太极拳

吴氏太极拳由吴全佑（字公甫，1834—1902 年）所创。

吴全佑，杨氏太极拳名家杨班侯弟子，习练太极拳以柔化著称，架子斜中寓正、松静自然、大小适中。推手时，守静而不妄动，以善化见长。他根据自己的练拳感悟，在杨氏小架太极拳的基础上有所修订。吴全佑之子吴鉴泉（1870—1942 年），又名爱绅，从汉姓吴，自幼秉家学。民国元年（1912 年），吴鉴泉在北京体育研究社教授太极拳，他对家传的太极拳加以充实和修改，去掉重复和跳跃动作，修改定型，自成一家，形成了一个松静自然、架势紧凑、缓慢连绵、不纵不跳、长于柔化、独具风格的新型拳术，人称“吴氏太极拳”。

传承脉络：陈王廷—陈汝信—陈大鹏—陈善志—陈秉旺—陈长兴—杨露禅—杨班侯—吴全佑—吴鉴泉。

六、课后练习与功法功力

（1）打桩技术动作第 13 至 14 式，每式 20 遍。

（2）双脚交换跳，30 次 1 组，共 3 组。

七、思考题

（1）前面故事中骆驼为什么会死掉？

（2）交换跳时要腾空向上吗？为什么？

（3）吴氏太极拳的传承与发展是怎样的？

八、参考文献

[1] 吴景明. 青少年一定要读的成功励志故事 [M]. 延吉：延边人民出版社，2008.

第八讲

一、学习目标

（1）认知目标：只有勤学苦练，才能有所作为。

（2）技能目标：基本掌握侧踹腿的动作要领；学会左滑步截剑 + 右滑步斩剑 + 换跳步扎剑、左滑步撩剑 + 转身步斩剑 + 冲刺步扎剑；熟练掌握左滑步截剑 + 右滑步斩剑打固定桩颈部 + 换跳步扎剑打反应桩、左滑步撩剑 + 转身步斩剑打固定桩脊柱 + 冲刺步扎剑打反应桩。

（3）情感目标：培养不怕艰难学习的恒心与毅力。

二、本讲内容

（一）武德教育

【励志故事】

凿壁借光

西汉时候，有个孩子，叫匡衡。他小时候很想读书，可是因为家里穷，没钱上学。匡衡买不起书，只好借书来读，那个时候，书是非常贵重的，有书的人不肯轻易借给别人。匡衡就在农忙的时节，给有钱的人家打短工，不要工钱，只求人家借书给他看。过了几年，匡衡长大了，成了家里的主要劳动力。他一天到晚在地里干活，只有中午休息的时候，才有工夫看一点书，所以一卷书常常要十天半月才能够读完。匡衡很着急，心想："白天种庄稼，没有时间看书，我可以多利用一些晚上的时间来看书。"可是匡衡家里很穷，买不起点灯的油，怎么办呢？

有一天晚上，匡衡躺在床上背白天读过的书。背着背着，突然看到墙壁上透过来一线亮光。他走到墙壁边一看，啊！原来从壁缝里透过来的是邻居的灯光。于是，匡衡想了一个办法：他拿了一把小刀，把墙缝挖大了一些。这样，透过来的光亮也大了，他就借着透进来的灯光，读起书来。

匡衡就是这样刻苦地学习，终于使自己成为一个很有学问的人。

【励志感言】

现代的孩子是非常幸福的，人人都有平等学习的机会，要多珍惜学习的机会，因为学习才能丰富人生。

（二）技术教学

1. 学习四段基本形态

1）动态

侧踹腿。

2）动作解析

动作：实战姿势站立，看准时机，重心向后，移至后腿，膝关节略微弯曲，脚尖外展，前腿提膝上抬，大小腿充分折叠，大腿收于胸前，小腿垂直于地面，支撑腿自然伸直，两臂弯曲放于身体两侧，脚内侧与地面保持平行，脚掌正对攻击目标，通过支撑脚蹬地转髋发力，顺势踹出；踹出时身体略向支撑脚一侧倾斜，倾斜度随攻击高度的变化而变化，但幅度不要过大；踹击后支撑腿应用前脚掌为轴碾地，顺势使脚跟内收，收回攻击腿，然后还原成实战姿势（图 4-8-1）。

图 4-8-1 侧踹腿

要点：目视腿击打的方向，充分放胯完成击打。

2. 单练套路、对打套路、拆招技术

1）四段第一小节第 15 至 16 式动作

（1）左滑步截剑 + 右滑步斩剑 + 换跳步扎剑。（2）左滑步撩剑 + 转身步斩剑 + 冲刺步扎剑。

2）动作解析

（1）左滑步截剑 + 右滑步斩剑 + 换跳步扎剑。

动作：左实战姿势站立，右脚蹬地，左脚向左横移半步，右脚跟步，重心保持不变，成左滑步；同时左手握剑臂内旋，剑身斜向下截，臂、剑成一条直线，剑尖与膝同高，手心斜向下，力达剑刃前部；然后左脚蹬地，右脚向右前方横移半步，左腿随即向右跟半步，变右脚在前，成右滑步，上身保持侧身不变，目视前方；同时双手持剑收于左侧腰间；身体右转，同时两脚蹬转，剑身向右平摆，与腰或肩同高，力达剑身中部；然后换跳步，左右脚同时离地，利用腰部力量使双腿位置互换；同时，双手握剑柄，水平向前扎出，掌心向上仰腕，劲贯剑尖（图 4-8-2）。

要点：步法连续两次变换，左右式变换要灵活，步法轻快；左滑步时左手持剑下截剑，右滑步时双手持剑向右斩。

图 4-8-2　左滑步截剑 + 右滑步斩剑 + 换跳步扎剑

（2）左滑步撩剑 + 转身步斩剑 + 冲刺步扎剑。

动作：左实战姿势站立，右脚蹬地，左脚向左横移半步，右脚跟步，重心保持不变，成左滑步；同时双手持剑，剑尖向下沿身体左侧向前撩至身体前上方，虎口斜向下，力达剑刃前部；然后左脚蹬地，转身向后，重心置于两腿中间，身体后转的同时剑身向右平摆，与腰或肩同高，力达剑身中部；上动不停，接着向前冲刺，右脚向前上步成右实战姿势；同时，双手握剑柄，水平向前扎出，劲贯剑尖（图 4-8-3）。

要点：转身步与冲刺步连接紧凑。

（a） （b） （c） （d）

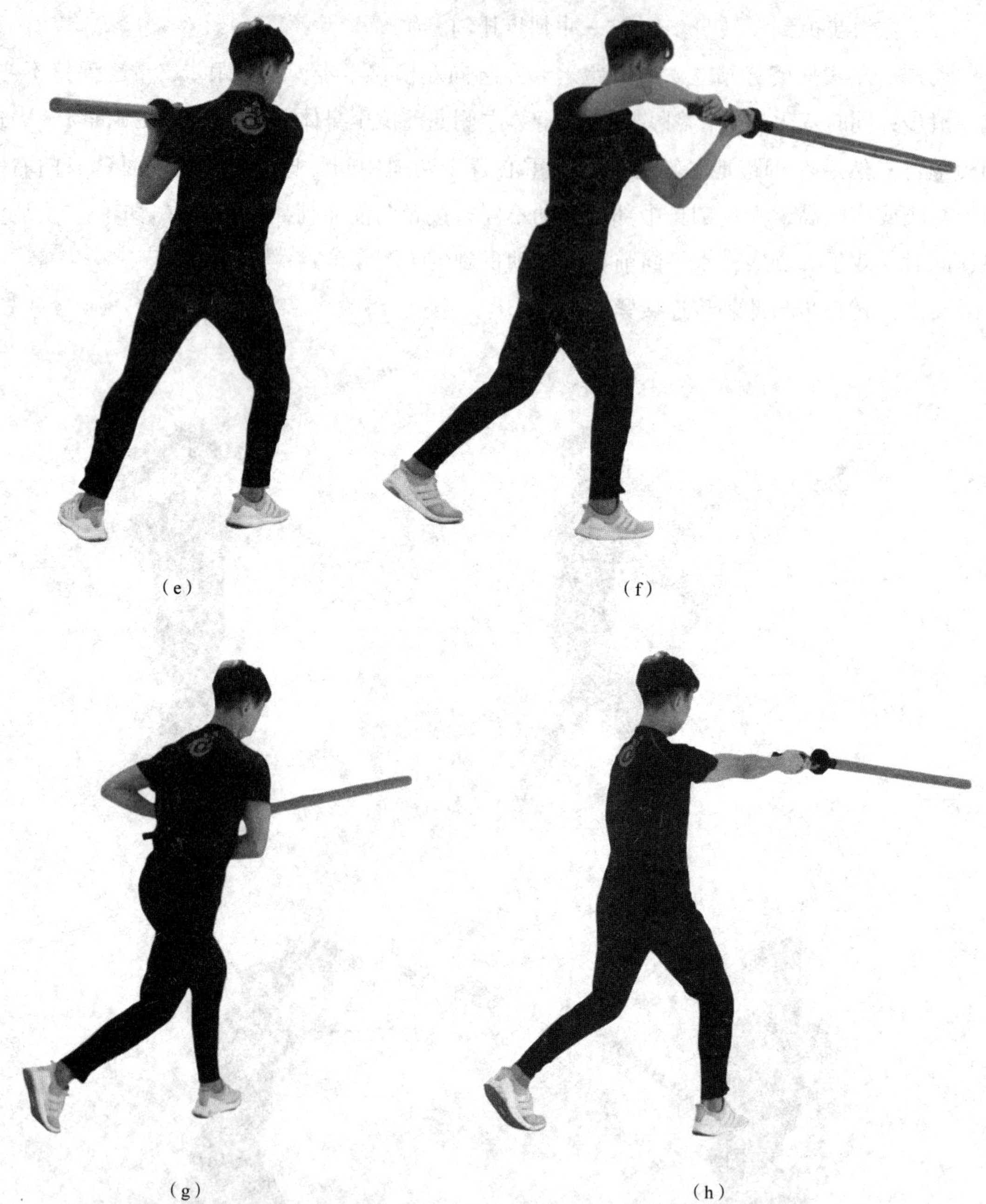

（e） （f）

（g） （h）

图 4-8-3 左滑步撩剑 + 转身步斩剑 + 冲刺步扎剑

3. 学习四段打桩技术第 15 至 16 式动作

（1）左滑步截剑 + 右滑步斩剑打固定桩颈部 + 换跳步扎剑打反应桩。

动作：格斗式站在固定桩右前一剑距离，反应桩发出感应信号后，立即左滑步截剑，随即右滑步斩剑击打固定桩颈部，击中目标后马上换跳步扎剑击打反应桩。

要点：看到感应信号后立即左滑步截剑，随即右滑步和换跳步不停歇，剑法随步法走，步法变换灵活、自然、一气呵成，剑随身到；步法连续 2 次变换，要注意速度一定要快。

（2）左滑步撩剑 + 转身步斩剑打固定桩脊柱 + 冲刺步扎剑打反应桩。

动作：格斗式站在固定桩右前一剑距离，反应桩发出感应信号后，立即左滑步撩剑，随即转身步斩剑击打固定桩脊柱，击中目标后马上冲刺步扎剑击打反应桩。

要点：看到感应信号后立即左滑步撩剑，随即转身步和冲刺步不停歇，剑法随步法走，步法变换灵活、自然、一气呵成，剑随身到；步法连续 2 次变换，注意速度一定要快。

三、教学重点与难点

技术重点：左滑步撩剑 + 转身步斩剑打固定桩脊柱 + 冲刺步扎剑打反应桩动作的衔接与力点的把握。

技术难点：三个动作的连贯及反应桩练习。

四、易犯错误与纠正方法

易犯错误：转身斩剑时，步法变换不灵活。

纠正方法：转身时，右脚倒插，以脚尖为轴迅速拧转，重心置于两腿中间。

五、拓展阅读（趣味小知识）

【小贴士】孙氏太极拳

孙氏太极拳由河北完县（今河北省顺平县）人孙禄堂（名福全，1860—1933 年）所创。

孙禄堂，清末民初蜚声海内外的著名武学大家，在近代武林中素有虎头少保、天下第一手之称。1912 年，孙禄堂在北京遇武氏太极拳名家郝为真。郝为真将自己所习太极拳心得传于孙禄堂。1918 年，孙禄堂将太极拳、形意拳、八卦掌三家合冶一炉、融会贯通、革故鼎新，创编了动作小巧轻灵、架高步活、柔缓圆活、转换轻盈、运动方向变化多样、步法进退相随、运转开合相接的太极拳新套路，自成一家，人称“孙氏太极拳”。

传承脉络：陈王廷—陈所乐—陈正如—陈爵—陈公兆—陈有本—陈清萍—武禹襄—李亦畬—郝为真—孙禄堂。

六、课后练习与功法功力

（1）打桩技术动作第 15 至 16 式，每式 20 遍。

（2）侧踹腿的控腿练习，每次 1 分钟，共 3 次。

七、思考题

（1）《凿壁借光》的故事寓意是什么？

（2）转身步的要点是什么？

（3）孙氏太极拳的特点是什么？

第九讲

一、学习目标

（1）认知目标：要报恩，先要知恩，滴水之恩，涌泉相报。

（2）技能目标：基本掌握抡臂砸拳的动作要领；学会单练套路动作，熟练掌握实战要领。

（3）情感目标：善良的人是不会被生活遗弃的，因为他（她）的生活里充满了感恩。

二、本讲内容

（一）武德教育

【励志故事】

女孩与穷学生

一个穷苦的学生考上了大学，可是家里没有多余的钱给他交学费，为了实现自己的大学梦，他利用暑假挨家挨户推销商品。为了凑足学费他舍不得多花一分钱，他硬着头皮向人讨些食物。

他敲开了一户人家的门，是一个小女孩开的门，他不好意思，就只向小女孩要了一杯水解渴。小女孩看他非常饥饿的样子，拿来水的时候还捎带了几块面包。他狼吞虎咽地吃着，小女孩偷偷地在旁边笑着看。

吃完后，他问小女孩多少钱。小女孩说不用了，这些食物她家里很多。他很感动，觉得自己非常幸运，在陌生的地方还能得到他人如此温馨的关照。

多年以后，小女孩得了很严重的病，住进了医院。在医生的尽心医治和护理下，小女孩的病情逐渐好转，过了一段时间，基本上康复了。出院那天，护士交给她医疗费用账单，她怔了好久都不敢打开，她知道自己可能要用一辈子的辛苦工作，才还得起这笔医疗费。最后，她还是打开了，看到了上面空白处有一行字：一杯凉水和几块面包，足够偿还所有的医疗费。

她禁不住泪水涟涟，也明白了，主治医师就是当年的那个穷学生。

【励志感言】

在别人遇到困难时，伸出援助的手，哪怕是一杯水、一片面包都会给人无可比拟的温暖，这种雪中送炭式的温暖会让人终生难忘。文中的小女孩用对别人纯纯的爱换来了自己的生命，也让别人体会到了爱的温暖；既让一个大人获得了困境时的安慰，也让自己对给予别人帮助有了更深层次的认识。

（二）技术教学

1. 学习四段基本形态

1）动态

抡臂砸拳。

2）动作解析

动作：左脚向左跨一步，以前脚掌着地，上体右转，左拳变掌向右前下方伸出，掌心向下，上动不停，向左后方转体 180 度，同时左手向上、向左、向下绕环屈臂外旋，使掌心向上置于腹前；右手向右后、向上抡起下砸，以拳背砸击左掌心作响，同时右腿屈膝提起，在砸拳的同时下跺震脚成并步半蹲，上体稍前倾，目视前下方（图 4-9-1）。

要点：转体、绕环、抡臂的动作要协调一致，砸拳与震脚要同时完成。

（a）（b）（c）（d）

图 4-9-1 抡臂砸拳

2. 单练套路

1）四段第二小节第 1 至 3 式动作

（1）起式。（2）金鸡抖翎 1：转身抡劈。（3）金鸡抖翎 2：金鸡独立。

2）动作解析

（1）起式。

动作：面向正前方并步站立，左手全把持剑，剑尖向斜下方，右手四指并拢伸直，拇指内扣按掌置于右侧，目视前方（图 4-9-2）。

要点：抬头挺胸，精神饱满。

图 4-9-2　起式

（2）金鸡抖翎 1：转身抡劈。

动作：上身立直，向左转 90 度，双手持剑举至头顶；双手持剑由右后方向上方下劈；同时双脚成前进步，右脚在前（图 4-9-3）。

要点：转腰与劈剑同时完成。

（a）　（b）　（c）

图 4-9-3　金鸡抖翎 1：转身抡劈

（3）金鸡抖翎 2：金鸡独立。

动作：双手持剑经体前向右拦剑，转腰向右转 90 度，剑尖向下；重心在右脚，提左膝，右手持剑在体前，以腕为轴向上、向左画弧点剑，双手阴阳把握剑提于额前，目视左前方，成独立式（图 4-9-4）。

要点：提膝时，双手持剑向下拦剑，力达剑尖。

（a）　　（b）

图 4-9-4　金鸡抖翎 2：金鸡独立

3. 学习四段实战

（1）结合四段学习的步法和剑法，练习实战。

（2）实战实行 1 对 1 自由组合，多个选手轮换交叉。

（3）注意动作的实用性和比赛的安全性。

（4）2 分钟一局，中间休息 3 分钟再开始下一局。

（5）在规定地方和老师指导下进行。

（6）每局记分，一轮比赛记录总分。

三、教学重点与难点

技术重点：单练套路能够熟练完成。

技术难点：单练套路中，每个动作技击含义的掌握。

四、易犯错误与纠正方法

易犯错误：金鸡抖翎 2：金鸡独立时，支撑腿站立不稳。

纠正方法：应先徒手练习，单腿支撑，目视前方一点，心无杂念。

五、拓展阅读（趣味小知识）

【小贴士】和氏太极拳

和氏太极拳由温县赵堡镇人和兆元（1810—1890 年）所创。

和兆元，赵堡太极拳名家陈清萍著名弟子之一，太极拳第八代传人。和兆元在原传拳架的基础上，修改架势中的手法、身法、步法与姿势，大大丰富技击实用内容，并使架势更顺其自然，符合人体生理结构，创编了一套集拳架、推手、散手于一体，三者互为检验印证，集技击、修身、养身于一道，既保持赵堡镇原传太极拳传统又独具特色的新型太极拳理拳法“代理架”，即和氏太极拳。

传承脉络：陈王廷—陈所乐—陈正如—陈爵—陈公兆—陈有本—陈清萍—和兆元。

六、课后练习与功法功力

（1）单练套路 3 遍。

（2）金鸡独立，每次 30 秒，两腿各 3 次。

七、思考题

（1）同学、朋友间应该怎么相互帮助？

（2）金鸡独立的要领是什么？

（3）和氏太极拳的传承与发展是怎样的？

第十讲

一、学习目标

（1）认知目标：不要因为一时的失败，而错失了继续成功的机会。

（2）技能目标：基本掌握仆步抡拍的动作要领；学会单练套路动作，熟练掌握实战要领。

（3）情感目标：乐观使人走向幸福健康、事业顺利，悲观使人走向绝望、失败、忧郁、孤独、懦怯。

二、本讲内容

（一）武德教育

【励志故事】

什么也没得到

一个猎人带儿子去打猎，在林子里活捉了一只小山羊。儿子非常高兴，要求饲养这只小山羊，父亲答应了，将猎物交给儿子，要他先带回家去。

儿子挎着枪，牵着羊，沿着小河回家。中途，羊在喝水的时候忽然挣脱绳子，小猎人紧追慢赶，但仍没抓住，到手的猎物就这么逃走了。

小猎人既恼火又伤心，坐在河边一块大石头后哭泣，满腔懊悔之情，不知道如何向父亲交代。等到傍晚，父亲沿河流走来了。小猎人站起来，告诉父亲失羊一事。父亲非常惊讶，问："那你就一直这么坐在大石头后面吗？"

小猎人赶忙为自己辩解："我没能追赶上它，也四处找了，没有踪影。"

父亲摇摇头，指着河岸泥地上一些凌乱的新鲜脚印："看，那是什么？"

小猎人仔细察看后，问："刚刚来过几只鹿吗？"

父亲点点头："就是！为了那只小山羊，你错过了整整一群鹿啊！"

【励志感言】

很多人都是这样，在一次失败之后，便只是沉浸于痛苦中，不敢再站起来，即使成功的机会与他擦肩，他都视而不见。这样的结果，只能是什么都得不到。因此，失败之后第一时间要做的不是沉沦，而是振作，不要因为一时的失败，而错失了继续成功的机会。

（二）技术教学

1. 学习四段基本形态

1）动态

仆步抡拍。

2）动作解析

动作：两脚开立，左臂屈肘手背在左腰间，右臂伸直手高与肩平；身体左转，右臂在体前由下向左经头上向右抡臂绕环，左臂伸直由下向左抡臂环绕，两臂成一条直线，以肩为轴，用腰带动手臂；身体右转，左臂经头上由右向左抡臂绕环一周，右臂在体后由下向左经头上向下拍地，同时左脚下蹲成左仆步；右侧动作相同，方向相反（图 4-10-1）。

图 4-10-1　仆步抡拍

要点：手臂抡转贴近身体，上走路线手臂贴近耳朵，下行路线手臂贴紧大腿。

2. 单练套路、对打套路、拆招技术

1）四段第二小节第 4 至 6 式动作

（1）左右撩劈 1：上步勾剑。（2）左右撩劈 2：右撩劈剑。（3）左右撩劈：3 左撩劈剑

2）动作解析

（1）左右撩劈 1：上步勾剑。

动作：左腿向前跨步落地，右脚上步，脚尖虚点，双手持剑向前上方勾剑，置于身前（图 4-10-2）。

要点：以腰带剑，力达剑尖。

（a）　　（b）

图 4-10-2　左右撩劈 1：上步勾剑

（2）左右撩劈 2：右撩劈剑。

动作：右脚向右前方上步成前进步，左脚跟步，同时身体向左转，双手持剑由左后方向右上方撩剑；脚步不停，右脚接着向前抢一大步，左脚紧跟，同时双手持剑向上、向前提腕，剑尖向前下劈，力达剑身前半部（图 4-10-3）。

要点：撩剑、劈剑与步法配合一致。

（a）

（b） （c）

图 4-10-3 左右撩劈 2：右撩劈剑

（3）左右撩劈 3：左撩劈剑。

动作：左脚向前上步成前进步，右脚跟步，同时双手持剑向上、向后经体侧顺势向前上方撩出；左脚向前垫一步，右脚跟步成左滑步，同时双手持剑向上举，左脚跟步，双手持剑向前下方劈剑（图 4-10-4）。

要点：劈剑力达剑身。

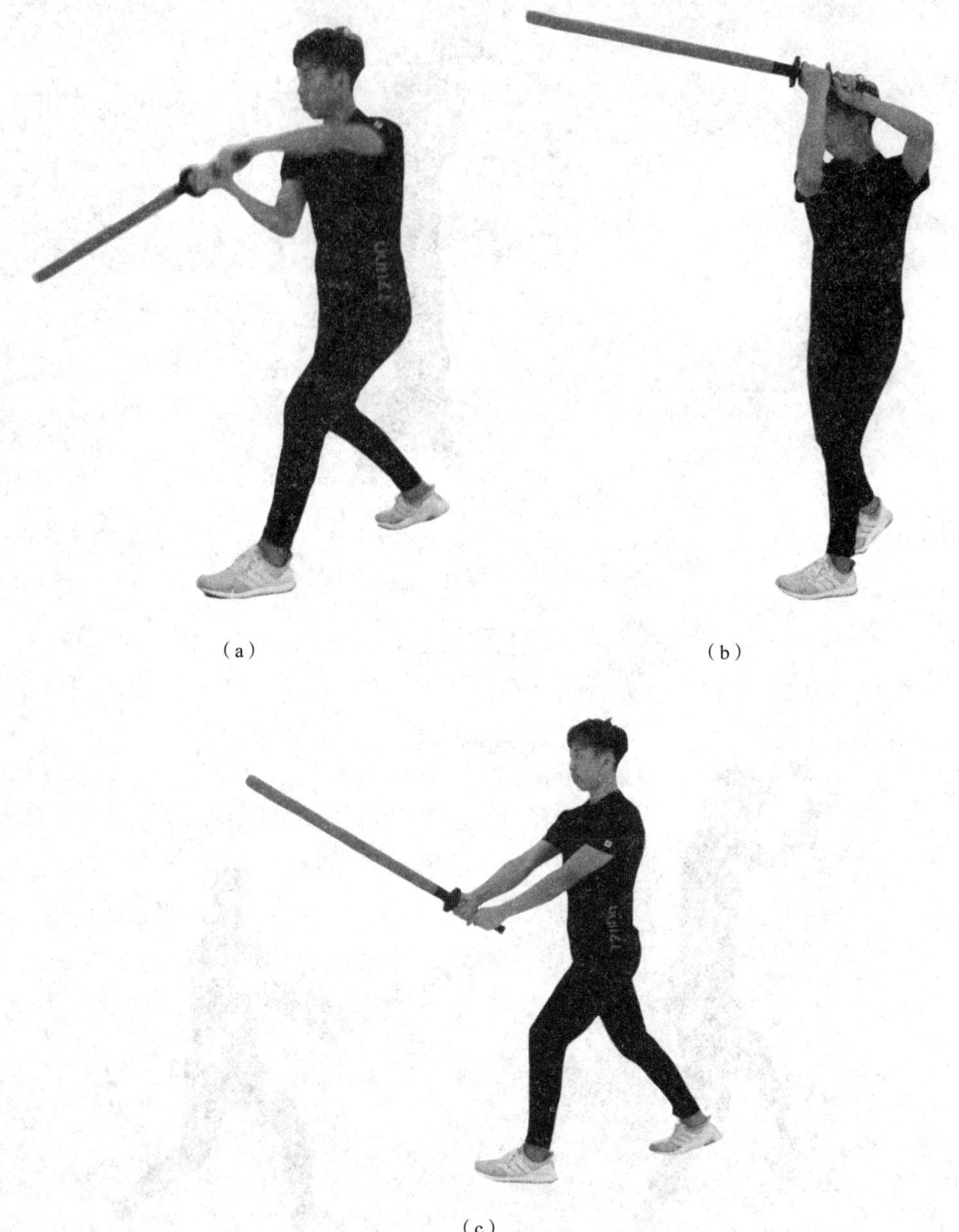

（a）（b）

（c）

图 4-10-4　左右撩劈 3：左撩劈剑

3. 学习四段实战

（1）结合四段学习的步法和剑法，练习实战。

（2）实战实行 1 对 1 自由组合，多个选手轮换交叉。

（3）注意动作的实用性和比赛的安全性。

（4）2 分钟一局，中间休息 3 分钟，再开始下一局。

（5）在规定地方和老师指导下进行。

（6）每局记分，一轮比赛记录总分。

三、教学重点与难点

技术重点：实战练习。

技术难点：将所学技术动作运用到实战当中。

四、易犯错误与纠正方法

易犯错误：左右撩劈中，剑法与步法的配合不协调。

纠正方法：先做分解练习，然后做完整练习。

五、拓展阅读（趣味小知识）

【小贴士】南拳

南拳又称南方拳，是明代以来流行于南方的汉族拳种的总称。它以福建、广东为中心，广泛流传于长江以南地区，故称南拳。作为南少林等拳种与中国南方各地汉族拳种相结合的产物，其技术套路繁多，遍布各省。由于历史悠久，再加上师承关系的演变，形成了多种打法，但多数套路仍具有同一特点，总属南拳。其共同特点是套路短小精悍，结构紧凑，动作朴实，手法多变，短手连打，步法稳健，攻击勇猛，常以声助威，技击性强。南拳讲究桩功，以练坐桩为主，还有丁桩、跪桩等，并有炼药手、打沙袋、铁砂掌、点穴功、童子功、罗汉功、青龙功、排打功等。

六、课后练习与功法功力

（1）单练套路 3 遍。

（2）压肩，每组 30 次，共 3 组。

七、思考题

（1）应该如何面对暂时的低迷和失败？

（2）仆步抡拍的要领是什么？

（3）南拳的特点是什么？

八、参考文献

[1] 符文军，金波. 影响青少年一生的励志故事全集 [M]. 北京：北京工业大学出版社，2010.

第十一讲

一、学习目标

（1）认知目标：其身正，不令而行；其身不正，虽令不从。

（2）技能目标：基本掌握侧手翻的动作要领；学会单练套路动作，熟练掌握实战要领。

（3）情感目标：榜样的力量是无穷的，要想让别人信服你，先得自己做出个样来。

二、本讲内容

（一）武德教育

【励志故事】

以身作则最有说服力

以身作则，就是要求别人做到的，首先自己做到；要求别人不做的，自己带头不做。以身作则既是一种示范，同时又意味着牺牲和奉献。

改革开放后，一位原国民党老兵从台湾来到祖国大陆，问了这样一个问题："是什么原因让只有区区几十万人的共产党军队打败了拥有几百万军队的国民党？"

有从阶级立场分析的，也有从战略高度分析的，大都是理论性很高的分析。只有一位从战争中过来的老军人这样回答。

在战场上，当冲锋陷阵的时候，你们的军官这样喊："弟兄们，给我上！上啊！"然后，躲在掩体后面挥舞手枪，在后面督战。

我们的军官这样喊："同志们，跟我冲！冲啊！"然后第一个冲出战壕。

老兵连连点头……

【励志感言】

对别人最好的说服是用自身的行为做演示，那么别人就会看到一个非常鲜明的标准，也会跟着去做。小孩子都是最能有样学样的，模仿是人的本能。如果自己都不能身体力行、以身作则，又如何要求别人去做呢?

（二）技术教学

1. 学习四段基本形态

1）动态

侧手翻。

2）动作解析

动作：双腿合拢挺直站立，双臂伸直举起，目视前方，抬起左腿，身体其他部位不动，四肢全部伸直，原地侧手翻，不助跑或走动（图 4-11-1）。

图 4-11-1 侧手翻

要点：双腿在空中保持伸直状态，身体与地面保持垂直状态。

2. 单练套路、对打套路、拆招技术

1）四段第二小节第 7 至 8 式动作

（1）云龙盘绕 1：转身下劈。（2）云龙盘绕 2：插步反撩。

2）动作解析

（1）云龙盘绕 1：转身下劈。

动作：左脚在前，右手持剑至头顶，剑尖向上；随即向右下方劈剑，目视剑尖（图 4-11-2）。

要点：劈剑力达剑身。

图 4-11-2　云龙盘绕 1：转身下劈

（2）云龙盘绕 2：插步反撩。

动作：上右脚转身，右手持剑贴身向前上方撩剑，目视剑尖；上动不停，左脚向后成倒插步，右手持剑反手撩剑（图 4-11-3）。

要点：上步与撩剑配合协调一致。

（a） （b）

（c）

图 4-11-3 云龙盘绕 2：插步反撩

3. 学习四段实战

（1）结合前四段学习的步法和剑法，练习实战。

（2）实战实行 1 对 2 自由组合，多个选手轮换交叉。

（3）注意动作的实用性和比赛的安全性。

（4）2 分钟一局，中间休息 3 分钟，再开始下一局。

（5）在规定地方和老师指导下进行。

（6）每局记分，一轮比赛记录总分。

（7）两个选手打一个选手只允许在前面和侧面进攻，不允许从后面进攻。

三、教学重点与难点

技术重点：实战 1 对 2 的掌握。

技术难点：1 对 2 时，对技术及战术的运用。

四、易犯错误与纠正方法

易犯错误：单练套路云龙盘绕时，云剑力点不正确。

纠正方法：以手腕为轴，将力点置于剑身前半部。

五、拓展阅读（趣味小知识）

【小贴士】形意拳

形意拳，又称行意拳，中国传统拳术之一。虽然起源说法不一，但广泛认可的创始人是明末清初山西蒲州人（今永济市）姬际可（1602—1680 年）。形意拳创立之初叫心意六合拳，即心与意合，意与气合，气与力合，肩与胯合，肘与膝合，手与足合。现行流传的形意拳为道光年间河北深州人李洛能在心意拳的基础上改革创立而成，形意拳讲究内意与外形的高度统一。后世尊李洛能为形意拳祖师。

李洛能所创建的形意拳，基本内容为三体式桩功、五行拳和十二形拳。三体式为形意拳独有的基本功和内功训练方式，有“万法源于三体式”之称。五行拳结合了金、木、水、火、土五行思想，分别为劈拳（金）、钻拳（水）、崩拳（木）、炮拳（火）和横拳（土）；十二形拳是仿效十二种动物的动作特征而创编的实战技法。

2011 年 5 月 23 日，形意拳经国务院批准被列入第三批国家级非物质文化遗产名录。

六、课后练习与功法功力

（1）单练套路复习 3 遍。

（2）俯卧撑，20 个 1 组，共 3 组。

七、思考题

（1）结合自己的历史知识，谈一谈共产党为什么能战胜国民党的百万大军？

（2）侧手翻的实战运动方法？

（3）十二形拳的十二形是指什么？

八、参考文献

[1] 吴景明. 青少年一定要读的成功励志故事 [M]. 延吉：延边人民出版社，2008.

第十二讲

一、学习目标

（1）认知目标：不要轻视他人，稳扎稳打定能获得胜利。

（2）技能目标：基本掌握前手翻的动作要领；学会单练套路动作，熟练掌握实战要领。

（3）情感目标:《龟兔赛跑》是人们十分熟悉的寓言，乌龟坚持不懈的精神被一再称道，而兔子的傲慢则成为笑谈。

二、本讲内容

（一）武德教育

【励志故事】

龟兔赛跑

有一天，兔子碰见乌龟，笑眯眯地说："乌龟，乌龟，咱们来赛跑，好吗？"乌龟知道兔子在开玩笑，瞪着一双小眼睛，不理也不踩。兔子知道乌龟不敢跟他赛跑，乐得摆着耳朵直蹦跳，还编了一支山歌笑话乌龟：“乌龟，乌龟，爬爬，一早出门采花；乌龟，乌龟，走走，傍晚还在门口。”

乌龟生气了，说：“兔子，兔子，你别神气活现的，咱们就来赛跑。”

“什么，什么？乌龟，你说什么？”

“咱们这就来赛跑。”

兔子一听，差点笑破了肚子：“乌龟，你真敢跟我赛跑？那好，咱们从这儿跑起，看谁先跑到那边山脚下的一棵大树下。预备！一，二，三——”

兔子撒开腿就跑，跑得真快，一会儿就跑得很远了。他回头一看，乌龟才爬了一小段路，心想：“乌龟敢跟兔子赛跑，真是天大的笑话！我呀，在这儿睡上一大觉，让他爬到这儿，不，让他爬到前面去吧，我三蹦两跳地就追上他了。啦啦啦，啦啦啦，胜利准是我的嘛！”兔子把身子往地上一歪，合上眼皮，真的睡着了。

再说乌龟，爬得也真慢，可是他一个劲儿地爬呀，爬呀，等他爬到兔子身边，已经累坏了。兔子还在睡觉，乌龟也想休息一会儿，可他知道兔子跑得比他快，只有坚持爬下去才有可能赢。于是，他不停地往前爬。离大树越来越近了，只差几十步了，十几步了，几步了……终于到了。

兔子呢？他还在睡觉呢！兔子醒来后往后一看，唉，乌龟怎么不见了？再往前一看，哎呀，不得了了！乌龟已经爬到大树底下了。兔子一看可急了，急忙赶上去可已经晚了，乌龟已经赢了。乌龟胜利了。

兔子跑得快，乌龟跑得慢，为什么这次比赛乌龟反而赢了呢？

【励志感言】

“不怕慢，就怕站。”奋发图强的弱者也能战胜骄傲自满的强者。尽管有些人有天分，但是没有经过后天磨炼的意志和谦虚谨慎的作风，再好的天分也是会输的。所以，没有天分的人不要灰心，只要抓住机会，坚持，坚持，再坚持，就会离成功越来越近。

（二）技术教学

1. 学习四段基本形态

1）动态

前手翻。

2）动作解析

动作：首先助跑，然后举起双手，同时右腿用力向后上方踢，此时双手不要松，在双脚接触到地面时松开，即可完成前手翻动作（图 4-12-1）。

图 4-12-1 前手翻

要点：起身动作时，手积极完成推地动作。

2. 单练套路、对打套路、拆招技术

1）四段第二小节第 9 至 11 式动作

（1）云龙盘绕 3：转身云剑。（2）云龙盘绕 4：弓步刺剑。（3）收式。

2）动作解析

（1）云龙盘绕 3：转身云剑。

动作：上身后仰，身体左转 180 度，蹬脚拧腰，右手持剑随身体左转画平弧一圈至头上方，然后云剑，再屈臂收剑至腰间（图 4-12-2）。

要点：云剑时，上身微后仰，蹬脚拧腰的同时云剑。

（a） （b）

图 4-12-2 云龙盘绕 3：转身云剑

（2）云龙盘绕 4：弓步刺剑。

动作：上右脚成右弓步，同时右手持剑向前刺剑，左手向后平举，目视剑尖的方向（图 4-12-3）。

要点：刺剑力达剑尖。

图 4-12-3　云龙盘绕 3：弓步刺剑

（3）收式。

动作：右脚收回，并步站立；右手持剑插剑于左侧腰间（图 4-12-4）。

要点：两腿并拢，目视前方。

图 4-12-4　收式

3. 学习四段实战

（1）结合前四段学习的步法和剑法，练习实战。

（2）实战实行 1 对 2 自由组合，多个选手轮换交叉。

（3）注意动作的实用性和比赛的安全性。

（4）2 分钟一局，中间休息 3 分钟，再开始下一局。

（5）在规定地方和老师指导下进行。

（6）每局记分，一轮比赛记录总分。

（7）两个选手打一个选手只允许在前面和侧面进攻，不允许从后面进攻。

三、教学重点与难点

技术重点：实战 1 对 2 的把握。

技术难点：实战 2 分钟一局，对战术的整体把控。

四、易犯错误与纠正方法

易犯错误：扣腿斩剑时，扣腿平衡不稳，斩剑发力点把握不准确。

纠正方法：扣腿平衡单独练习，斩剑力达剑尖。

五、拓展阅读（趣味小知识）

【小贴士】形意拳拳法内容

形意拳的基本拳法都以三体式、五行拳、十二形拳为主。其练习要领：一要塌腰，二要缩肩，三要扣胸，四要顶，五要提，六要横顺，七要钻落翻分明。塌腰，即尾闾上提；缩肩，即两肩向回抽劲；扣胸，即开胸顺气；顶，即头顶、舌顶、手顶；提，即劲道内提；横，即起；顺，即落；起，即钻；落，即翻；起亦为横；落亦为顺。

六、课后练习与功法功力

（1）单练套路复习 3 遍。

（2）收腹跳，30 个 1 组，共 3 组。

七、思考题

（1）《龟兔赛跑》给我们什么样的启示呢？

（2）扣腿平衡的要点是什么？

（3）形意拳拳法的练习要领是什么？

八、参考文献

[1] 符文军，金波. 影响青少年一生的励志故事全集 [M]. 北京：北京工业大学出版社，2010.

[2] 本书编写组. 武术拳种和拳家 [M]. 上海：上海教育出版社，1985.

五　段

第一讲

一、学习目标

（1）认知目标：人的潜力是巨大的，只有积极开发，才能变成实际的能力。

（2）技能目标：基本掌握下腰的动作要领；学会右滑步撩剑 + 左滑步劈剑、右滑步右格剑 + 后滑步劈剑；熟练掌握右滑步撩剑打反应桩 + 左滑步劈剑打反应桩、右滑步点剑打反应桩 + 后滑步劈剑打反应桩。

（3）情感目标：每个人都有巨大的潜力，任何平凡的人，只要经过潜力开发训练，使潜力得到适当的发挥，都可干出一番惊人的事业。

二、本讲内容

（一）武德教育

【励志故事】

激发出自身的潜力

一次，一个将军骑马穿越一片树林，忽然听到了一阵紧急的呼救声。他扬鞭策马，朝着发出呼救声的湖边跑去。只见一个不会游泳的士兵落到水里，正往深水当中漂移，距离岸边已有 30 米。岸上几个士兵慌作一团，无可奈何地呼喊着，他们当中谁也不会游泳。

将军赶来问道：“他会水吗？”

一个士兵回答说：“他只能划几下，现在不行了，漂到深水里，刚才喊救命哩。”

将军"哦"了一声，随即从侍卫手里取过一支手枪，并大声朝落水的人喊道："你还往当中爬什么，赶快游回来。再往前去，我就开枪毙了你！"

说完，他果然朝那人的前方开了两枪。

落水的人，也许是听到了岸上威胁的话语，也许是听到了前方子弹入水的响声，猛然地回转身来，拼力地划，居然很快就向岸边靠拢了。

【励志感言】

有些人自觉性比较差，一味地为他创造良好的软环境，有时并不一定能帮助他。偶尔利用一些强硬手段对他们进行威胁，会及时制止他们消极散漫的心态，激发他们发挥出自身的潜力。

（二）技术教学

1. 学习五段基本形态

1）动态

下腰。

2）动作解析

动作：开步站立，两臂由身前上举，手心朝上；抬头，目视两手，屈腰向后弯下，以双手撑地成桥形；两手推地站起，再重复以上动作（图 5-1-1）。

图 5-1-1　下腰

要点：手脚距离尽量近些。

2. 单练套路、对打套路、拆招技术

1）五段第一小节第 1 至 2 式动作

（1）右滑步撩剑 + 左滑步劈剑。（2）右滑步右格剑 + 后滑步劈剑。

2）动作解析

（1）右滑步撩剑 + 左滑步劈剑。

动作：右实战姿势站立，左脚蹬地，右脚向右前方横移半步，左脚随即向右跟半步；同时双手握剑，向左沿弧线下落，臂内旋，剑尖向下沿身体左侧画弧形向前撩至身体前上方，虎口斜向下，力达剑刃前部；然后右脚蹬地，左脚向左横移半步，右脚随即跟步；同时双手提剑直臂上举，剑尖向上，由上向下劈剑，力达剑身中部（图 5-1-2）。

要点：右滑步左撩剑，然后变化方向，左滑步下劈。

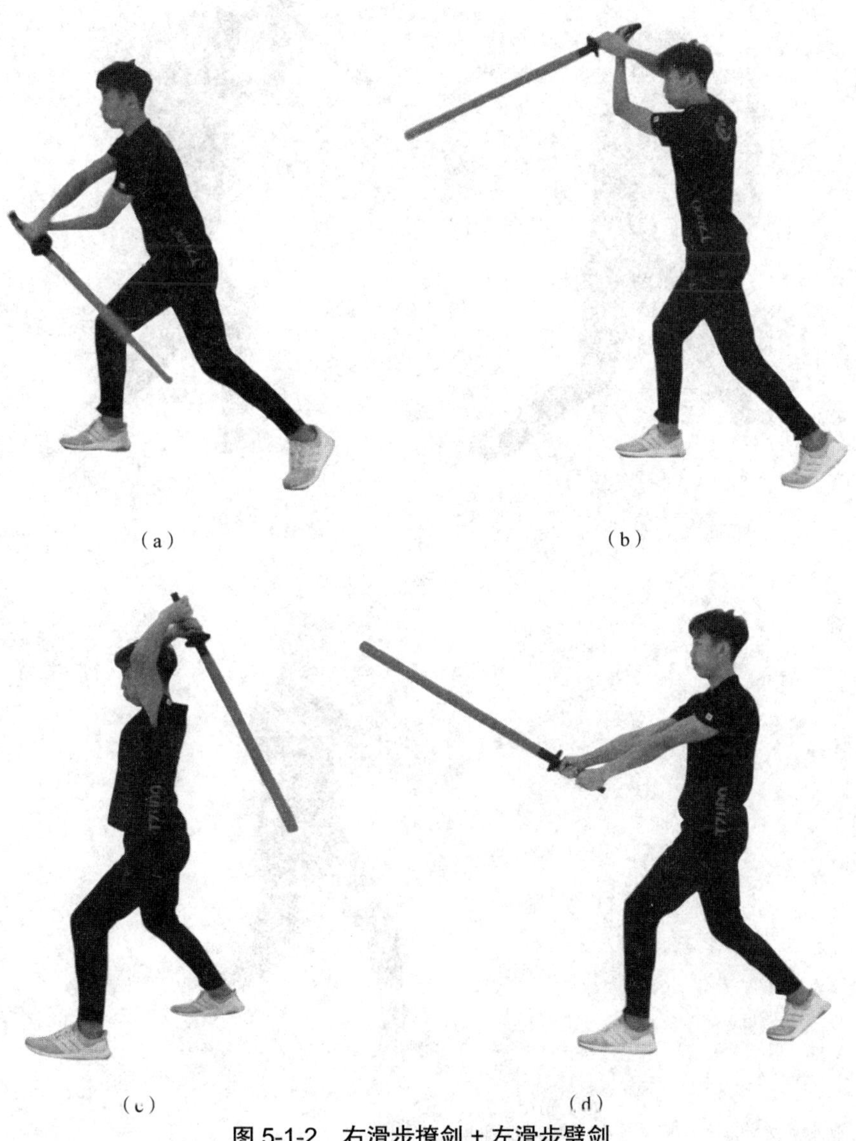

（a）　（b）　（c）　（d）

图 5-1-2　右滑步撩剑 + 左滑步劈剑

（2）右滑步格剑 + 后滑步劈剑。

动作：右实战姿势站立，左脚蹬地，右脚向右前方横移半步，左脚随即向右跟半步；同时双手握剑柄，力达剑身，随身体向右转动，平举至头顶上方格挡；然后后脚贴地向后退一步，前脚蹬地，推动后脚移动，随即跟退，步幅与后脚相同，重心置于两腿中间；同时双手提剑直臂上举，由上向下劈剑，力达剑身中部（图 5-1-3）。

要点：右滑步向右上方格剑，力达剑身。

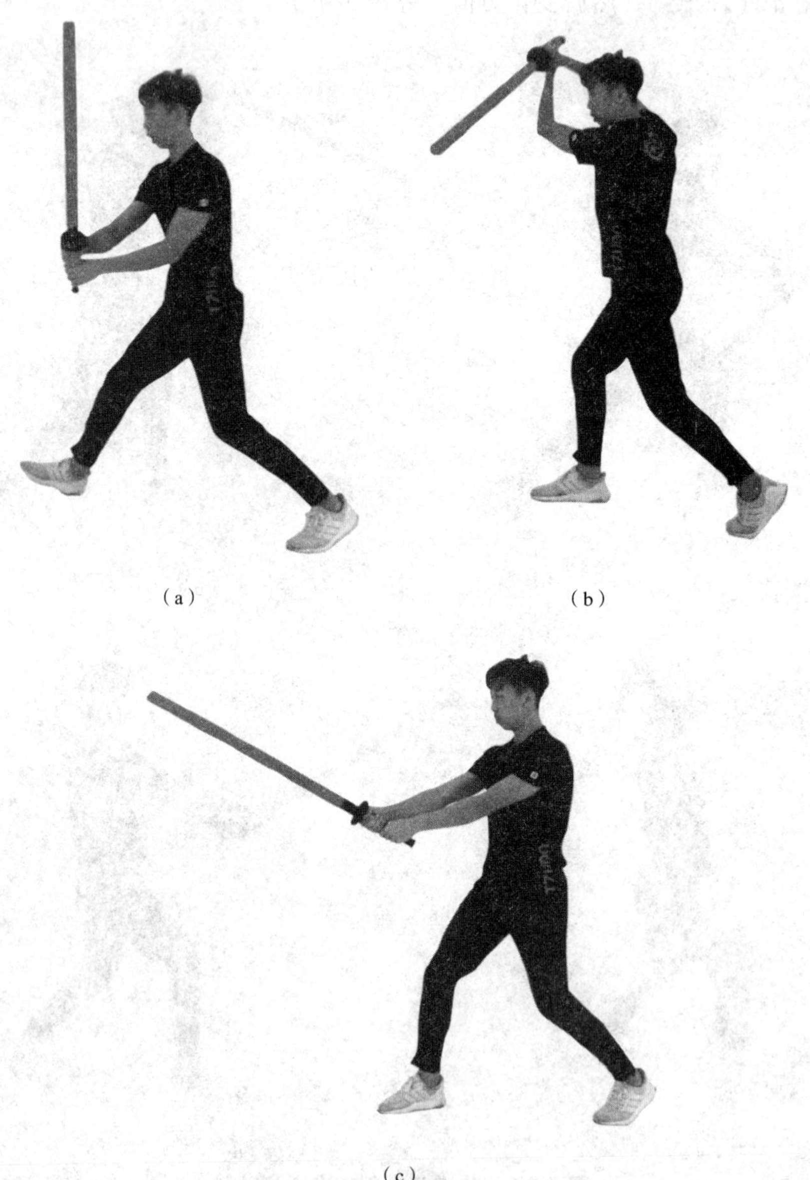

（a） （b） （c）

图 5-1-3 右滑步格剑 + 后滑步劈剑

3. 学习五段打桩技术第 1 至 2 式动作

（1）右滑步撩剑打反应桩 + 左滑步劈剑打反应桩。

动作：格斗式站在反应桩左前一剑距离，反应桩发出感应信号后，立即右滑步撩剑击打反应桩，击中目标后立即左滑步劈剑击打另一个反应桩。

要点：右滑步撩剑击中目标后，做格斗式准备，另一个反应桩发出感应信号后，左滑步劈剑击打另一个反应桩，或者第一击中目标后立即左滑步击打另一个反应桩，等反应点出现后劈剑击打反应点；步法变换灵活、自然、一气呵成，剑随身到。

（2）右滑步点剑打反应桩 + 后滑步劈剑打反应桩。

动作：格斗式站在反应桩左前一剑距离，反应桩发出感应信号后立即右滑步点剑击打反应桩，击中目标后后滑步劈剑击打另一个反应桩。

要点：右滑步点剑击中目标后，做格斗式准备，另一个反应桩发出感应信号后，后滑步劈剑击打另一个反应桩，或者第一击中目标后立即后滑步击打另一个反应桩，等反应点出现后劈剑击打反应点，步法变换灵活、自然、一气呵成，剑随身到。

三、教学重点与难点

技术重点：两组打桩技术的反应桩技术动作掌握。

技术难点：反应点闪现时，立即做出反应进行有效击打。

四、易犯错误与纠正方法

易犯错误：右滑步点剑打反应桩 + 后滑步劈剑打反应桩中，点剑后没有迅速举剑，以待下式。

纠正方法：点剑后，利用反作用力将剑上举，待下一个反应点出现时，迅速做下劈剑。

五、拓展阅读（趣味小知识）

【小贴士】象形拳

象形拳是一种模拟各种动物的特长和形态，以及表现人物搏斗形象和生活形象的汉族拳术，结合武术动作模仿动物或人的某种动作特征为主，主要有猴拳、鹰爪拳、蛇拳、螳螂拳、醉拳、鸭形拳以及八仙醉酒、鲁智深醉跌、武松脱铐等。象形拳分象形和取意两种，象形是以模仿动物和人物的形态为主，缺少或很少有技击的动作；取意则以取意动物的搏击特长为主，以动物的搏击特长来充实技击动作的内容。

六、课后练习与功法功力

（1）一组复练习：打桩技术动作第 1 至 2 式，每式 20 遍。

（2）一组功法功力：下腰，30 秒 1 组，共 3 组。

七、思考题

（1）劈剑发力点是什么？

（2）象形拳的特点是什么？

八、参考文献

[1] 吴景明. 青少年一定要读的成功励志故事 [M]. 延吉：延边人民出版社，2008.

第二讲

一、学习目标

（1）认知目标：智慧与本领是立足于社会的宝贵财富。

（2）技能目标：基本掌握翻腰的动作要领；学会右滑步点剑 + 前滑步扎剑、右滑步斩剑 + 换跳步扎剑；熟练掌握右滑步点剑打反应桩 + 前滑步扎剑打反应桩、右滑步斩剑打反应桩 + 换跳步扎剑打反应桩。

（3）情感目标：学无止境，术业有专攻，只要在增长知识见识上下功夫，不断锤炼干事创业的真本领，就一定能培养更多社会主义建设者和接班人，为中华民族伟大复兴提供最强大的人才支撑。

二、本讲内容

（一）武德教育

【励志故事】

最靠得住的智慧和本领

从前，有一个小木匠，生了五个儿子后，日子穷得没法过了，他带着家中唯一值钱的东西出外谋生，那是一套木匠用的工具。一晃二十年过去了，昔日的小木匠成了老木匠，他的儿子们也长成人了，老木匠也发了大财回来了。

发了大财的老木匠把五个儿子叫到跟前，对儿子们说："我这二十年在外闯荡，没照顾过你们一天，苦了你们和你们那死去的娘。今天，为了弥补你们，特地送给你们每人一样特别又有用的厚礼。你们中有谁能猜得出礼物是什么吗？"

老大想也不想抢着答道："一定是好多好多的钱，谁不知父亲您在外面发了大财。"

"不是。钱再多，也有坐吃山空的时候。这礼物是世上最长久的东西。"老木匠提醒说。

老二回答说："父亲莫不是替我们兄弟几个买了官，让我们去做官，光宗耀祖，多威风！"

"不是。这礼物是世上最靠得住的东西。一个人当官能当一辈子吗？"老木匠问。

老三想了想说："父亲是不是给我们每位找了一位有权有势的靠山，来帮助我们呀？"

"更不是。"老木匠有点失望了。

老四不耐烦了，他着急地催促道："是什么宝贝快送给我们吧。"

老五听了哥哥们的话，一声不吭地从屋里拿出父亲外出谋生时随身携带的那套木匠工具，对老木匠说："如果我没猜错的话，父亲应该是要教会我们谋生的本领吧。"

老木匠欣喜万分，他欣赏地看了看小儿子几眼，说："还是你最懂父亲的心，你已经拥有了智慧，现在让父亲来教你做木匠的本领吧。"

老木匠把自己的木匠绝活传给小儿子，把钱财平均分给另外四个儿子。老木匠死后，老大、老二、老三和老四相继花光了父亲分给的钱财，又回到原先一穷二白的境况，只有老五凭着一手远近闻名的木匠绝活，日子越过越滋润，成了远近有名的大富翁。

【励志感言】

一个人想生存和发展，就必须要有靠得住的东西。在这个世界上，最靠得住的东西，不是金钱，也不是权势，而是智慧与本领。对于每个人来说，只有智慧与本领才是世界上最有用、最长久的东西。

（二）技术教学

1. 学习五段基本形态

1）动态

翻腰。

2）动作解析

动作：右腿在前，左腿在后，两腿交叉屈膝下蹲成歇步；右臂侧平举，左臂屈肘平举于胸前，上身前俯使胸部接近膝部，并从右向上、向后翻转，两臂随身转动；上动未停，上身继续向左、向下翻转，变成左腿在前、右腿在后的歇步（图 5-2-1）。

图 5-2-1　翻腰

要点：以腰为轴，翻腰过程中眼睛始终盯紧某一固定点。

2. 单练套路、对打套路、拆招技术

1）五段第一小节第 3 至 4 式动作

（1）右滑步点剑 + 前滑步扎剑。（2）右滑步斩剑 + 换跳步扎剑。

2）动作解析

（1）右滑步点剑 + 前滑步扎剑。

动作：右实战姿势站立，左脚蹬地，右脚向右前方横移半步，左脚随即向右跟半步；同时双手握剑，手腕上提，剑尖由上向下啄击；然后前脚贴地向前进一步（约一脚的距离），后脚蹬地，推动前脚移动，随即跟进；同时双手握剑柄，水平向前扎出，掌心向上仰腕，劲贯剑尖（图 5-2-2）。

要点：练习连续进攻的能力，注意发力点。

（a）　（b）　（c）　（d）

图 5-2-2　右滑步点剑 + 前滑步扎剑

（2）右滑步斩剑＋换跳步扎剑。

动作：右实战姿势站立，左脚蹬地，右脚向右前方横移半步，左脚随即向右跟半步；同时双手持剑收于左侧腰间；随身体转动，剑身向右平摆，与腰或肩同高，力达剑身中部；然后左右脚同时离地，利用腰部力量使双腿位置互换；同时双手握剑柄，水平向前扎出，掌心向上仰腕，劲贯剑尖（图 5-2-3）。

要点：右滑步右斩剑，换跳步用于转换方向，避开对方的攻击，同时扎剑进攻对手。

（a）（b）（c）（d）

图 5-2-3　右滑步斩剑＋换跳步扎剑

3. 学习五段打桩技术第 3 至 4 式动作

（1）右滑步点剑打反应桩＋前滑步扎剑打反应桩。

动作：格斗式站在反应桩左前一剑距离，反应桩发出感应信号后，立即右滑步点剑击打反应桩，击中目标后前滑步扎剑击打另一个反应桩。

要点：右滑步点剑击中目标后，做格斗式准备，另一个反应桩发出感应信号后前滑步扎剑击打反应桩，或者第一击中目标后立即前滑步击打另一个反应桩，等反应点出现后劈剑击打反应点，步法变换灵活、自然、一气呵成，剑随身到。

（2）右滑步斩剑打反应桩+换跳步扎剑打反应桩。

动作：格斗式站在反应桩左前一剑距离，反应桩发出感应信号后，立即右滑步斩剑击打反应桩，击中目标后换跳步扎剑击打另一个反应桩。

要点：右滑步斩剑击中目标后，做格斗式准备，另一个反应桩发出感应信号后，换跳步扎剑击打反应桩，或者第一击中目标后立即换跳步击中另一个反应桩，等反应点出现后扎剑击打反应点，步法变换灵活、转换自然、一气呵成，剑随身到。

三、教学重点与难点

技术重点：右滑步斩剑打反应桩+换跳步扎剑打反应桩，对斩剑发力点的把握。

技术难点：两个动作之间的衔接流畅，步法转换迅速。

四、易犯错误与纠正方法

易犯错误：斩剑时发力点把握不准。

纠正方法：斩剑时，脚尖蹬地拧转，以腰带剑，斩剑时力达剑身。

五、拓展阅读（趣味小知识）

【小贴士】八门拳

八门拳是流传在我国西北地区古老的地方优秀拳种。最初始于兰州，后经过不断发展，逐渐传入青海、新疆、宁夏等地。它以三国诸葛亮的“八阵图”为创拳依据，因拳打体、生、伤、死、惊、杜、景、开八门，故得名八门拳。拳种由三部分组成：单拳套路、捶拳套路和封手拳套路。

拳术套路有撕拳、炮拳、九环捶、封手八快、八门惊捶、八门通背拳、破母、小母子、十连子、十沉劲、登州捶、八虎单拳等，器械套路有混元刀、高家枪、金枪、炮棍、八虎棍、扭丝棍、琵琶条子、排子棍等。

特殊手法：展法和斩法十八种，如行步展、歇步展、提水展、划眉展、虎步展、抱旗展、干腕展、翻天斩、蝴蝶展、梅花展、开门展等，正可谓一出手就是展打斩劈，一接手就是擒拿跌摔，八大擒拿手与十八种展（斩）法相配合，并结合奔腿、扁桩腿、侧踹、后顶夺子等腿法，及中字跤分步单撒等明跤暗跤。在格斗中手封足打、膝顶肘发、一气数招、不容喘息，讲究头、肩、手、肘、足、膝、腿、胯八部八法，合拍即打，全身上下，一动无不动，强调内三合与外三合的完整统一。

六、课后练习与功法功力

（1）一组复练习：打桩技术动作第 3 至 4 式，每式 20 遍。

（2）一组功法功力：直拳，20 次 1 组，共 3 组。

七、思考题

（1）为什么说智慧和本领是最有用、最靠得住的东西？

（2）斩剑的发力点是什么？

（3）八门拳的特点是什么？

八、参考文献

[1] 吴景明. 青少年一定要读的成功励志故事 [M]. 延吉：延边人民出版社，2008.

第三讲

一、学习目标

（1）认知目标：不管做什么事情，尽力而为与全力以赴，所取得的结果是迥然不同的。

（2）技能目标：基本掌握乌龙绞柱的动作要领；学会右滑步截剑 + 冲刺步刺剑、右滑步刺剑 + 转身扫剑；熟练掌握右滑步截剑 + 冲刺步刺剑打反应桩、右滑步刺剑打反应桩 + 转身扫剑打反应桩。

（3）情感目标：态度决定结果。

二、本讲内容

（一）武德教育

【励志故事】

全力以赴

一天猎人带着猎狗去打猎。猎人一枪击中一只兔子的后腿，受伤的兔子开始拼命地奔跑。猎狗在猎人的指示下飞奔着追赶兔子。可是追着追着，兔子跑得没影了，猎狗只好悻悻地回到猎人身边，猎人开始骂猎狗："你真没用，连一只受伤的兔子都追不到！"猎狗听了很不服气地回道："我尽力而为了呀！"

再说兔子带伤跑回洞里，它的兄弟们都围过来惊讶地问它："那只猎狗很凶呀！你又受了伤，怎么跑得过它呢？""它是尽力而为，我是全力以赴呀！它没追上我，最多挨一顿骂，而我若不全力地跑就没命了呀！"

【励志感言】

每个人都有很大的潜能，但是却经常为自己或别人的失败找借口，"我已尽力而为了"。事实上，对于一件事情来说，尽力而为是远远不够的，尤其是在当今这个竞争激烈的时代，做任何事情都不能尽力而为，而应全力以赴。

（二）技术教学

1. 学习五段基本形态

1）动态

乌龙绞柱。

2）动作解析

动作：脊背着地，挥臂抡腿拧身连续翻滚，在两腿绞转后借助惯性和上肢的配合，达到站立的姿态（图 5-3-1）。

要点：肩、颈着地，腰、腿竖直，两腿在空中相绞，幅度要大，动作要轻快敏捷。

（a） （b）

（c） （d）

图 5-3-1 乌龙绞柱

2. 单练套路、对打套路、拆招技术

1）五段第一小节第 5 至 6 式动作

（1）右滑步截剑 + 冲刺步刺剑。（2）右滑步刺剑 + 转身扫剑。

2）动作解析

（1）右滑步截剑 + 冲刺步刺剑。

动作：实战姿势站立，左脚蹬地，右脚向右前方横移半步，左脚随即向右跟半步；右手握剑，臂内旋，剑身斜向下截，臂、剑成一条直线，剑尖与膝同高，手心斜向下，力达剑刃前部；然后冲刺向前，同时双手握剑柄，劲贯剑尖，向前刺出（图 5-3-2）。

要点：向下拦截剑时，力达剑刃前部。

（a） （b）

（c） （d）

图 5-3-2 右滑步截剑 + 冲刺步刺剑

（2）右滑步刺剑 + 转身扫剑。

动作：实战姿势站立，左脚蹬地，右脚向右前方横移半步，左脚随即向右跟半步；同时右手剑柄，劲贯剑尖，向前刺出；然后双脚脚尖蹬地，左脚上前一步，身体向后转 180 度，前脚变后脚，目视前方；同时右手握剑直臂下扫，手心向下，劲贯剑身，横扫对方膝部以下部位（图 5-3-3）。

要点：扫剑时，蹬脚转腰，以腰带手，向下扫剑。

（a） （b） （c）

图 5-3-3 右滑步刺剑 + 转身扫剑

3. 学习五段打桩技术第 5 至 6 式动作

（1）右滑步截剑 + 冲刺步刺剑打反应桩。

动作：格斗式站在反应桩左前五剑距离，反应桩发出感应信号后，立即右滑步截剑，随即冲刺步刺剑击打反应桩。

要点：右滑步截剑后，立即冲刺步冲向反应桩，刺剑击打反应点，步法变换灵活、自然、一气呵成，剑随身到。

（2）右滑步刺剑打反应桩 + 转身扫剑打反应桩。

动作：格斗式站在反应桩左前一剑距离，反应桩发出感应信号后，立即右滑步刺剑击打反应桩，击中目标后转身扫剑击打另一个反应桩。

要点：右滑步刺剑击中目标后，做格斗式准备，另一个反应桩发出感应信号后转身扫剑击打反应桩，或者第一击中目标后立即转身面向另一个反应桩，等反应点出现后扫剑击打反应点，步法变换灵活、自然、一气呵成，剑随身到。

三、教学重点与难点

技术重点：右滑步刺剑打反应桩＋转身扫剑打反应桩，刺剑打反应桩后，转身扫剑打桩的衔接流畅。

技术难点：转身打反应桩时，对击打点第一时间做出反应并准确击打。

四、易犯错误与纠正方法

易犯错误：转身扫剑时，发力点和目标把握不准确。

纠正方法：转身时，先撤步转头，待反应点出现后，立即转身扫剑进行击打，力达剑身。

五、拓展阅读（趣味小知识）

【小贴士】梅花拳

梅花拳亦称梅花桩、梅拳，是中国传统武术拳种之一。为演练方便，在地面演练较为广泛，称为落地干枝梅花桩。

梅花拳起始时间，众说不一。有云春秋战国时有之；有云秦汉时有之；但都无文可考。有文字可考的是流传在平乡后马庄的手抄本梅花拳秘本《大文底》。该文记载梅花拳起始于南宋末年，开派祖师是邹宏义，家住江苏徐州府北门外六里朱家桥村。秘本《大文底》记载："收法老爷大道，心直量大，存心忍耐，养成真性结聚成练一处，言必有德有道，去后赐下明香一炷，老爷领下传道，要有事发起信香，四叩头师徒见面""弥勒（腊）勤佛下界"。

梅花拳邹氏墓地在平乡县后马庄村，从邢台市区出发沿 S325 东行，大约走 40 千米，路南有梅花拳墓地指示牌右拐，沿乡间公路大约走 4 千米，向左看就能看到墓地，在后马庄村村北。

梅花拳自邹宏义始，才正式传入民间。清康熙年间，邹宏义的文武功法已练至炉火纯青、出神入化的境界，名声大振，他为了将梅花拳推向社会，便离开徐州云游到开州（今河南濮阳），先后收蔡光瑞、王西征、孟有德为徒，尽授文功武法。三人艺业学成，便分路传拳授艺。蔡光瑞在开州收韩化礼、孙盘龙后，便北上开道传拳，途经内黄县时，收八里庄杨炳为徒，即后来康熙壬辰年（1712 年）的武探花；之后继续北上，来到顺德平邑（平乡县）马庄桥（后马庄）收张复为徒，遂在后马庄传授武艺，后收徒孙李进德、徐进德、郑玉德。清康熙乙酉年（1705 年）蔡光瑞命李进德、徐进德、郑玉德三人去河南迎请师祖邹宏义，这就是被武林界传为佳话的“三德”请师。邹宏义被请到后马庄后，便定居下来，在此设场收徒，传拳授艺，“一时从学门徒不下百人”。自此，梅花拳才正式在民间公开广为传播。

六、课后练习与功法功力

（1）单练技术和打桩动作各 10 次。

（2）立卧撑，20 个 1 组，共 3 组。

七、思考题

（1）全力以赴和尽力而为的区别是什么？

（2）转身扫剑时，怎样把握发力点？

（3）梅花拳的传承与发展是怎样的？

八、参考文献

[1] 符文军，金波. 影响青少年一生的励志故事全集 [M]. 北京：北京工业大学出版社，2010.

第四讲

一、学习目标

（1）认知目标：通过故事知道晏子机智勇敢、灵活善辩的外交才能与不惧大国、不畏强暴的斗争精神。

（2）技能目标：基本掌握腾空横踢的动作要领；学会右滑步撩剑 + 左滑步劈剑 + 前滑步扎剑、右滑步点剑 + 换跳步崩剑 + 后滑步抹剑；熟练掌握右滑步撩剑 + 左滑步劈剑打反应桩 + 前滑步扎剑打反应桩、右滑步点剑打反应桩 + 换跳步崩剑打反应桩 + 后滑步抹剑。

（3）情感目标：人不可貌相，海水不可斗量，对人贸然无礼只能自讨没趣。

二、本讲内容

（一）武德教育

【励志故事】

晏子使楚

春秋末期，齐国和楚国都是大国。有一回，齐王派大夫晏子去访问楚国。楚王仗着自己国势强盛，想乘机侮辱晏子，彰显楚国的威风。楚王知道晏子身材矮小，就叫人在城门旁边开了一个五尺来高的洞。

晏子来到楚国，楚王叫人把城门关了，让晏子从这个洞进去。晏子看了看，对接待的人说："这是个狗洞，不是城门。只有访问'狗国'，才从狗洞进去。我在这儿等一会儿，你们先去问个明白，楚国到底是个什么样的国家？"接待的人立刻把晏子的话传给了楚王。楚王只好吩咐大开城门，迎接晏子。

晏子见了楚王。楚王瞅了他一眼，冷笑一声，说："难道齐国没有人了吗？"晏子严肃地回答："这是什么话？我国首都临淄住满了人。大伙儿把袖子举起来，就是一片云（张袂成荫）；大伙儿甩一把汗，就是一阵雨（挥汗如雨）；街上的行人肩膀擦着肩膀，脚尖碰着脚跟。大王怎么说齐国没有人呢？"楚王说："既然有这么多人，为什么打发你来呢？"晏子装着很为难的样子，说："您这一问，我实在不好回答。撒谎吧，怕犯了欺骗大王的罪；说实话吧，又怕大王生气。"楚王说："实话实说，我不生气。"晏子拱了拱手，说："敝国有个规矩，访问上等的国家，就派上等人去；访问下等的国家，就派下等人去。我最不中用，所以派到这儿来了。"说着他故意笑了笑，楚王只好陪着笑。

楚王安排酒席招待晏子。正当他们吃得高兴的时候，有两个武士押着一个囚犯，从堂下走过。楚王看见了，问他们："那个囚犯犯的什么罪？他是哪里人？"武士回答说："犯了盗窃罪，是齐国人。"楚王笑嘻嘻地对晏子说："齐国人怎么这样没出息，干这种事？"楚国的大臣们听了，都得意扬扬地笑起来，以为这一下可让晏子丢尽了脸。哪知晏子面不改色，站起来，说："大王怎么不知道哇？淮南的柑橘，又大又甜。可是橘树一种到淮北，就只能结又小又苦的枳，还不是因为水土不同吗？同样道理，齐国人在齐国安居乐业，好好地劳动，一到楚国，就做起盗贼来了，也许是两国的水土不同吧。"楚王听了，只好赔不是，说："我原来想取笑大夫，没想到反让大夫取笑了。"从这以后，楚王不敢不尊重晏子了。

【励志感言】

外交无小事，尤其在牵涉国格的时候，更是丝毫不可侵犯。这则故事讲述了晏子出使楚国，挫败楚王气焰的故事，表现了晏子机智善辩的才能和政治家、外交家的风度，维持了国格，也维护了个人尊严。

（二）技术教学

1. 学习五段基本形态

1）动态

腾空横踢。

2）动作解析

动作：通过助跑或原地起跳，在空中完成横踢腿动作，起跳过程中，后腿贴前腿向正前方提膝，小腿夹紧，脚背要绷直，然后翻胯，弹收小腿（图 5-4-1）。

图 5-4-1　腾空横踢

要点：翻胯后，腿与上身尽量在一条直线上。

2. 单练套路、对打套路、拆招技术

1）五段第一小节第 7 至 8 式动作

（1）右滑步撩剑 + 左滑步劈剑 + 前滑步扎剑。（2）右滑步点剑 + 换跳步崩剑 + 后滑步抹剑。

2）动作解析

（1）右滑步撩剑 + 左滑步劈剑 + 前滑步扎剑。

动作：实战姿势站立，左脚蹬地，右脚向右前方横移半步，左脚随即向右跟半步，双手握剑，剑尖向上、向左沿弧线下落，臂内旋，剑尖向下沿身体左侧贴身弧形向前撩至体前上方，力达剑刃前部；然后右脚蹬地，左脚向左横移半步，右脚随即跟步；同时双手提剑直臂上举，由上向下劈剑，力达剑身中部；接着前脚贴地向前进一步（约一脚的距离），后脚蹬地，推动前脚移动，随即跟进；同时双手握剑柄，水平向前扎出，劲贯剑尖（图5-4-2）。

要点：右滑步左撩剑，力达剑刃前部。

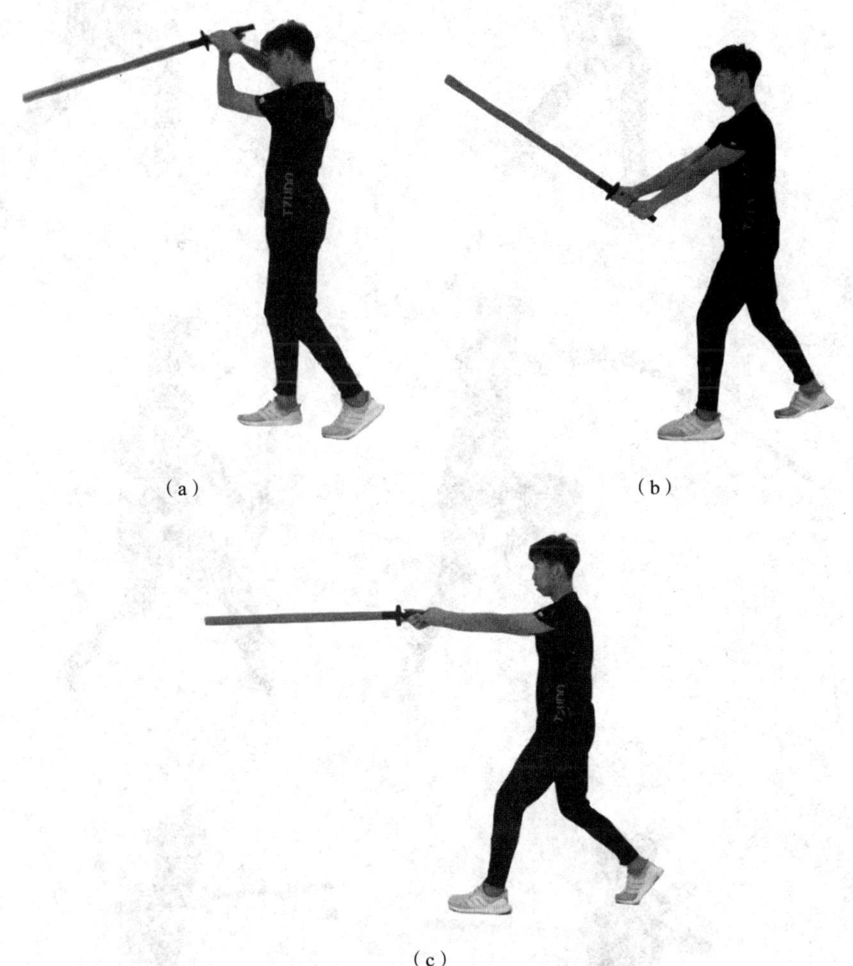

（a）　（b）

（c）

图 5-4-2　右滑步撩剑 + 左滑步劈剑 + 前滑步扎剑

（2）右滑步点剑 + 换跳步崩剑 + 后滑步扫剑。

动作：实战姿势站立，左脚蹬地，右脚向右前方横移半步，左脚随即向右跟半步，同时双手握剑，手腕上提，剑尖由上向下啄击；然后换跳步，左右脚同时离地，用腰部力量使双腿位置互换；同时双手握剑沉腕，直臂下落，使剑尖猛向上崩起，力达剑尖；接着后脚贴地向后退一步，前脚蹬地，推动后脚移动，随即跟退；前臂内旋，手心向下，剑由前向右横扫，力达小指侧剑刃。

（a） （b）

（c） （d）

（e） （f）

图 5-4-3 右滑步点剑 + 换跳步崩剑 + 后滑步扫剑

要点：换跳步时，注意与手的配合，后滑步时向右扫剑。

3. 学习五段打桩技术第 7 至 8 式动作

（1）右滑步撩剑 + 左滑步劈剑打反应桩 + 前滑步扎剑打反应桩。

动作：格斗式站在反应桩前一剑距离，反应桩发出感应信号后，立即右滑步撩剑，动作不停左滑步劈剑击打反应桩，击中目标后前滑步扎剑击打另一个反应桩。

要点：左滑步劈剑击中目标后，做格斗式准备，另一个反应桩发出感应信号后前滑步扎剑击打反应桩，或者第一击中目标后立即前滑步击打另一个反应桩，反应点出现后扎剑击打反应点，步法变换灵活、自然、一气呵成，剑随身到。

（2）右滑步点剑打反应桩 + 换跳步崩剑打反应桩 + 后滑步抹剑。

动作：格斗式站在反应桩左前一剑距离，反应桩发出感应信号后，立即右滑步点剑击打反应桩，击中目标后换跳步崩剑击打另一个反应桩，接着后滑步抹剑。

要点：右滑步点剑击中目标后，做格斗式准备，另一个反应桩发出感应信号后换跳步崩剑击打反应桩，或者第一击中目标后立即换跳步击打另一个反应桩，反应点出现后崩剑击打反应点，步法变换灵活、自然、一气呵成，剑随身到。

三、教学重点与难点

技术重点：右滑步点剑打反应桩 + 换跳步崩剑打反应桩 + 后滑步抹剑每个动作力点的掌握。

技术难点：三个动作直接的衔接流畅、紧凑。

四、易犯错误与纠正方法

易犯错误：反应点出现后，才准备换步击打。

纠正方法：应提前做好准备，反应点出现的同时立即变换步法进行攻击。

五、拓展阅读（趣味小知识）

【小贴士】迷踪拳

中国拳术之一，又称燕青拳、迷路拳、迷踪艺或猊猔拳。这些拳名和这种拳术产生的传说有关。例如，一说此拳起源于唐末，传至宋代时由卢俊义在少林寺加以发展而成。卢俊义收燕青为徒，并同上梁山泊。卢俊义引退后，燕青广泛传授此拳，故又名燕青拳。另一说法是燕青门徒虽佩服燕青的拳艺，但因燕青投靠梁山泊，故隐燕青之名，将燕青拳改称为迷踪拳。又传说燕青被官兵追逼到梁山泊时，雪上未留足迹，致使官兵迷路，故又称此拳技术为迷踪艺。还有一说是唐代少林寺僧外出至一高山，见到一种猿状动物相斗，遂得到启发，后创此拳，遂名为猊猔拳。燕青拳后来传到清代的孙通，孙通是山东省岱岳人，先从兖州张某学拳，后游历各地，晚年隐居河北省沧县教拳。在沧县，以陈善为主的一派，称此拳为迷踪拳；由沧县移居到河北省静海县的霍姓一族，称此拳为迷踪艺，子孙代代相传，后出名手霍元甲，迷踪艺遂声名大振。此外，此拳由河北省传到山东省青州，又形成“燕青神捶”的一派；在河北省天津一带与八番拳结合，又形成“燕青寸八番”的一派。

六、课后练习与功法功力

（1）基本技术和打桩练习各 10 次。

（2）马步深蹲起，20 个 1 组，共 3 组。

七、思考题

（1）晏子是如何使楚的？

（2）反应点出现时，应怎样快速做出反应？

（3）迷踪拳的起源是怎样的？

第五讲

一、学习目标

（1）认知目标：时间是最公平合理的，它从不多给谁一分钟。时间给予勤劳者累累果实，留给懒惰者一头白发。

（2）技能目标：基本掌握后旋踢的动作要领；学会冲刺步扎剑 + 左滑步撩剑、冲刺步刺剑 + 后滑步崩剑；熟练掌握冲刺步扎剑打反应桩 + 左滑步撩剑打反应桩、冲刺步刺剑打反应桩 + 后滑步崩剑打反应桩。

（3）情感目标：不畏艰难把握生命里的每一分钟。

二、本讲内容

（一）武德教育

【励志故事】

不畏艰难、好好利用每一分钟

童年的邓亚萍，因为受当时体育教练父亲的影响，立志做一名优秀的运动员。但是她个子矮，手脚粗短，根本不符合体校的要求，体校的大门没能向她敞开。于是，年幼的邓亚萍跟父亲学起了乒乓球，父亲规定她每天在练完体能课后，还必须做 100 个发球接球的动作。邓亚萍虽然只有七八岁，但为了能使自己的球技更加熟练，基本功更加实，便在自己的腿上绑上了沙袋，而且把木拍换成了铁拍。

对一个孩子来说，这是多么难能可贵！这不但要使身体备受煎熬，心理方面也要承受巨大的压力。小小的她，每闪、展、腾、挪一步，都可以用举步维艰来形容！

腿肿了手掌磨破了！这是家常便饭！但她从不叫苦，不喊累！

负责训练的父亲，有时心疼得掉眼泪！

付出总有回报，由于邓亚萍的执着，10 岁的她便在全国少年乒乓球比赛中获得团体和单打两项冠军。

【励志感言】

人的一生是由分分秒秒组成的，十分短暂。因此，不要认为三分钟、一刻钟甚至是半个小时这样的零碎时间是微不足道的。浪费一分钟，我们的生命就减少六十秒。所以，从现在开始，一定要珍惜每一分每一秒，让时间变得有价值。

（二）技术教学

1. 学习五段基本形态

1）动态

后旋踢。

2）动作解析

动作：实战姿势站立，两脚以两脚掌为轴旋转约 180 度，两拳置于胸前，上身左转，与双腿拧成一定角度，右脚蹬地，将蹬地的力量与上体拧转的力量合在一起，右腿继续向右后旋摆鞭打，同时上身向左转，带动左腿弧形摆至身体左侧，左腿屈膝回收，左脚落到右后成实战姿势（图 5-5-1）。

动作要领：转身旋转，踢腿连贯进行，一气呵成，中间没有停顿；击打点应在正前方；屈膝起腿的旋转速度要快。

图 5-5-1 后旋踢

要点：转身与腿击打要协调一致，头快速转动，落地后成实战姿势站立。

2. 单练套路、对打套路、拆招技术

1）五段第一小节第 9 至 10 式动作

（1）冲刺步扎剑 + 左滑步撩剑。（2）冲刺步刺剑 + 后滑步崩剑。

2）动作解析

（1）冲刺步扎剑 + 左滑步撩剑。

动作：左实战姿势站立，右脚向前上步成右实战姿势，左脚向前上步回到左实战姿势；同时双手握剑柄，水平向前扎出，掌心向上仰腕，劲贯剑尖；然后右脚蹬地，左脚向左横移半步，右脚随即跟步；同时双手握剑直臂前平举，向上、向后立绕至体后，随之臂外旋向下，沿身体右侧画弧线向前撩至身体前上方（图 5-5-2）。

要点：左滑步右撩剑，力达剑刃前部。

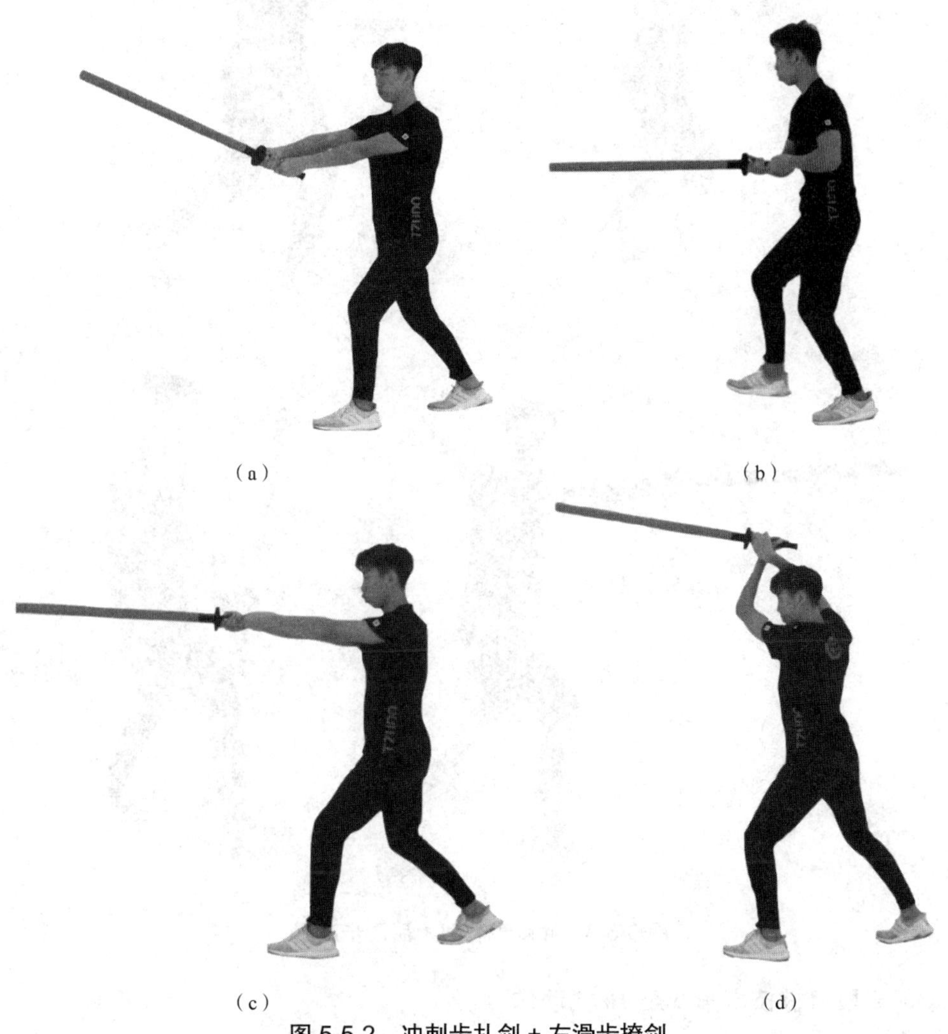

（a）（b）（c）（d）

图 5-5-2　冲刺步扎剑 + 左滑步撩剑

（2）冲刺步刺剑 + 后滑步崩剑。

动作：左实战姿势站立，右脚向前上步成右实战姿势，左脚向前上步回到左实战姿势；同时左手握剑柄，劲贯剑尖，剑向前刺出；接着后脚贴地向后退一步前脚蹬地，推动后脚移动，随即跟退，步幅与后脚相同，重心置于两腿中间；同时双手握剑沉腕，直臂下落，使剑尖猛向上崩起，力达剑尖（图 5-5-3）。

要点：崩剑的用法是防守对方的进攻器械，要根据实战情况，注意崩剑的方向。

（a） （b）

（c） （d）

图 5-5-3 冲刺步刺剑 + 后滑步崩剑

3. 学习五段打桩技术第 9 至 10 式动作

（1）冲刺步扎剑打反应桩 + 左滑步撩剑打反应桩。

动作：格斗式站在反应桩前五剑距离，反应桩发出感应信号后，立即冲刺步扎剑击打反应桩，击中目标后左滑步撩剑击打另一个反应桩。

要点：冲刺步扎剑击中目标后，做格斗式准备，另一个反应桩发出感应信号后左滑步撩剑击打反应桩，或者第一击中目标后立即左滑步击打面向另一个反应桩，反应点出现后撩剑击打目标，步法变换灵活、自然、一气呵成，剑随身到。

（2）冲刺步刺剑打反应桩 + 后滑步崩剑打反应桩。

动作：格斗式站在反应桩前五剑距离，反应桩发出感应信号后，立即冲刺步刺剑击打反应桩，击中目标后后滑步崩剑击打另一个反应桩。

要点：冲刺步刺剑击中目标后，做格斗式准备，另一个反应桩发出感应信号后右滑步崩剑击打反应桩，或者第一击中目标后立即后滑步面向另一个反应桩，反应点出现后崩剑击打目标，步法变换灵活、自然、一气呵成，剑随身到。

三、教学重点与难点

技术重点：两个打桩技术的灵活掌握。

技术难点：步法、剑法与反应桩直接的配合。

四、易犯错误与纠正方法

易犯错误：后滑步崩剑打反应桩时，击打力度不足。

纠正方法：崩剑力点在剑尖，手腕陡然向上发力。

五、拓展阅读（趣味小知识）

【小贴士】八卦掌

八卦掌又称游身八卦掌、八卦连环掌，是一种以掌法变换和行步走转为主的中国传统拳术。它是中国传统武术当中的著名拳种，流传很广。由河北省文安县人董海川创于清末，主要传人有尹福、程廷华、史计栋、马维祺、梁振圃、樊志勇、刘德宽、宋永祥等。八卦掌是中国流传很广的传统拳术，是内家拳三大名拳之一，也是道家养生、健身、防身阴阳掌的体现。它以八大桩法为转掌功，又集八大圈手于一体，下配一至八步的摆、扣、顺步法为基础，以绕圈走转为基本运动路线，以掌法为核心，在走转中全身一致，步似行云流水，身法要求拧转、旋翻协调完整，走如游龙，翻转似鹰。手法主要有穿、插、劈、撩、横、撞、扣、翻、托等。八卦掌是融养生和技击于一炉，涵养道德的拳术，是董海川先师将武功及内功融为一体，博采众长，并加上自己的丰富经验，独创以掌为主的技术手段，以沿圈走转和“蹚泥步、剪子腿、稳如坐轿”和扣掰转换以及避正打斜等为运动形式，有别于其他拳术。八卦掌首先在北京一带流传开来，近百年来遍及全国，并传播到国外（如东南亚地区以及美国）。

由于它运动时纵横交错，分为四正四隅八个方位，与“周易”八卦图中的卦象相似，故名八卦掌。有些八卦掌老拳谱常以卦理解释拳理，以八个卦位代表基本八掌。

2008 年 6 月 7 日，八卦掌经国务院批准成为第二批国家级非物质文化遗产名录。

2009 年 9 月国务院认定任文柱为“国家级非物质文化遗产——八卦掌项目”代表性传承人。

六、课后练习与功法功力

（1）单练技术和打桩动作，各 10 遍。

（2）后撩腿，10 次一组，共 4 组。

七、思考题

（1）为什么说时间是最公平的？

（2）崩剑的发力点是哪里？

（3）八卦掌的手法有哪些？

八、参考文献

[1] 吴景明. 青少年一定要读的成功励志故事 [M]. 延吉：延边人民出版社，2008.

第六讲

一、学习目标

（1）认知目标：困难与挫折对于人来说，是一把打向坯料的锤，打掉的应是脆弱的铁屑，锻成的将是锋利的钢刀。

（2）技能目标：基本掌握腾空双飞脚的动作要领；学会冲刺步撩剑 + 右滑步劈剑、冲刺步劈剑 + 换跳步格剑；熟练掌握冲刺步扎剑打反应桩 + 右滑步劈剑打反应桩、冲刺步劈剑打反应桩 + 换跳步刺剑打反应桩。

（3）情感目标：人在身处逆境时，适应环境的能力实在惊人。人可以忍受不幸，也可以战胜不幸，因为人有着惊人的潜力，只要有效发挥它，就一定能渡过难关。

二、本讲内容

（一）武德教育

【励志故事】

小沟并没有我们想象得可怕

一个周日，小明和几个朋友去郊外爬山。那天他们玩得很尽兴，不知不觉太阳都快落山了，他们还在山顶。如果原路返回还需要两到三个小时的时间。这时候有人说知道另外一条捷径，不到一个小时就可以下山，但是要跨过一条小沟。

望着越来越低的太阳，他们一致同意走近路。

那小沟大概有几米深，沟里是潺潺的溪水，在四月的黄昏里发出响亮而空洞的声音，那种声音让人想到不慎失足掉下去的惨烈……前进还是后退？他们在沟前犹豫了很久。天一点一点暗了下来。

这时候，一个女孩站了出来。她拿了一根树枝在沟之间比画了一下，然后放在地上说："沟就是那么宽的距离，大家跳跳试试看。"大家很轻易就在平地上跳过了和沟宽差不多的距离。但是面对溪水哗哗的小沟，有人还是犹豫，女孩第一个跳了过去。大家相互鼓励着，一个个也都跳过去了，包括胆小的小明。

那个傍晚，他们很快就下了山。而且，在新的道路上，他们还发现了一大片粉红嫩白的桃花，那绚烂的色彩不能不算一道令人惊喜的风景。而下山没多久，雨下起来了，又大又急。大家都笑着说："那小沟并没有我们想象中的可怕吧！可怕的只是我们心中的想象。我们一抬腿，不就过来了嘛？而世事难料，安全也不是绝对的。如果我们当时选择熟悉的那条路回来，说不定都成了落汤鸡。"

【励志感言】

生活中难免要遇到各种各样的沟沟坎坎。每次面临进退的选择，当你感到有恐惧和疑虑时，就如同面临一条拦路的小河沟，其实你抬腿就可以跳过河沟，就那么简单。在许多困难面前，人需要的只是抬腿的勇气。

（二）技术教学

1. 学习五段基本形态

1）动态

腾空双飞脚。

2）动作解析

动作：武术跳跃动作之一，两脚同时蹬地向上跳起，身体腾空后，两脚同时前踢，脚面绷平，两手同时击拍脚面，两腿在腾空后踢直，与地面平行，上身相应略前俯（图5-6-1）。

图 5-6-1 腾空双飞脚

要点：击拍要准确响亮，两脚可以并拢，也可以略分开。

2. 单练套路、对打套路、拆招技术

1）五段第一小节第 11 至 12 式动作

（1）冲刺步撩剑 + 右滑步劈剑。（2）冲刺步劈剑 + 换跳步格剑。

2）动作解析

（1）冲刺步撩剑 + 右滑步劈剑。

动作：左实战姿势站立，右脚向前上步成右实战姿势，紧接着左脚向前上步回到左实战姿势；双手握剑，剑尖向下沿身体左侧画弧向前撩至身体前上方，虎口斜向下，力达剑刃前部；然后左脚蹬地，右脚向右前方横移半步，左脚随即向右跟半步，变右脚在前；同时双手提剑直臂上举，由上向下劈剑，力达剑身中部（图 5-6-2）。

要点：冲刺步左撩剑，力达剑刃前部。

图 5-6-2　冲刺步撩剑 + 右滑步劈剑

（2）冲刺步劈剑＋换跳步格剑。

动作：左实战姿势站立，右脚向前上步成右实战姿势，紧接着左脚向前上步回到左实战姿势；同时双手提剑直臂上举，剑尖向上，由上向下劈剑，力达剑身中部；然后换跳步，左右脚同时离地，利用腰部力量使双腿位置互换；同时双手握剑柄，力达剑身，随身体向右转动，平举至头顶上方格挡（图 5-6-3）。

要点：换跳步时双脚不宜离地过高。

（a） （b）

（c） （d）

(e)
图 5-6-3　冲刺步劈剑 + 换跳步格剑

3. 学习五段打桩技术第 11 至 12 式动作

（1）冲刺步扎剑打反应桩 + 右滑步劈剑打反应桩。

动作：格斗式站在反应桩前五剑距离，反应桩发出感应信号后，立即冲刺步扎剑击打反应桩，击中目标后右滑步劈剑击打另一个反应桩。

要点：冲刺步扎剑击中目标后，做格斗式准备，另一个反应桩发出感应信号后，右滑步劈剑击打反应桩，或者击中目标后立即右滑步面向另一个反应桩，反应点出现后劈剑击打目标，步法变换灵活、自然、一气呵成，剑随身到。

（2）冲刺步劈剑打反应桩 + 换跳步刺剑打反应桩。

动作：格斗式站在反应桩前五剑距离，反应桩发出感应信号后，立即冲刺步劈剑击打反应桩，击中目标后换跳步刺剑击打另一个反应桩。

要点：冲刺步劈剑击中目标后，做格斗式准备，另一个反应桩发出感应信号后，换跳步刺剑击打反应桩，或者击中目标后立即换跳步面向另一个反应桩，反应点出现后刺剑击打目标，步法变换灵活、自然、一气呵成，剑随身到。

三、教学重点与难点

技术重点：冲刺步劈剑打反应桩 + 换跳步刺剑打反应桩，步法的灵活变换。

技术难点：击打的准确度。

四、易犯错误与纠正方法

易犯错误：换跳步刺剑时，转身的瞬间刺剑力点不正确。

纠正方法：利用转腰的力量，将手臂向前送出，加大力量，力达剑尖。

五、拓展阅读（趣味小知识）

【小贴士】翻子拳

翻子拳是中国传统拳术之一，双拳密如雨，脆快一挂鞭。翻子拳是中华武术宝库中的一个历史悠久的优秀拳种，在明代名“八闪翻”，后俗称“翻子拳”“翻子”。

明代爱国将军戚继光著的《纪效新书》中说：“古今拳学，宋太祖有三十二势长拳，又有……，八闪翻……此亦善之善者也。”又说有的拳术则“有上而无下，有下而无上……取胜于人，此不过偏于一隅”。八闪翻和其后衍生出各翻子流派，就无“有上而无下，有下而无上”的弊病，而均采用“上而翻下，下而翻上，首尾相顾，前后兼施”的翻转技法和“前、后、左、右、上、下、中、双”的八种闪翻技法。“八闪翻”就是根据它有“八个”“闪”“翻”的技法特点而定名的。

鹰爪翻子拳是八闪翻繁衍出的一个流派，它以翻子拳的八个闪翻技法为基础，吸收少林拳术“岳氏散手”的擒拿技法和鹰爪功法的刁抓擒拿的手型、手法，融合发展成为一个有“鹰爪”手型特点的翻子新拳种。

翻子拳以直拳摆拳为主，并以腰力贯穿其身法，使两拳快似闪电、密如疾雨，使人防不胜防，非常实用，被视为中国武术中的精华，此套路是全国武术比赛冠军套路。

中华人民共和国成立后，翻子拳被列为全国传统武术表演和比赛项目。

六、课后练习与功法功力

（1）单练技术和打桩动作各 10 遍。

（2）两头起，20 个 1 组，共 3 组。

七、思考题

（1）学习生活中应如何面对挫折与困难？

（2）换跳步刺剑时，怎样把握发力点？

（3）翻子拳的特点是什么？

八、参考文献

[1] 吴景明. 青少年一定要读的成功励志故事 [M]. 延吉：延边人民出版社，2008.

第七讲

一、学习目标

（1）认知目标：母爱是永恒的、伟大的。

（2）技能目标：基本掌握腾空飞脚的动作要领；学会转身刺剑 + 后滑步挑剑、转身斩剑 + 前滑步扎剑，熟练掌握转身刺剑打反应桩 + 后滑步挑剑打反应桩、转身斩剑打反应桩 + 前滑步扎剑打反应桩。

（3）情感目标：母爱的深，母爱的纯，母爱的浓，母爱的久，令其他任何一种情感都逊色三分。

二、本讲内容

（一）武德教育

【励志故事】

谁感激谁

那天，她跟妈妈又吵架了，一气之下，转身向外跑去。

她走了很长时间，看到前面有个面摊，香喷喷、热腾腾，她这才感觉到肚子饿了。可是，她摸遍了身上的口袋，连一个硬币也没有。

面摊的主人是一个看上去很和蔼的老婆婆，看到她站在那边，就问："孩子，你是不是要吃面？"

"可是，可是我忘了带钱。"她有些不好意思地回答。

"没关系，我请你吃。"

很快，老婆婆端来一碗馄饨和一碟小菜。她满怀感激，刚吃了几口，眼泪忽然就掉下来，纷纷落在碗里。

“你怎么了？”老婆婆关切地问。

“我没事，我只是很感激！”她忙擦着泪水，对老婆婆说：“我们又不认识，而你就对我这么好，愿意煮馄饨给我吃。可是我自己的妈妈，我跟她吵架，她竟然把我赶出来，还叫我不要回去！”

老婆婆听了，平静地说道：“孩子，你怎么会这么想呢？你想想看，我只不过煮一碗馄饨给你吃，你就这么感激我，那你自己的妈妈煮了十多年的饭给你吃，你怎么不感激她呢？你怎么还要跟她吵架呢？”

女孩愣住了。

女孩匆匆吃完馄饨，开始往家里走去。当她走到家附近时，一下就看到疲惫不堪的母亲，正在路口四处张望。这时，她的眼泪又掉了下来。

【励志感言】

太多的人对别人偶尔给予自己的小恩小惠“感激不尽”，不知如何报答；对亲人一辈子的恩情却“视而不见”，认为是理所当然的。

（二）技术教学

1. 学习五段基本形态

1）动态

腾空飞脚。

2）动作解析

动作：高虚步上冲拳，助跑击步，右脚向前上步，膝关节稍弯曲，以脚跟着地，上身微后仰；同时右脚踏实用力蹬地向上跳起，左腿随之上摆，膝关节弯曲，两臂在体前交叉向上摆起，以右掌掌背碰击左掌掌心，目视前方；身体腾起，右腿伸直向前上方踢摆，脚面绷平，左腿屈膝，左脚收紧，同时左掌摆至头部左侧上方，右掌拍击右脚面，目视前方，头颈上顶，两臂和摆动腿快速上摆（图 5-7-1）。

要点：收髋、屈膝、屈髋，缓冲落地，身体保持适度紧张。

图 5-7-1　腾空飞脚

2. 单练套路、对打套路、拆招技术

1）五段第一小节第 13 至 14 式动作

（1）转身刺剑 + 后滑步挑剑。（2）转身斩剑 + 前滑步扎剑。

2）动作解析

（1）转身刺剑 + 后滑步挑剑。

动作：实战姿势站立，双脚脚尖蹬地，身体向后转 180 度，前脚变后脚，目视前方；同时双手握剑柄，劲贯剑尖，剑向前刺出；然后后脚贴地向后退一步，前脚蹬地，推动后脚移动，随即跟退，步幅与后脚相同，重心置于两腿中间；同时右手握剑直臂前平举，虎口向上，直臂上挑，力达剑尖（图 5-7-2）。

要点：转身刺剑应先转身，再刺剑。

（a）　　（b）

（c）（d）

图 5-7-2 转身刺剑 + 后滑步挑剑

（2）转身斩剑 + 前滑步扎剑。

动作：左实战姿势站立，左脚蹬地，向后转身 180 度，右脚向后撤步，仍为左实战姿势；同时双手持剑收于左侧腰间，随身体转动，剑身向右平摆，与腰或肩同高，提劲力达剑身中部；然后前脚贴地向前进一步（约一脚的距离），后脚蹬地，推动前脚移动，随即跟进；同时双手握剑柄，水平向前扎出，掌心向上仰腕，劲贯剑尖。

要点：以腰带剑，转身向后平斩，同时注意双脚蹬地拧髋。

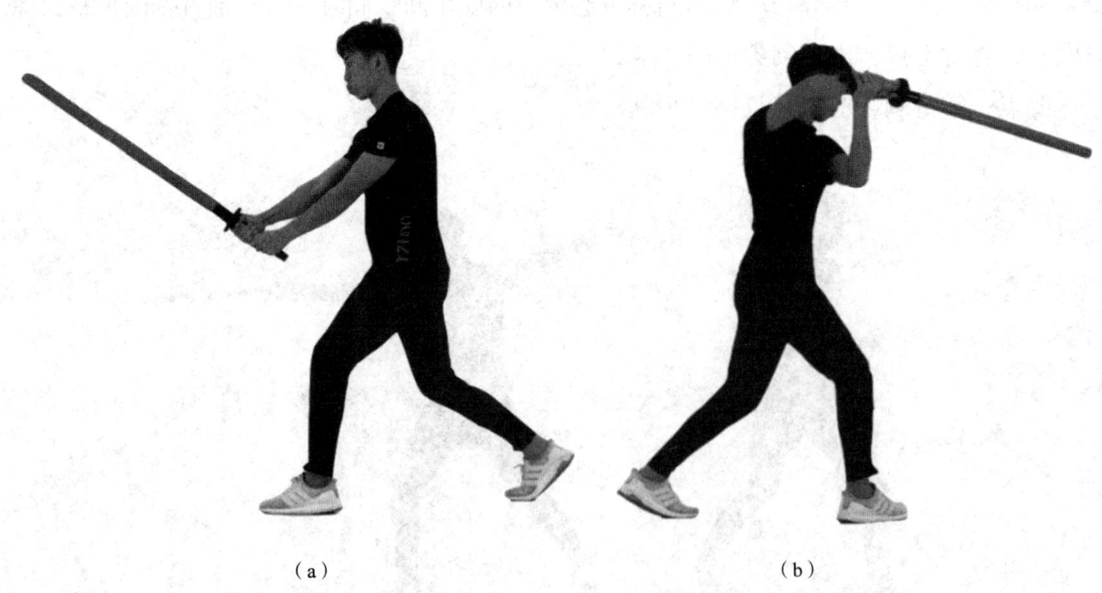

（a）（b）

（c）　（d）

图 5-7-3　转身斩剑 + 前滑步扎剑

3. 学习五段打桩技术第 13 至 14 式动作

（1）转身刺剑打反应桩 + 后滑步挑剑打反应桩。

动作：格斗式站在反应桩前一剑距离，反应桩发出感应信号后，立即转身刺剑击打反应桩，击中目标后后滑步挑剑击打另一个反应桩。

要点：转身刺剑击中目标后，做格斗式准备，另一个反应桩发出感应信号后，后滑步挑剑击打反应桩，或者击中目标后立即后滑步面向另一个反应桩，反应点出现后挑剑击打目标，步法变换灵活、自然、一气呵成，剑随身到。

（2）转身斩剑打反应桩 + 前滑步扎剑打反应桩。

动作：格斗式站在反应桩前一剑距离，反应桩发出感应信号后，立即转身斩剑击打反应桩，击中目标后前滑步扎剑击打另一个反应桩。

要点：转身斩剑击中目标后，做格斗式准备，另一个反应桩发出感应信号后，前滑步扎剑击打反应桩，或者击中目标后立即前滑步面向另一个反应桩，反应点出现后扎剑击打目标，步法变换灵活、自然、一气呵成，剑随身到。

三、教学重点与难点

技术重点：两个转身打桩组合，对反应点及击打力度的把握。

技术难点：转身与击打几乎同时进行，能够准确击打反应点。

四、易犯错误与纠正方法

易犯错误：转身时，不能同时锁定反应点，击打力度不足。

纠正方法：转身同时摆头，击打时，以腰带剑。

五、拓展阅读（趣味小知识）

【小贴士】地趟拳

地趟拳又称地功拳，是汉族传统拳术之一，因套路多由跌扑滚翻组成而得名。地趟拳的特点主要以跌扑滚翻的摔跌动作诱敌，败中取胜。地趟拳腿法奇猛，腰身柔灵，跌法巧妙，随机就势，攻防中讲究形退实进，下盘进攻，站着能行拳，躺着能走势，躺着练、滚着打是地趟拳的功法特点。因此，在训练中身体每个部位都与地面有着密切的联系。练习地趟拳对发展人体各部位肌肉力量，提高各关节的灵活性以及神经与肌肉的协调能力都能起到良好的作用。

六、课后练习与功法功力

（1）打桩技术动作每式 20 遍。

（2）单拍脚，20 个 1 组，共 3 组。

七、思考题

（1）你最应该感激的人是谁？

（2）转身时怎样进行有效击打？

（3）地趟拳的特点是什么？

八、参考文献

[1] 吴景明. 青少年一定要读的成功励志故事 [M]. 延吉：延边人民出版社，2008.

第八讲

一、学习目标

（1）认知目标：刻苦学习是值得提倡的。

（2）技能目标：基本掌握前扫腿的动作要领；学会转身扫剑＋右滑步劈剑、转身劈剑＋冲刺步刺剑；熟练掌握转身扫剑打反应桩＋右滑步劈剑打反应桩、转身劈剑打反应桩＋冲刺步刺剑打反应桩。

（3）情感目标：做事要有毅力与恒心，只要付出时间和精力，就会有收获。

二、本讲内容

（一）武德教育

【励志故事】

悬梁刺股

悬梁刺股是由“头悬梁”和“锥刺股”两则小故事组成的。

1. 头悬梁的故事

孙敬是东汉信都（今冀州市）人。他年少好学，博闻强识，而且嗜书如命，晚上看书学习常常通宵达旦。邻里们都称他为“闭户先生”。

孙敬读书时，随时记笔记，常常一直看到后半夜，时间长了，有时不免打瞌睡。一觉醒来，又懊悔不已。有一天，他抬头苦思的时候，目光停留在房梁上，顿时眼睛一亮。他随即找来一根绳子，绳子的一头拴在房梁上，另一头就跟自己的头发拴在一起。这样，每当他累了困了想打瞌睡时，只要头一低，绳子就会猛地拽一下他的头发，一疼就会惊醒而赶走睡意。从这以后，他每天晚上读书时，都用这种办法，发奋苦读。

年复一年的刻苦学习，使孙敬饱读诗书，博学多才，成为一名通晓古今的大学问家，在当时的江淮以北颇有名气，常有学子不远千里，负笈担书向他求学解疑。

2. 锥刺股的故事

战国时期，有一个人叫苏秦，也是出名的政治家。在年轻时，由于学问不深，曾到好多地方做事，都不受重视。回家后，家人对他也很冷淡，瞧不起他。这对他的刺激很大，所以他决心要发奋读书。他常常读书到深夜，打瞌睡时，就用锥子往大腿上刺一下。这样，猛然间感到疼痛，使自己醒来，再坚持读书。

后人将两人的事迹合在一起，用“悬梁刺股”形容刻苦自学。

【励志感言】

现在的年轻人动不动就说生活好累，对生活没有信心，对工作也不上进，其实古今中外名人励志故事还少吗？所以，经常重温一下古今中外名人励志故事会对自己的人生观、价值观产生很大的变化。

（二）技术教学

1. 学习五段基本形态

1）动态

前扫腿。

2）动作解析

动作：左脚向右腿后插步，同时两手由下向左、向上、向右做弧形摆掌，右臂伸直，右掌侧立；左掌附于右上臂内侧，掌指向上，头部右转，目视右方；上身左后转，左脚尖外展，外展的同时左腿屈膝，左脚跟抬起，以左脚前掌碾地，右腿平铺，脚尖内扣，脚掌着地，直腿向前扫转一周半（图 5-8-1）。

（a） （b）

（c）　（d）

图 5-8-1　前扫腿

要点：躯干保持紧张状态，胯略微收紧，稳定圆心和腿的长度；脚的位置须贴近地面，但不可过于贴紧，防止增大摩擦而影响转速。

2. 单练套路、对打套路、拆招技术

1）五段第一小节第 15 至 16 式动作

（1）转身扫剑 + 右滑步劈剑。（2）转身劈剑 + 冲刺步刺剑。

2）动作解析

（1）转身扫剑 + 右滑步劈剑。

动作：左实战姿势站立，双脚脚尖蹬地，身体向后转 180 度，前脚变后脚，目视前方；同时右手握剑直臂下扫，横扫对方膝部以下部位，手心向下，劲贯剑身；然后左脚蹬地，右脚向右前方横移半步，左脚随即向右跟半步，变右脚在前；同时双手提剑直臂上举，剑尖向上，由上向下劈剑，力达剑身中部（图 5-8-2）。

要点：扫剑时，注意运用手臂的力量将剑甩出。

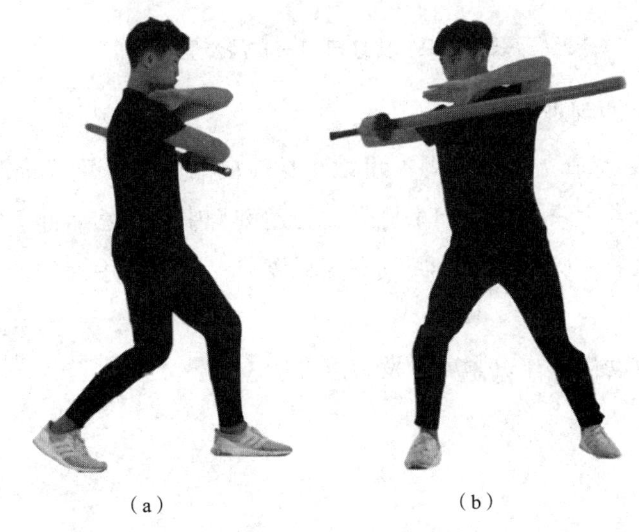

（a）　（b）

（c） （d）

（e）

图 5-8-2 转身扫剑 + 右滑步劈剑

（2）转身劈剑 + 冲刺步刺剑。

动作：左实战姿势站立，双脚脚尖蹬地，身体向后转 180 度，前脚变后脚，目视前方；同时双手提剑直臂上举，由上向下劈剑，力达剑身中部；然后冲刺步，右脚向前上步成右实战姿势，紧接着左脚向前上步回到左实战姿势；同时双手握剑柄，劲贯剑尖，剑向前刺出（图 5-8-3）。

要点：转身进攻动作应连贯紧凑，发力点准确。

（a）（b）（c）（d）

图 5-8-3　转身劈剑 + 冲刺步刺剑

3. 学习五段打桩技术第 15 至 16 势动作

（1）转身扫剑打反应桩 + 右滑步劈剑打反应桩。

动作：格斗式站在反应桩前一剑距离，反应桩发出感应信号后，立即转身扫剑击打反应桩，击中目标后右滑步劈剑击打另一个反应桩。

要点：转身扫剑击中目标后，做格斗式准备，另一个反应桩发出感应信号后，后滑步劈剑击打反应桩，或者击中目标后立即右滑步面向另一个反应桩，反应点出现后劈剑击打目标，步法变换灵活、自然、一气呵成，剑随身到。

（2）转身劈剑打反应桩 + 冲刺步刺剑打反应桩。

动作：格斗式站在反应桩前一剑距离，反应桩发出感应信号后，立即转身劈剑击打反应桩，击中目标后冲刺步刺剑击打另一个反应桩。

要点：转身劈剑击中目标后，做格斗式准备，另一个反应桩发出感应信号后，冲刺步刺剑击打反应桩，或者击中目标后立即冲刺步面向另一个反应桩，反应点出现后刺剑击打目标，步法变换灵活、自然、一气呵成，剑随身到。

三、教学重点与难点

技术重点：两个打桩动作的击打点有效、准确。

技术难点：步法与剑法的灵活配合。

四、易犯错误与纠正方法

易犯错误：转身劈剑时，力度不足。

纠正方法：转身的同时举剑，脚站稳后下劈。

五、拓展阅读（趣味小知识）

【小贴士】燕青拳

燕青拳又叫迷踪拳，是中国传统武术代表，出自少林寺。其特点是动作轻灵敏捷，灵活多变，讲究腰腿功，脚下厚实，功架端正，发力充足。此外，眼神和腿法的配合，独具风格：眼神集中一点，兼顾八方，眼助身 法，眼助气力。腿法要求劲足力满，干净利落。各种拳套大多由各种手型、步型、腿法、平衡、跳跃等 50 多个动作组成。其技法，上肢有甩、拍、滚、掳等击法，下肢有 跳、截、挂、缠等腿法，配合靠、闪、定、缩等身法，组成技击性较强的攻防技术。其步法强调插裆套步，闪展腾挪，蹿蹦跳跃。中华人民共和国成立后，燕青拳被列为全国武术表演和比赛项目。燕青拳被列为第二批国家级非物质文化遗产。

六、课后练习与功法功力

（1）冲刺步劈剑 20 遍。

（2）平板支撑 2 分钟 ×2 组。

七、思考题

（1）悬梁刺股的寓意是什么？

（2）转身时怎样劈剑才能达到击打有效？

（3）燕青拳的特点是什么？

第九讲

一、学习目标

（1）认知目标：认识到如何做一个勇敢机智、不畏强暴而又纯朴憨厚的少年。

（2）技能目标：基本掌握后扫腿的动作要领；学会冲刺步撩剑 + 右滑步劈剑 + 前滑步扎剑、转身扫剑 + 冲刺步刺剑 + 后滑步崩剑；熟练掌握冲刺步撩剑打反应桩 + 右滑步劈剑打反应桩 + 前滑步扎剑打反应桩、转身扫剑打反应桩 + 冲刺步刺剑打反应桩 + 后滑步崩剑打反应桩。

（3）情感目标：充分认识区寄精神的力量。

二、本讲内容

（一）武德教育

【励志故事】

区寄杀盗

一个儿童名叫区寄，是郴州地区打柴放牛的孩子。一天，他正一边放牛一边打柴，有两个蛮横的强盗把他绑架了，要到集市上把他卖掉。区寄装作哭哭啼啼很害怕的样子。强盗并不把他放在心上，开始喝酒，不久就喝醉了。其中一个强盗前去集市上谈卖孩子的生意，另一个躺下来，把刀插在地上。区寄看他睡着了，就把绳子靠在刀刃上磨断了，然后拿起刀杀死了强盗。

区寄逃出去没多远，那个去集市上谈买卖的强盗回来了，抓住区寄，打算杀掉他。区寄急忙说："做两个主人的奴仆，哪里比得上做一个主人的奴仆呢？你果真能保全我的性命并好好待我，无论怎么样都可以。"强盗盘算了很久，心想："与其杀死这个奴仆，哪里比得上把他卖掉呢？与其卖掉他后两个人分钱，哪里比得上我一个人独吞呢？"随即埋藏了那个强盗的尸体，带着区寄到集市中窝藏强盗的主人那里。他把区寄捆绑得更加结实。到了半夜，区寄自己转过身来，就着炉火把捆绑的绳子烧断了，虽然手烧伤了，但他并不怕，拿起刀杀掉了另一个强盗。然后大声呼喊，整个集市都惊动了。区寄说："我是姓区人家的孩子，不该做奴仆。两个强盗绑架了我，幸好我把他们都杀了，我愿把这件事报告官府。"

有人把这件事报告了州官。州官又报告给府官。府官召见了区寄，一看他不过是一个幼稚老实的孩子。刺史颜证认为他很了不起，便留他做小吏，区寄不愿意。刺史于是送给他衣裳，派官吏护送他回到家乡。

【励志感言】

《童区寄传》是唐代文学家柳宗元创作的一篇传记文学作品，写了一个真实的故事：儿童区寄被两个强盗劫持后，凭着自己的勇敢机智，终于手刃二盗，保全了自己。作者抓住人物的性格特征，从不同角度、不同侧面刻画出一个勇敢机智、不畏强暴而又纯朴憨厚的少年英雄形象。

（二）技术教学

1. 学习五段基本形态

1）动态

后扫腿。

2）动作解析

动作：左弓步推掌准备，左脚尖内扣，眼睛看两手掌尖，左腿屈膝全蹲，成右仆步姿势，同时上体右转并前俯；两手掌随身体右转，在右腿内侧扶地，右手在前，随着两手撑地与右手后拧转的惯性力量，以左前脚掌为轴，右脚贴地向后扫转一周（图 5-9-1）。

要点：手推地与退后扫协调一致，脚的位置需贴近地面，但亦不可过于贴紧，防止增大摩擦而影响转速。

（a）（b）（c）（d）

图 5-9-1　后扫腿

2. 单练套路、对打套路、拆招技术

1）五段第一小节第 17 至 18 式动作

（1）冲刺步撩剑 + 右滑步劈剑 + 前滑步扎剑。（2）转身扫剑 + 冲刺步刺剑 + 后滑步崩剑。

2）动作解析

（1）冲刺步撩剑 + 右滑步劈剑 + 前滑步扎剑。

动作：左实战姿势站立，右脚向前上步成右实战姿势，紧接着左脚向前上步回到左实战姿势；双手握剑沿身体左侧画弧向前撩至身体前上方，虎口斜向下，力达剑刃前部；然后左脚蹬地，右脚向右前方横移半步，左脚随即向右跟半步，变右脚在前；同时双手提剑直臂上举，由上向下劈剑，力达剑身中部；接着前脚贴地向前进一步（约一脚的距离），后脚蹬地，推动前脚移动，随即跟进；同时双手握剑柄，水平向前扎出，掌心向上仰腕，劲贯剑尖（图 5 9 2）。

要点：冲刺步时左撩剑，注意步法与剑法协调配合。

（a）（b）

（c）（d）

（e）（f）

（g）　（h）

图 5-9-2　冲刺步撩剑 + 右滑步劈剑 + 前滑步扎剑

（2）转身扫剑 + 冲刺步刺剑 + 后滑步崩剑。

动作：左实战姿势站立，双脚脚尖蹬地，身体向后转 180 度，前脚变后脚，目视前方；同时右手握剑直臂下扫，手心向下，劲贯剑身，横扫对方膝部以下部位；然后冲刺步，右脚向前上步成右实战姿势，紧接着左脚向前上步回到左实战姿势；同时双手握剑柄，劲贯剑尖，向前刺出；接着后脚贴地向后退一步（约半步的距离），前脚蹬地，推动后脚移动，随即跟退；同时双手握剑沉腕，直臂下落，使剑尖猛向上崩起，力达剑尖（图 5-9-3）。

要点：组合动作连贯流畅，力点准确。

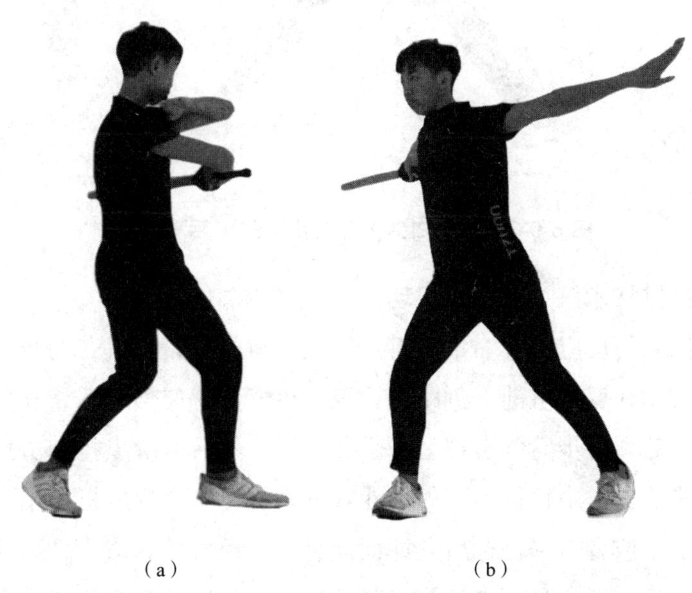

（a）　（b）

（c） （d）

（e） （f）

图 5-9-3 转身扫剑 + 冲刺步刺剑 + 后滑步崩剑

3. 学习五段打桩技术第 17 至 18 式动作

（1）冲刺步撩剑打反应桩 + 右滑步劈剑打反应桩 + 前滑步扎剑打反应桩。

动作：格斗式站在反应桩前五剑距离，反应桩发出感应信号后，立即冲刺步撩剑击打反应桩，击中目标后右滑步劈剑击打另一个反应桩，然后前滑步扎剑击打第三个反应桩。

要点：冲刺步撩剑击中目标后，做格斗式准备，另一个反应桩发出感应信号后，后滑步劈剑击打反应桩，或者击中目标后立即面向另一个反应桩右滑步，反应点出现后劈剑击打目标；击中目标后前滑步扎剑击打第三个反应桩，程序和打击第二个反应桩相同；步法变换灵活、自然、一气呵成，剑随身到。

（2）转身扫剑打反应桩＋冲刺步刺剑打反应桩＋后滑步崩剑打反应桩。

动作：格斗式站在反应桩前一剑距离，反应桩发出感应信号后，立即转身扫剑击打反应桩，击中目标后冲刺步刺剑击打另一个反应桩，然后后滑步崩剑击打第三个反应桩。

要点：转身扫剑击中目标后，做格斗式准备，另一个反应桩发出感应信号后，冲刺步刺剑击打反应桩，或者击中目标后立即面向另一个反应桩冲刺步，反应点出现后刺剑击打目标；击中目标后后滑步崩剑击打第三个反应桩，程序和击打第二个反应桩相同；步法变换灵活、自然、一气呵成，剑随身到。

三、教学重点与难点

技术重点：转身扫剑打反应桩＋冲刺步刺剑打反应桩＋后滑步崩剑打反应桩，三个动作技击点的掌握。

技术难点：三个打桩清晰流畅地完成，击打点准确无误。

四、易犯错误与纠正方法

易犯错误：转身打反应桩后，由于惯性会稍停顿，延误下一个动作的完成。

纠正方法：步法要先动起来，利用时间差迅速反应，做出击打动作。

五、拓展阅读（趣味小知识）

【小贴士】腰功

腰功是武术运动基本功训练内容之一。其主要练法有前俯腰、甩腰、涮腰、下腰、翻腰、拧腰、转腰、弹腰、吊腰、揉腰等。在“手、腿、身、步”四要素中，腰功是较能集中反映身法技巧的关键。武谚曰：“练武不练腰，终究艺不高。”通过长期训练，可增加腰部诸关节间活动范围，达到“腰如蛇形”，翻转、折叠随意自如的理想境界。

六、课后练习与功法功力

（1）打桩技术动作第 17 至 18 式，每式 20 遍。

（2）拍手俯卧撑，20 个 1 组，做 3 组。

七、思考题

（1）《区寄杀盗》的寓意是什么？

（2）打桩时，步法与剑法的配合是怎样的？

（3）如何理解腰功的重要性？

八、参考文献

[1] 《中国武术百科全书》编撰委员会. 中国武术百科全书 [M]. 北京：中国大百科全书出版社，1998.

第十讲

一、学习目标

（1）认知目标：认识到蔺相如机智勇敢、不畏强暴、以国家利益为重、顾全大局的优秀品质和廉颇勇于改过的精神，并从中得到启发和教育。

（2）技能目标：基本掌握罗盘扫腿的动作要领；学会单练套路动作，熟练掌握实战要领。

（3）情感目标：充分认识到团结协作的重要性。

二、本讲内容

（一）武德教育

【励志故事】

将相和

蔺相如是春秋战国时期赵国的大臣，他很有见识和才能。在“完璧归赵”“渑池相会”两次外交斗争中，捍卫了赵国的尊严，地位在名将廉颇之上。这使廉颇很不服气，他对别人说："我廉颇攻无不克、战无不胜，为赵国立下了赫赫战功。蔺相如不过凭一张嘴巴，说说而已，有什么了不起，反而爬到我的头上。一定要侮辱他一番。"蔺相如听说后，尽量不跟廉颇会面，每次出门都避开廉颇，有时甚至装病不去上朝。有一次蔺相如外出，远远看见廉颇的车马迎面而来，连忙叫车夫绕小路而行。

蔺相如手下的人对他这样卑躬让步的做法感到委屈，纷纷要求告辞还乡。蔺相如执意挽留，并耐心地向他们解释说："诸位认为廉将军和秦王相比，哪个厉害？"众人都说："当然廉将军不及秦王了。"蔺相如说："对啦，天下的诸侯个个都怕秦王，可是为了赵国，我敢在秦国的朝廷上斥责他，怎么会见到廉将军倒反而害怕了呢？你们的心情我是理解的，可是你们想过没有，强大的秦国之所以不敢攻打赵国，就是因为赵国有我和廉将军两人的缘故。如果两虎相斗，势必两败俱伤。我不计个人恩怨，处处让着廉将军，是从国家的利益着想啊。"听了这番话，大家都消了气，打消了告辞还乡的念头，反而更加尊敬蔺相如了。

后来，有人把蔺相如的话告诉了廉颇，廉颇大受感动，惭愧万分，觉得自己心胸竟然如此狭窄，实在对不起蔺相如，决心当面请罪。一天，他脱下战袍，赤身背着荆条，来到蔺相如的府第，跪在地上，老泪纵横、泣不成声地对蔺相如说："我是一鄙陋的粗人，见识浅薄，气量短小，没想到您对我竟这么宽容，我实在无脸见您，请您用力责打我吧！就是把我打死了，我也心甘情愿。"蔺相如见到这情景，急忙扶起廉颇，两人紧抱在一起。从此两人消除了隔阂，加强了团结，同心协力，保卫赵国，强大的秦国更加不敢轻易地侵犯赵国了。

【励志感言】

做人要有宽阔的胸怀，无论什么时候，都要以国家的利益和大局为重。蔺相如胸怀宽阔，对廉颇的羞辱退让再三，退让是一种胸怀。而廉颇知道自己错了，负荆请罪，也是一种胸怀，这种胸怀更可贵。

（二）技术教学

1. 学习五段基本形态

1）动态

罗盘扫腿。

2）动作解析

动作：以左腿扫转为例，双手支撑地面，右脚前脚掌接地，右腿向后方伸直逆时针扫转，扫过右手、左手和左脚（图 5-10-1）。

（a） （b）

（c） （d）

图 5-10-1 罗盘扫腿

要点：手脚协调配合一致，扫转腿尽量伸直。

2. 单练套路、对打套路、拆招技术

1）五段第二小节第 1 至 3 式动作

（1）起式。（2）左右下截 1：左下截。（3）左右下截 2：右下截。

2）动作解析

（1）起式。

动作：面向正前方并步站立，左手全把持剑，剑尖向斜下方，右手四指并拢伸直，拇指内扣按掌置于右侧，目视前方（图 5-10-2）。

要点：抬头挺胸，精神集中。

图 5-10-2 起式

（2）左右下截 1：左下截。

动作：左脚在前成左虚步，重心移至右脚，上体左转 90 度，两手握剑，剑尖向下由右向左下画弧，成下截剑，屈肘收至左腹前，右手在前，手心向上，目视剑尖（图 5-10-3）。

要点：截剑力达剑尖。

（a） （b）

图 5-10-3 左右下截 1：左下截

（3）左右下截 2：右下截。

动作：重心移至左脚，上身右转 90 度，同时上右脚成右虚步；两手握剑，由左下方向右下方画弧，姿势与左下截相同，方向相反（图 5-10-4）。

要点：目视剑尖的方向。

图 5-10-4　左右下截 2：右下截

3. 学习五段实战

（1）结合本段学习的步法和剑法，练习实战。

（2）实战实行 1 对 2 自由组合，多个选手轮换交叉。

（3）注意动作的实用性和比赛的安全性。

（4）2 分钟一局，中间休息 3 分钟，再开始下一局。

（5）在规定地方和老师指导下进行。

（6）每局记分，一轮比赛记录总分。

（7）两个选手打一个选手只允许在前面和侧面进攻，不允许从后面进攻。

三、教学重点与难点

技术重点：对实战的把握和运用。

技术难点：对战术的有效把控。

四、易犯错误与纠正方法

易犯错误：单练套路左右下截时，发力点不准确。

纠正方法：截剑力达剑尖。

五、拓展阅读（趣味小知识）

【小贴士】腿功

腿功是武术运动基本功训练内容之一。其主要有压腿（正压、侧压、斜压、后压等）、搬腿（吻靴、卧靴、抱靴、端靴、蹬靴等）、劈腿（竖叉、横叉、卧叉、跳叉等）、撕腿（侧撕、正撕等）、控腿（前控、侧控、后斜控、高控等）、踢腿（正踢、侧踢、斜踢、外摆、里合、倒踢、蹬踢等）、扫腿（前扫、后扫、磨盘扫等）。腿功是武术运动柔韧和力量的体现，素为武术家所重视。拳谚曰："打拳不遛腿，到老冒失鬼"，即指腿功训练的重要性。

六、课后练习与功法功力

（1）一组复练习：单练套路复习 10 遍。

（2）一组功法功力：高抬腿，30 秒 1 组，共 3 组。

七、思考题

（1）《将相和》的寓意是什么？

（2）截剑的发力点是什么？

（3）腿功有哪些？

八、参考文献

[1] 《中国武术百科全书》编撰委员会. 中国武术百科全书 [M]. 北京：中国大百科全书出版社，1998.

第十一讲

一、学习目标

（1）认知目标：天才就是 1% 的灵感加上 99% 的汗水。

（2）技能目标：基本掌握旋风脚的动作要领；学会单练套路动作，熟练掌握实战要领。

（3）情感目标：我们不能否定所谓灵感、天分的功劳，但作为成功者，最重要的是加倍的努力。

二、本讲内容

（一）武德教育

【励志故事】

拿出 150% 的努力

卡洛斯·桑塔纳是一位世界级的吉他大师，他出生在墨西哥，17 岁的时候随父母移居美国。由于英语太差，刚开始桑塔纳在学校的功课一团糟。

有一天，他的美术老师克努森把他叫到办公室说："桑塔纳，我翻看了一下你来美国以后的各科成绩，除了'及格'就是'不及格'，真是太糟了。但是你的美术成绩却有很多'优'，我看得出你有绘画的天分，而且我还看得出你是个音乐天才。如果你想成为艺术家，那么我可以带你到旧金山的美术学院去参观，这样你就能知道你所面临的挑战了。"

几天以后，克努森便真的把全班同学都带到旧金山美术学院参观。在那里，桑塔纳亲眼看到了别人是如何作画的，深切地感到自己与他们的巨大差距。

克努森先生告诉他说："心不在焉、不求进取的人根本进不了这里。你应该拿出 150% 的努力，不管你做什么或想做什么都要这样。"

克努森的这句话对桑塔纳影响至深，并成为他的座右铭。2000 年，桑塔纳以《超自然》专辑一举获得了 8 项格莱美音乐大奖。

【励志感言】

很多时候，一个人不能成功往往并不是因为天分不足，而是因为没有付出足够的努力。无论做什么事，要想成功，都必须找出差距，然后付出比别人多得多的努力来填补这一差距，只有这样才能赶上并超过别人。

（二）技术教学

1. 学习五段基本形态

1）动态

旋风脚。

2）动作解析

动作：并步推掌，左脚向前上步，身体右转；左手前摆，右臂伸直后摆；身体左转稍前俯，同时右脚向前上步，脚尖内扣，右臂随之向上抡摆；右脚蹬地向上跳起，同时左腿屈膝提起向上摆动，上身随之向左上方拧转，两臂向左上方抡摆；身体旋转一周，同时右腿在空中做里合腿，左掌在脸前迎击右脚掌；左右脚依次或同时以脚前掌先落地，屈膝缓冲（图 5-11-1）。

图 5-11-1　旋风脚

要点：起跳时，要敛臀、立腰、头上顶，身体的旋转不得少于 270 度。

2. 单练套路、对打套路、拆招技术

1）五段第二小节第 4 至 5 式动作

（1）进步扎剑。（2）拦腰横斩。

2）动作解析

（1）进步扎剑。

动作：接上式，双手持剑向右下方画弧后置于右腰侧，右脚向前落脚成前滑步，剑向前方扎出；落脚与扎剑要同步完成，剑尖与眼同高。

要点：力达剑尖，目视前上方。

图 5-11-2　进步扎剑

（2）拦腰横斩。

动作：起身，左脚向前跟一步，双手持剑，向右上方绕弧举至头顶，随后左脚向前上步，双手持剑收至右肩前，身体右转，剑尖向后，目视剑的方向；随后右脚上步成马步，双手持剑随身体左转向左前方横斩，两手屈于体前。

要点：斩剑随腰转同时发力，力达剑身。

（a）　　（b）

图 5-11-3　拦腰横斩

3. 学习五段实战

（1）结合前五段学习的步法和剑法，练习实战。

（2）实战实行 1 对 2 自由组合，多个选手轮换交叉。

（3）注意动作的实用性和比赛的安全性。

（4）2 分钟一局，中间休息 3 分钟，再开始下一局。

（5）在规定地方和老师指导下进行。

（6）每局记分，一轮比赛记录总分。

（7）两个选手打一个选手只允许在前面和侧面进攻，不允许从后面进攻。

三、教学重点与难点

技术重点：实战中技术的运用。

技术难点：转身步的运用与有效攻击。

四、易犯错误与纠正方法

易犯错误：旋风脚练习时，身体转动幅度不足 360 度。

纠正方法：右脚蹬地拧转，身体转动 90 度时做里合脚，下压腿瞬间继续转动 90 度。

五、拓展阅读（趣味小知识）

【小贴士】鼎功

鼎功是武术运动基本功训练内容之一，主要锻炼上肢的支撑力量。拳谚云：“大鼎增力量。”常见的有肘鼎、头鼎、手鼎、推鼎、双臂功、单臂功等。

六、课后练习与功法功力

（1）单练套路复习 10 遍。

（2）直立起跳旋转，20 次，每次不得少于 360 度。

七、思考题

（1）为什么说天才就是 1% 的灵感加上 99% 的汗水？

（2）旋风脚的旋转要领是什么？

（3）何为鼎功？

八、参考文献

[1] 吴景明. 青少年一定要读的成功励志故事 [M]. 延吉：延边人民出版社，2008.

[2] 《中国武术百科全书》编撰委员会. 中国武术百科全书 [M]. 北京：中国大百科全书出版社，1998.

第十二讲

一、学习目标

（1）认知目标：勿以恶小而为之，勿以善小而不为。

（2）技能目标：基本掌握腾空外摆莲的动作要领；学会单练套路动作，熟练掌握实战要领。

（3）情感目标：错误的思想和行为刚有苗头或征兆时，就要加以预防与制止，坚决不让它继续发展。

二、本讲内容

（一）武德教育

【励志故事】

小毛病会铸成大错

从前，在一个城的墙根附近有一个很有名的剃头铺，剃头师傅手艺好、为人和气，生意非常好。

由于他一个人忙不过来，就从许多慕名而来的求艺者中挑选了一名小徒弟。

这位小徒弟聪明勤快，深得师傅喜爱，早晚客人较少时，师傅就开始传艺。

为让徒弟练习，师傅特地买来了许多冬瓜，按照刮脸的手法，让徒弟在冬瓜上练习。

这个徒弟有这样一个习惯，在练习刮冬瓜时，如果师傅让他去做什么事，他就顺手将剃刀插在练习的冬瓜上。

师傅多次对他说，这样的习惯很不好，必须尽快改正。可徒弟觉得这根本就不是什么大不了的毛病。

时间一天一天地过去了，徒弟的技术也越来越熟练，但在冬瓜上插剃刀的习惯仍然没有改变。

这天，师傅想试试徒弟的手艺，让他给自己剃。剃着剃着，外面来了一位客人，徒弟准备去招呼一下。

于是，他像往常一样习惯性地顺手将剃刀一插……只听得师傅大叫一声，手捂着脑袋倒下去了……

【励志感言】

在生活和工作中，很多人都有一些小毛病，如果不及时改正的话，这些小毛病就会成为一种习惯。如果任其自然发展，在某个特定的时候，这些已成为习惯的小毛病，往往就会铸成无法弥补的大错。

（二）技术教学

1. 学习五段基本形态

1）动态

腾空外摆莲。

2）动作解析

动作：高虚步勾手挑掌，两脚向前弧形步上步，脚跟着地，脚尖外摆，上身稍向右转；同时两臂后摆，右脚蹬地向上跳起，左腿向上方踢摆，两臂随之上摆，两掌于头上方击响，身体腾空右转，在空中左腿屈膝，右腿向上、向右踢摆；且两手先左后右依次击拍右脚面，微收腹，目视右脚方向，左右脚依次或同时落地；脚尖外展，踝、膝、髋关节充分伸展，左腿尽力上摆或屈膝提起，两臂上摆，身体右转稍前倾，外摆腿时开胯、挺膝，脚向外蹬伸，单或双腿落地时，均以脚前掌着地，屈膝并保持适度紧张，目视前方（图 5-12-1）。

要点：空中胯部充分展开，不可低头。

图 5-12-1 腾空外摆莲

2. 单练套路、对打套路、拆招技术

1）五段第二小节第 6 至 7 式动作

（1）浪里三跳 1：跳提膝劈剑。（2）浪里三跳 2：转身劈剑。

2）动作解析

（1）浪里三跳 1：跳提膝劈剑。

动作：右脚在前，双手阴阳把持剑柄置于胸前，剑尖向下，目视前方；右脚向前上步，用力蹬地，左脚提起前摆，身体腾空，同时剑向下再向右上方勾起；左脚向前落地，右腿跳提膝，双手持剑向上、向后挑剑；右脚上步成弓步，双手持剑从上向下用力下劈（图 5-12-2）。

要点：跳换膝同时挑剑。

（a） （b）

（c）　（d）

图 5-12-2　浪里三跳 1：跳提膝劈剑

（2）浪里三跳 2：转身劈剑。

动作：动作不停，顺势举剑至头顶，然后蹬脚拧腰，转身 180 度向前下发劈剑。

要点：劈剑力达剑身。

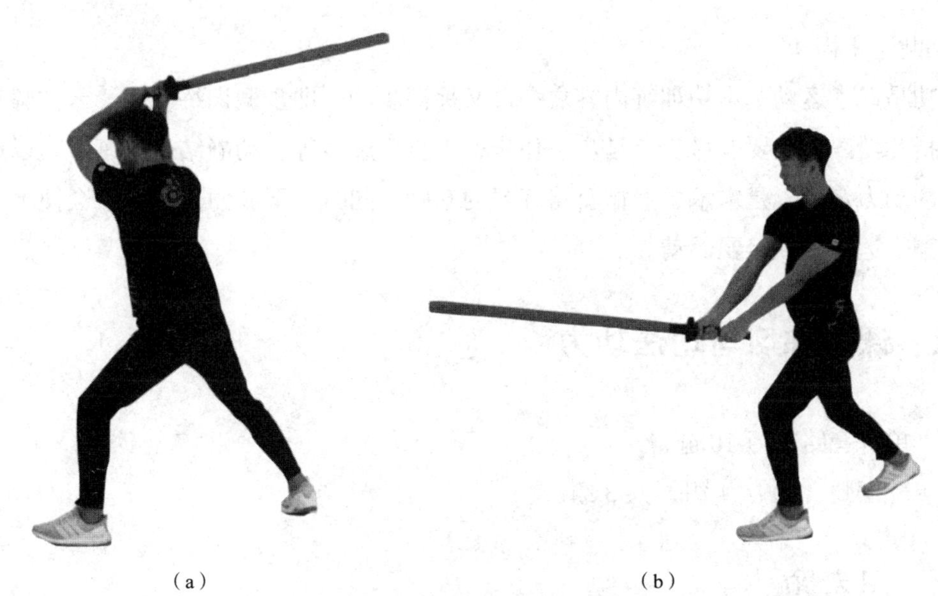

（a）　（b）

图 5-12-3　浪里三跳 2：转身劈剑

3. 学习五段实战

（1）结合前五段学习的步法和剑法，练习实战。

（2）实战实行 2 对 2 自由组合，4 个选手 1 组，轮换交叉。

（3）注意动作的实用性和比赛的安全性。

（4）2 分钟一局，中间休息 3 分钟，再开始下一局。

（5）在规定地方和老师指导下进行。

（6）每局记分，记录个人总分和团体失分、团体得分，一组轮比赛记录总分。

三、教学重点与难点

技术重点：实战剑法的运用。

技术难点：剑法的有效击打。

四、易犯错误与纠正方法

易犯错误：斩剑力量不足，发力点不正确。

纠正方法：斩剑随腰转同时发力，力达剑身。

五、拓展阅读（趣味小知识）

【小贴士】裆功

裆功是武术运动基本功训练内容之一，又称裆步功，即步型训练。武谚云“骑马蹲裆式”即指此功。其主要有弓步、马步、仆步、丁步、虚步等。动静结合的练习，以形成基本姿势的动力定型，是拳术、器械套路练习的基础。同时，下肢力量的增长会使下盘四平八稳，整个运动不致轻飘浮动。

六、课后练习与功法功力

（1）单练套路复习 10 遍。

（2）外摆腿，10 次 1 组，共 3 组。

七、思考题

（1）如何才能改掉学生中的“坏”毛病？

（2）斩剑的技术要领是什么？

（3）何为裆功？

八、参考文献

[1] 吴景明. 青少年一定要读的成功励志故事 [M]. 延吉：延边人民出版社，2008.

[2] 《中国武术百科全书》编撰委员会. 中国武术百科全书 [M]. 北京：中国大百科全书出版社，1998.

第十三讲

一、学习目标

（1）认知目标：不要沉沦，在任何环境中你都可以选择奋起。

（2）技能目标：基本掌握雀地龙的动作要领；学会单练套路动作，熟练掌握实战要领。

（3）情感目标：很多事情努力了未必有结果，但是不努力却什么改变也没有。

二、本讲内容

（一）武德教育

【励志故事】

不认输就有机会

米契尔给西点军校的学员做过多场报告，他的事迹激励了一代又一代西点人。

米契尔曾经是一个相当不幸的人。一次意外事故，他身上 65% 以上的皮肤都被烧坏了，不得不在医院里做手术，而且陆续做了 16 次。手术后，他无法拿叉子，无法拨电话，也无法一个人上厕所，但以前曾是海军陆战队员的米契尔并不认为自己被彻底打垮了。他满怀信心地说："现在，厄运只不过是让我退到了一个新的起点，我完全可以重新掌握自己的人生！"

仅仅 6 个月之后，他果真奇迹般地开飞机了！

后来，他和两个朋友合资开了一家公司，专门生产以木材为燃料的炉子。由于经营有方，这家公司发展成佛蒙特州的第二大私人公司。

米契尔开办公司后的第 4 年，他驾驶的飞机刚刚起飞就意外地摔在了跑道上。他的脊椎骨被压得粉碎，腰部以下永远瘫痪！

米契尔曾极其痛苦地抱怨过："我很不理解，为什么这些倒霉的事情接连发生在我的身上？我到底是造了什么孽，要遭到这样的报应？"

但怨气不如争气，米契尔最终还是选择了坚强，选择了百折不挠、自强不息。经过一次又一次的艰苦努力，他不仅做到了生活自理，而且还被选为科罗拉多州孤峰顶镇的镇长。

尽管米契尔面貌骇人、行动不便，但却充满男子汉的魅力。他与一位漂亮的姑娘坠入爱河，并完成了终身大事。

随后，经过刻苦学习，米契尔拿到了公共行政管理的硕士学位。他继续在蓝天上翱翔，继续活跃在环保宣传和公共演讲的舞台上。

米契尔说："虽然我遭受过两次重大的挫折，但这不能成为我放弃努力的借口。其实，没有任何人的一生能够一帆风顺。在厄运面前，积极的心态和顽强的努力，完全可以解决任何难以解决的问题。"

美国西点军校几乎每年都请米契尔给新学员做报告，他的事迹激励了一代又一代西点人。西点军校用他的事迹诠释了一条校训："你只要不认输，就还有机会！"

【励志感言】

人的一生如同在大海中航行的一艘帆船，无论在多么平静的海域，总会起起伏伏，总会遇到风浪的打击。面对人生中不可避免的挫折，是选择迎难而上，还是选择退缩？退一步，消极地沉浸在挫折带来的苦难中，你也许会被风浪淹没；而勇敢一些，积极地迎难而上，与困难斗争，也许风浪过后是无限美好的天空。

（二）技术教学

1. 学习五段基本形态

1）动态

雀地龙。

2）动作解析

动作：重心移向右腿，身体右转；随之左拳向下、向右、向前画弧至腹前，拳眼向上；右臂屈肘，前臂立于胸前，右拳心斜向上，两臂向内合劲；接着身体左转，重心移向左腿，并屈蹲成右仆步；随转体两臂屈肘在胸前相合，右拳从左臂内侧经腹沿大腿内侧向前穿出，拳心斜向上；左掌向上、向左画弧举至左肩前上方，目视右拳（图 5-13-1）。

图 5-13-1　雀地龙

要点：穿掌与仆步下势要同时完成，不要凸臀；定势时要垂臀、沉胯，上身保持正直。

2. 单练套路、对打套路、拆招技术

1）五段第二小节第 8 至 9 式动作

（1）灵蛇出洞 1：仆步穿剑。（2）灵蛇出洞 2：弓步上刺。

2）动作解析

（1）灵蛇出洞 1：仆步穿剑。

动作：双手持剑，横弓步下势变仆步，由下向上将劲贯穿至剑尖，重心前移，拧腰带剑（图 5-13-2）。

要点：步法变换灵活。

（a）　（b）

图 5-13-2　灵蛇出洞 1：仆步穿剑

（2）灵蛇出洞 2：弓步上刺。

动作：随即仆步变弓步后，迅速转腰将剑向上刺出，犹如灵蛇出洞（图 5-13-3）。

要点：以腰带剑，目视前上方。

图 5-13-3　灵蛇出洞 2：弓步上刺

3. 学习五段实战

（1）结合前五段学习的步法和剑法，练习实战。

（2）实战实行 2 对 2 自由组合。

（3）注意动作的实用性和比赛的安全性。

（4）2 分钟一局，中间休息 3 分钟，再开始下一局。

（5）在规定地方和老师指导下进行。

（6）每局记分，记录个人总分和团体失分、团体得分，一组轮比赛记录总分。

三、教学重点与难点

技术重点：实战中对战术的整体把控。

技术难点：2 对 2 时，进攻和防守的节奏把握。

四、易犯错误与纠正方法

易犯错误：灵蛇出洞 2：弓步上刺，弓步与上刺发力脱节。

纠正方法：弓步同时发力上刺。

五、拓展阅读（趣味小知识）

【小贴士】外壮功

外壮功是武术运动基本功训练内容之一，亦称“外功”，泛指习武者通过专门的习练手段和方法，使身体具有比常人较强的抗击打、摔跌、磕碰的能力，以达到强筋骨、壮体魄的一种功法，如鹰爪功、金刚指、铁砂掌、铁裆功以及各种排打功等。外壮功一般与内壮功结合修炼，即所谓“内练一口气，外练筋骨皮”。

六、课后练习与功法功力

（1）单练套路 10 遍。

（2）劈叉 3 组，左右腿各 1 次为 1 组，每次 30 秒。

七、思考题

（1）西点军校的校训是什么?

（2）雀地龙动作训练要点是什么?

（3）外壮功的功法运用如何?

八、参考文献

[1] 《中国武术百科全书》编撰委员会. 中国武术百科全书 [M]. 北京：中国大百科全书出版社，1998.

第十四讲

一、学习目标

（1）认知目标：认识到自信是成功的前提，在困难和挫折面前从不气馁，能够正确分析问题，锲而不舍，最终获得成功。

（2）技能目标：基本掌握旋子的动作要领；学会单练套路动作，熟练掌握实战要领。

（3）情感目标：面对挫折和苦难，保持一份豁达的情怀，保持一种积极向上的人生态度。

二、本讲内容

（一）武德教育

【励志故事】

毛遂自荐

战国时，秦军在长平一线大胜赵军。秦军主将白起，领兵乘胜追击，包围了赵国都城邯郸。

大敌当前，赵国形势万分危急。平原君赵胜，奉赵王之命，去楚国求兵解围。平原君把门客召集起来，想挑选 20 个文武全才一起去。他挑了又挑，选了又选，最后还缺一个人。这时，门客毛遂自我推荐，说："我算一个吧！"平原君见毛遂再三要求，才勉强同意了。

到了楚国，楚王只接见了平原君一个人。两人坐在殿上，从早晨谈到中午，还没有结果。毛遂大步跨上台阶，远远地大声叫起来：出兵的事，非利即害，非害即利，简单而又明白，为何议而不决？楚王非常恼火，问平原君："此人是谁？"平原君答道："此人名叫毛遂，乃是我的门客！"楚王喝道："赶快下去！我和你主人说话，你来干吗？"毛遂见楚王发怒，不但不退下，反而又走上几个台阶。他手按宝剑，说："如今十步之内，大王性命在我手中！"楚王见毛遂那么勇敢，没有再呵斥他，就听了毛遂讲话。毛遂做了非常精辟的分析，说得楚王心悦诚服，答应马上出兵。不久，楚、魏等国联合出兵援赵，后秦军撤退。平原君回赵后，奉毛遂为上宾。他很感叹地说："毛先生一至楚，楚王就不敢小看赵国。"

成语"毛遂自荐"由此而来，比喻不经别人介绍，自我推荐担任某一项工作。

【励志感言】

毛遂的成功除了勇气和智谋，运气也很重要。毛遂对于成功也没有把握。首先毛遂能接近楚王就是一个奇迹，可见毛遂不仅能抓住机会，还能创造机会。

（二）技术教学

1. 学习五段基本形态

1）动态

旋子。

2）动作解析

动作：丁字步摆掌，左脚向左侧上步，两臂向右侧平摆；上体前俯并向左后上方拧转，两臂随身体向左侧平摆，同时右腿向后上方摆起，左脚蹬地，左腿随后摆起，使身体在空中平旋一周（图 5-14-1）。

（a）　（b）　（c）　（d）

图 5-14-1　旋子

要点：转头、摆臂、蹬地、甩腰、展髋以及摆腿几个环节协调。

2. 单练套路、对打套路、拆招技术

1）五段第二小节第 10 至 11 式动作

（1）灵蛇出洞 3：歇步后撩。（2）收式。

2）动作解析

（1）灵蛇出洞 3：歇步后撩。

动作：接上式，后移重心到右腿，右手持剑经体侧向后、向上、向前再向下画立圆，然后再由下向后上方撩出，撤左脚下蹲成歇步，将剑后举至头顶，上身稍前俯，待下式（图 5-14-2）。

要点：右手持剑画立圆。

（a） （b） （c）

图 5-14-2 灵蛇出洞 3：歇步后撩

（2）收式。

动作：右脚收回，成并步站立；右手持剑插剑回收至身体左侧，左手持剑，目视前方。

要点：挺胸抬头，精神饱满。

图 5-14-3　收式

3. 学习五段实战

（1）结合前五段学习的步法和剑法，练习实战。

（2）实战实行 1 对 3 自由组合，轮换坐庄。

（3）注意动作的实用性和比赛的安全性。

（4）2 分钟一局，中间休息 3 分钟，再开始下一局。

（5）在规定地方和老师指导下进行。

（6）每局记分，记录个人总分和团体失分、团体得分，一组轮比赛记录总分。

（7）每局的坐庄选手可以选择增加一个盾牌作为防卫工具。

（8）3 个选手打 1 个选手只允许在前面和侧面进攻，不允许从后面进攻。

三、教学重点与难点

技术重点：对实战中技术、战术的掌握。

技术难点：1 对 3 的技术运用。

四、易犯错误与纠正方法

易犯错误：仆步穿剑时，上身没有前俯穿剑。

纠正方法：横弓步下势变仆步，上身向下、向前拧腰带剑。

五、拓展阅读（趣味小知识）

【小贴士】金刚指

金刚指是武术中少林派功法之一，又称一指金刚法，为硬功外壮、阳刚之功。其练法简便，因地制宜。每日早晚于墙壁、木桩或其他物体上，以食指点击。初时不必用力，随练功时间的增长，逐渐加力。长年坚持，指力倍增，若点击敌之要害，可致伤致残。练功时要求敛气凝神，精力集中，集意、气、力于指端，方能取得预期效果。

六、课后练习与功法功力

（1）单练套路复习 10 遍。

（2）背肌两头起训练，20 次 1 组，共 3 组。

七、思考题

（1）《毛遂自荐》的寓意是什么？

（2）旋子的训练要领是什么？

（3）何为金刚指？

八、参考文献

[1] 《中国武术百科全书》编撰委员会. 中国武术百科全书 [M]. 北京：中国大百科全书出版社，1998.

六　段

第一讲

一、学习目标

（1）认知目标：鸦有反哺之义，羊知跪乳之恩，滴水之恩当涌泉相报。

（2）技能目标：掌握武术兵道六段基本功头手翻和单练技术第1至2式、打桩技术第1至2式。

（3）情感目标：感恩就是带着一颗真诚的心去报答、感谢别人，是在别人对你给予一些帮助后，你给予的一些回报。

二、本讲内容

（一）武德教育

【励志故事】

感谢别人的善意

一头吃饱喝足的大象正在睡觉。突然，它感到身上痒痒的，好像有什么东西在它的躯体上行走。大象的美梦被打搅了，它睁开惺忪的眼睛，瞅见一只老鼠惊慌地从它身上窜过，不禁勃然大怒，大吼一声伸出长鼻子就要打死那只老鼠。

老鼠哆哆嗦嗦地哀求道："尊敬的大象先生，求您饶了我吧！我实在是无心之过啊，或许有一天我会报答您的大恩大德呢！"

大象听了老鼠的话，情不自禁地哈哈大笑，对老鼠吼道："那我就暂且饶你一命。记住这次教训，尽管你是永远不可能帮到我的！”

老鼠谢过大象之后，一溜烟地逃走了。

过了好长时间，大象早就把老鼠的事忘得一干二净，确切地说，它压根儿没把这事儿放在心里。

一天，大象不小心被猎人们抓住了。猎人们用粗绳子把大象的四只脚紧紧绑住，但是大象实在太重，光靠几个人根本抬不动。于是，他们返回村去叫人。

这一幕，恰巧被四处觅食的老鼠看到了，于是，它决定救大象。

“你从前曾放过我一次，我说过会报答你的。”老鼠对大象说，“我现在就履行我的诺言，让你重获自由。”

“你能使我恢复自由？”大象诧异地问，“这怎么可能呢？”

“你就等着瞧吧！”老鼠回答。

说罢，老鼠开始用它的利齿啃咬捆着大象的粗绳。最终，绳子一根一根被老鼠咬断，大象获救了。

“真是谢谢你啊！”大象激动地对老鼠说。

“我会报答你的，我曾对你保证过，我现在履行了自己的诺言。”老鼠平静地说道，“想当初，你压根儿不相信我，你嘲笑我，在你眼中，我——一个弱小的老鼠不可能会帮到你。但事实证明，我做到了。”

【励志感言】

你对我有恩，我就会对你有义，聪明的人都会多做善举，而且会永远对别人的善意表示感谢。学会感恩，感谢生活给予你的一切，这样你才会有一个积极的人生观，才会有一种健康的心态。

（二）技术教学

1. 学习六段基本形态

1）动态

头手翻。

2）动作解析

动作：头手倒立稳定后，重心前移，直体前倒，并随之低头、含胸，接着颈、背着垫，快速收腿团身，上身前跟抱腿起立（图 6-1-1）。

（a）　（b）　（c）

（d）

图 6-1-1　头手翻

要点：滚翻圆滑，空中完成背弓，节奏好。

2. 单练套路、对打套路、拆招技术

1）六段第一小节第 1 至 2 式动作

（1）前滑步刺剑 + 后滑步挑剑 + 换跳步斩剑。（2）前滑步劈剑 + 冲刺步扎剑 + 右滑步格剑。

2）动作解析

（1）前滑步刺剑 + 后滑步挑剑 + 换跳步斩剑。

动作：右实战姿势站立，前脚贴地向前进一步（约一脚的距离），后脚蹬地，推动前脚移动，随即跟进；同时手握剑柄，劲贯剑尖向前刺出；接着后脚贴地向后退一步，前脚蹬地，推动后脚移动，随即跟退，步幅与后脚相同，重心置于两腿中间；同时右手握剑直臂前平举，虎口向上，直臂上挑，力达剑尖；然后换跳步，左右脚同时离地，利用腰部力量使双腿位置互换；同时双手持剑收于左侧腰间，身体转动，剑身向右平摆，与腰或肩同高，力达剑身中部（图 6-1-2）。

要点：换跳步时向右斩剑，力达剑身。

（a） （b）

（c） （d）

图 6-1-2 前滑步刺剑 + 后滑步挑剑 + 换跳步斩剑

（2）前滑步劈剑 + 冲刺步扎剑 + 右滑步格剑。

动作：实战姿势站立，前脚贴地向前进一步，后脚蹬地，推动前脚移动，随即跟进；同时双手提剑直臂上举，由上向下劈剑，力达剑身中部；然后右脚向前上步成右实战姿势，紧接着向前冲刺步；同时双手握剑柄，向前扎出，劲贯剑尖；接着左脚蹬地，右脚向右前方横移半步，左脚随即向右跟半步；同时双手握剑柄，提劲力达剑身，随身体向右转动，平举至头顶上方格挡（图 6-1-3）。

要点：劈剑力达剑身中部，扎剑力达剑尖。

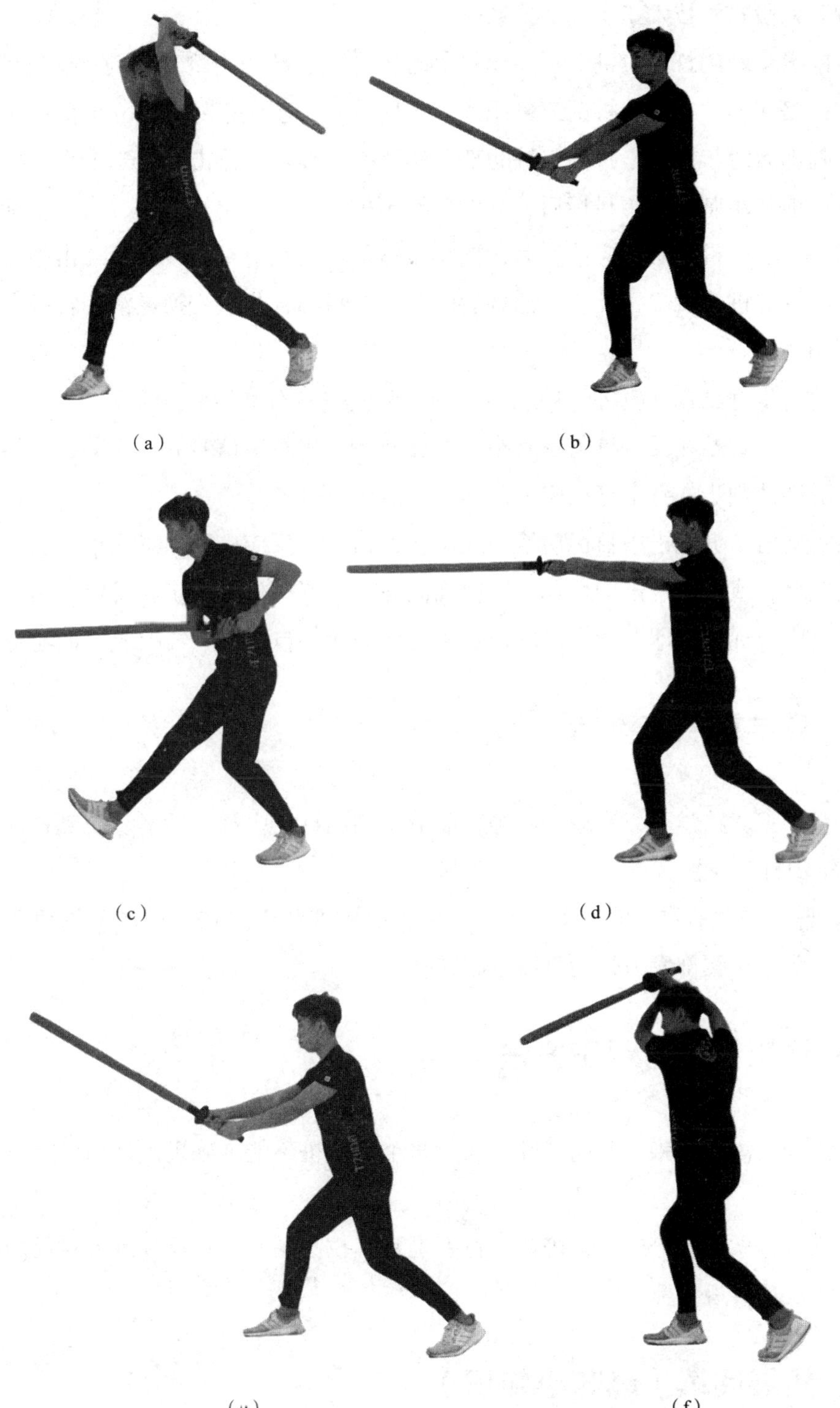

（a） （b）

（c） （d）

（e） （f）

图 6-1-3 前滑步劈剑 + 冲刺步扎剑 + 右滑步格剑

3. 学习六段打桩技术第 1 至 2 式动作

（1）前滑步刺剑打反应桩 + 后滑步挑剑打固定桩肋部 + 换跳步斩剑打反应桩。

动作：格斗式站在反应桩前三剑距离，反应桩发出感应信号后，立即前滑步刺剑击打反应桩，随即后滑步挑剑击打固定桩肋部，然后换跳步斩剑再击打第二个反应桩。

要点：前滑步刺剑击中目标后，立即后滑步挑剑击打固定桩肋部，击中目标后格斗式准备，另一个反应桩发出感应信号后，换跳步斩剑击打反应桩，或者第二击中目标后立即面向另一个反应桩换跳步，反应点出现后斩剑击打目标，步法变换灵活、转换自然、一气呵成，剑随身到。

（2）前滑步劈剑打反应桩 + 冲刺步扎剑打反应桩 + 右滑步格剑。

动作：格斗式站在反应桩前三剑距离，反应桩发出感应信号后，立即前滑步劈剑击打反应桩，随即冲刺步扎剑击打反应桩，然后右滑步格剑。

要点：前滑步劈剑击中目标后格斗式准备，另一个反应桩发出感应信号后，冲刺步扎剑击打反应桩，或者第一击中目标后立即面向另一个反应桩冲刺步，反应点出现后扎剑击打目标，击中目标后随即右滑步格剑，步法变换灵活、自然、一气呵成，剑随身到。

三、教学重点与难点

技术重点：套路学习、实战学习等，前滑步刺剑打反应桩 + 后滑步挑剑打固定桩肋部 + 换跳步斩剑打反应桩。

技术难点：判断反应点，运用合理的步法快速到达反应点，动作连贯协调，身体放松，注意力集中，腰部发力带动身体重心转移。

四、易犯错误与纠正方法

易犯错误：浑身紧张，肌肉僵硬；面对多个反应桩不能准确迅速地抓住重点，步法和剑法运用不得当。

纠正方法：做好充分的准备练习，特别是基本技法的复习；反复练习对反应桩的判断和运用步法快速接近目标。

五、拓展阅读（趣味小知识）

【小贴士】木人桩功

木人桩功是武术传统功法之一。其功旨在通过模拟实践练习，提高攻防能力和技击方法的运用，增强手脚力量和抗击打能力。先备木人桩一个，桩与人一般高，由木料制成，上段有桩头、桩手（模拟人头和臂），中段装有一只暗手（模拟人手之变化），下段置桩脚（模拟人脚）。练习时绕桩对以上部位以劈、拿、拦、截、点、肘、靠、踢、扫、蹬、踹等技击方法，进行攻防击打练习。每日早晚练习，每次 15~20 分钟。久之可达到功力倍增，技击方法熟练。

六、课后练习与功法功力

（1）复习六段单练技术第 1 至 2 式、打桩技术第 1 至 2 式动作 5~10 遍，达到熟练掌握的程度。

（2）练习头手翻 10 组，每组 20 个，达到能轻松完成的程度。

七、思考题

（1）我们应该怎样用感恩的心回报社会？

（2）面对多个反应桩，如何训练效果才能更好？

（3）木人桩功的特点是什么？

八、参考文献

[1] 吴景明. 青少年一定要读的成功励志故事 [M]. 延吉：延边人民出版社，2008.

[2] 《中国武术百科全书》编撰委员会. 中国武术百科全书 [M]. 北京：中国大百科全书出版社，1998.

第二讲

一、学习目标

（1）认知目标：奉献精神是社会责任感的集中表现。

（2）技能目标：通过武术兵道六段基本功旋子转体和单练技术第 3 至 4 式、打桩技术第 3 至 4 式的学习，要求学生基本掌握新授内容。

（3）情感目标：人只有献身于社会，才能找出实际短暂而有风险的生命意义。

二、本讲内容

（一）武德教育

【励志故事】

凡人与大师

凡人对大师说：“我像你一样勤奋努力，也像你一样执着追求，然而我依然是一个凡人，而你却成了大师，这是为什么？”

大师没有正面回答，而是给他出了一个题目：“假如现在你我之间隔着一条河流，你怎样跨越？”

凡人回答道：“第一条路径，如果有座桥，我就直接过桥跨越；第二条路径，如果有渡船，我就乘船跨越；第三条路径，如果我会游泳，我就游泳跨越。”

大师说道：“你第一条路径过河，是依靠别人造的桥过河，不能算你完成了跨越。你第二条路径过河，是依靠别人造的船过河，也不能算你完成了跨越。你第三条路径过河，只能说明你凭借自己的资质偶尔从此岸到了彼岸，假如大雨滂沱或大雪纷飞，你还能游泳过河吗？所以也不能算你彻底地完成了跨越。”

凡人听了大师的话，若有所思地说：“不过还有一条很难的路径，就是我亲自造一座桥跨越，但我没有造桥的本领，尊敬的大师，看来我是无法跨越这条河流了。”

这时大师微笑地对他说：“你是一个聪明人，你知道造桥既能实现你跨越的追求，也能成全别人过河的愿望，但你却因为难而不为，现在我告诉你，凡人与大师的区别就在这里。”

凡人总是追寻自己的梦想，成全的也不过是自己的愿望；而大师不仅追寻自己的梦想，成全的也是众人的愿望，是无私的奉献。

【励志感言】

奉献是一种态度，是一种行动，也是一种信念。赠人玫瑰，手有余香。一句问候、一个微笑、一个赞许，都会让人感到温暖甚至欣喜。奉献，方便了别人，提升了自己；奉献，激励了他人，鼓舞了自己。奉献，是源自内心小小的感恩的心，是对社会和人民的感恩。常怀奉献之心的人真正懂得人生的快乐，心拥奉献之念的人真正懂得人生的真谛。而奉献精神更是一种力量。

（二）技术教学

1. 学习六段基本形态

1）动态

旋子转体。

2）动作解析

动作：旋子起势，跃起身体，使身体横向空中成一条直线旋在空中，抱臂转腰看肩膀（图 6-2-1）。

（a）　（b）　（c）　（d）

图 6-2-1　旋子转体

要点：低头弯腰下潜，后腿用力抬起，抱臂转腰（类似于一个拥抱），看肩膀，挺胸塌腰有助于美化动作，完美的旋子转体使腰部有明显的拉扯感。

2. 单练套路、对打套路、拆招技术

1）六段第一小节第 3 至 4 式动作

（1）前滑步格剑＋左滑步扎剑＋右滑步撩剑。（2）前滑步扎剑＋转身扫剑＋冲刺步刺剑。

2）动作解析

（1）前滑步格剑＋左滑步扎剑＋右滑步撩剑。

动作：实战姿势站立，前脚贴地向前进一步，后脚蹬地，推动前脚移动，随即跟进；同时双手握剑柄，小臂外旋，左手翻转向上，使剑身向上、向外再向下画半圆，劲贯剑身前外侧；然后右脚蹬地，左脚向左横移半步，右脚随即跟步；同时双手握剑柄，水平向前扎出，掌心向上仰腕，劲贯剑尖。接着左脚蹬地，右脚向右前方横移半步，左脚随即向右跟半步，变右脚在前；同时双手握剑，剑尖向上、向左弧形下落，臂内旋，剑尖向下沿身体左侧贴身弧形向前撩至体前上方，虎口斜向下，力达剑刃前部（图 6-2-2）。

要点：前滑步时左拦剑，用于破解对方针对腕部的攻击。

（a） （b） （c） （d）

（e）

图 6-2-2　前滑步格剑 + 左滑步扎剑 + 右滑步撩剑

（2）前滑步扎剑 + 转身扫剑 + 冲刺步刺剑。

动作：实战姿势站立，前脚贴地向前进一步（约一脚的距离），后脚蹬地，推动前脚移动，随即跟进；同时双手握剑柄，水平向前扎出，劲贯剑尖，然后双脚脚尖蹬地，身体向后转 180 度，前脚变后脚，目视前方；同时右手握剑直臂下扫，对方膝部以下部位，劲贯剑身，接着右脚向前上步成右实战姿势，并冲刺步向前；同时双手握剑柄，劲贯剑尖，向前刺出（图 6-2-3）。

要点：转身扫剑时要以腰带手。

（a）

（b） （c）

（d） （e）

图 6-2-3　前滑步扎剑 + 转身扫剑 + 冲刺步刺剑

3. 学习六段打桩技术第 3 至 4 式动作

（1）前滑步扎剑打反应桩 + 左滑步拦剑 + 右滑步撩剑打反应桩。

动作：格斗式站在反应桩前三剑距离，反应桩发出感应信号后，立即前滑步扎剑，动作不停左滑步拦剑，动作不停右滑步撩剑击打另一个反应桩。

要点：前滑步扎剑击中目标后格斗式准备，另一个反应桩发出感应信号后，立即左滑步拦剑、右滑步扎剑击打反应桩，步法变换灵活、自然、一气呵成，剑随身到。

（2）前滑步扎剑打反应桩＋转身扫剑打反应桩＋冲刺步刺剑打反应桩。

动作：格斗式站在反应桩前三剑距离，反应桩发出感应信号后，立即前滑步扎剑击打反应桩，击中目标后转身扫剑击打另一个反应桩，然后冲刺步刺剑击打第三个反应桩。

要点：前滑步扎剑击中目标后格斗式准备，另一个反应桩发出感应信号后，转身扫剑击打另一个反应桩，击中目标后冲刺步刺剑击打第三个反应桩，步法变换灵活、自然、一气呵成，剑随身到。

三、教学重点与难点

技术重点：基本功旋子转体。

技术难点：动作空中转体快速，落地稳定。

四、易犯错误与纠正方法

易犯错误：浑身紧张、肌肉僵硬；转体不到位，落地不稳。

纠正方法：做好充分的准备练习，特别是转体和落地的分解动作反复练习；提供辅助，旋子落地转体动作反复练习。

五、拓展阅读（趣味小知识）

【小贴士】玉带功

玉带功是武术传统功法之一，又名乾坤圈，旨在练习双臂和腰部力量。练法：选一合抱粗大树，双臂紧抱树身，两手指交叉扣牢，运劲上爬树身。每日行功数次，每次以力疲为度，如是两年臂力倍增。而后，易树为打谷场上的碌碡，以上法行之，直至能将碌碡随意抱起，行走自如，则功成。

六、课后练习与功法功力

（1）反复练习旋子和转体动作，每组 5 个，做 20 组。

（2）两头起，30 个 1 组，做 3 组。

七、思考题

（1）凡人与大师的区别是什么？

（2）对于旋子转体动作，你觉得在表演和实战中都有哪些意义？

（3）如何习练玉带功？

八、参考文献

[1] 《中国武术百科全书》编撰委员会. 中国武术百科全书 [M]. 北京：中国大百科全书出版社，1998.

第三讲

一、学习目标

（1）认知目标：母爱如水，父爱如山。

（2）技能目标：基本掌握武术兵道六段基本功抢背和单练技术第 5 至 6 式、打桩技术第 5 至 6 式。

（3）情感目标：母爱是永恒的、伟大的。

二、本讲内容

（一）武德教育

【励志故事】

只有一只眼睛的妈妈

我的妈妈只有一只眼睛，我讨厌她，她的样子总让我感到尴尬和难堪。

妈妈在跳蚤市场开了一家小店，只要是可以用来赚钱补贴家用的，她都卖。

我记得在我上小学的时候，有一天举行运动会，妈妈来学校看我，我感到很难为情。

我狠狠地瞪了她一眼，跑开了。第二天，同学们取笑我："你的妈妈只有一只眼睛吗？"

我巴不得她能从这个世界上消失，我对妈妈说："妈，你为什么只有一只眼睛，你这样只会让我成为别人的笑柄，你干吗不去死呢？"妈妈听完这话，默默无语。我感到当时自己有一点过分，可与此同时，我也为说出憋在心里很久的话而感到高兴。

也许是因为妈妈没有因此惩罚我，所以我认为自己并没有太伤她的心。

那天夜里，我醒来想喝一杯水，发现妈妈正在厨房里哭泣。她的声音极其轻，好像怕吵醒我似的，我只看了她一眼便转身离开了。

因为我以前对她出言不逊，我心里感到有些不是滋味。尽管如此，我还是讨厌她，讨厌她哭泣的时候只有一只眼睛流泪。我暗暗发誓长大成人后，要成就一番事业，因为我憎恶我的妈妈，憎恶家里一贫如洗。随后的日子里，我刻苦学习，离开妈妈到北京读书，并成功地考入北京大学，接着结婚、买房、生子。

现在，我作为一名成功人士，生活得很快乐。我喜欢北京这个地方，因为这里不会让我想起我的妈妈，这种感觉一天比一天强烈，直到有一天来了一位不速之客。

"什么？是谁？"

是我的妈妈，我的妈妈！我顿时觉得天都要塌下来了。看到妈妈那只瞎眼睛，小女儿吓得跑开了。

我问她："你是谁？我不认识你。"我装得就像真的一样。我冲她吼道："你敢来吓唬我的女儿！现在就给我滚！"

听到我的这番话，妈妈平静地说："噢，对不起，可能是我找错地方了。"说完转身就消失了。

谢天谢地！她没有认出我来，我长舒了一口气。

某一天，我收到一封要我参加校友聚会的信，我和妻子撒谎说是去出一趟差。聚会结束后，我顺便去那间小屋里看了看，仅仅是出于好奇。我进屋发现妈妈倒在冰冷的地面上，但我没有流一滴眼泪。她的手里有一张纸，那是一封给我的信。

上面写道："我的儿子，我此生已经走到尽头了，我不会再去看你了，不过我有一个奢望，那就是你能偶尔回来看看我。我很想念你。听说你要回来参加学校聚会，我非常高兴，可是为了不让你丢脸，我决定不去学校看你，对不起，我只有一只眼睛，总让你抬不起头来。你知道吗？在你很小的时候，由于一次意外，你失去了一只眼睛，作为母亲，我不忍心看着你只有一只眼睛，所以我把我的一只眼睛给了你。

我真的为你感到骄傲，我的儿子。你用我的眼睛看到了一个全新的世界，你对妈妈所做的一切，妈妈从没有心存怨恨，我怀念你年幼时在我身边的日子。

我非常爱你，你就是我的一切。"

我的世界塌了，然后我哭了。为我而活着的——我那只有一只眼睛的妈妈！

【励志感言】

有一种爱被世人所赞颂，有一种爱可以让人每时每刻都感受到它所带来的温热，这种爱就是母爱。母爱像火红的太阳，母爱像黑夜里的油灯，母爱像冬天里的毛衣，母爱更像山间的溪水，一点一滴的细流汇成潺潺的溪流，一点一滴的关怀汇成浓浓的母爱。

（二）技术教学

1. 学习六段基本形态

1）动态

抢背。

2）动作解析

动作：预备姿势仰卧，左脚后上摆，右脚蹬地跳起；团身向前滚翻，两腿屈膝；滚动时以右臂外侧、右肩经背、腰、左臀、左腿外侧依次着地（图 6-3-1）。

图 6-3-1 抢背

要点：肩、背、腰、臀要顺势着地；滚翻要圆、快；立起要迅速。

2. 单练套路、对打套路、拆招技术

1）六段第一小节第 5 至 6 式动作

（1）后滑步切剑 + 右滑步斩剑 + 左滑步格剑。（2）后滑步撩剑 + 换跳步劈剑 + 前滑步刺剑。

2）动作解析

（1）后滑步切剑 + 右滑步斩剑 + 左滑步格剑。

动作：实战姿势站立，后脚贴地向后退一步，前脚蹬地，推动后脚移动，随即跟退，步幅与后脚相同，重心置于两腿中间；双手手心向下握剑柄，剑尖向前，剑刃向下按切，着力点在剑刃中段；然后左脚蹬地，右脚向右前方横移半步，左腿随即向右跟半步，变右脚在前；同时双手持剑收于左侧腰间，随身体转动，剑身向右平斩，与腰或肩同高，提劲力达剑身中部；接着右脚蹬地，左脚向左横移半步，右脚随即跟步；同时双手握剑柄，提劲力达剑身，随身体向右转动，平举至头顶上方格挡（图 6-3-2）。

要点：切剑时阴把持剑，要迅速变换成阴阳把持剑右斩。

（a） （b）

（c） （d）

（e）（f）

图 6-3-2 后滑步切剑 + 右滑步斩剑 + 左滑步格剑

（2）后滑步撩剑 + 换跳步劈剑 + 前滑步刺剑。

动作：实战姿势站立，后脚贴地向后退一步，前脚蹬地，推动后脚移动，随即跟退，步幅与后脚相同，重心置于两腿中间；同时手持剑，剑尖向下沿身体右侧贴身弧形向前撩至体前上方，虎口斜向下，力达剑刃前部；然后换跳步，左右脚同时离地，利用腰部力量使双腿位置互换；同时双手提剑直臂上举，由上向下劈剑，力达剑身中部；接着前脚贴地向前进一步（约一脚的距离），后脚蹬地，推动前脚移动，随即跟进；同时双手握剑柄，劲贯剑尖，向前刺出（图 6-3-3）。

要点：后滑步的同时左撩剑，变换跳步时迅速下劈。

（a）（b）

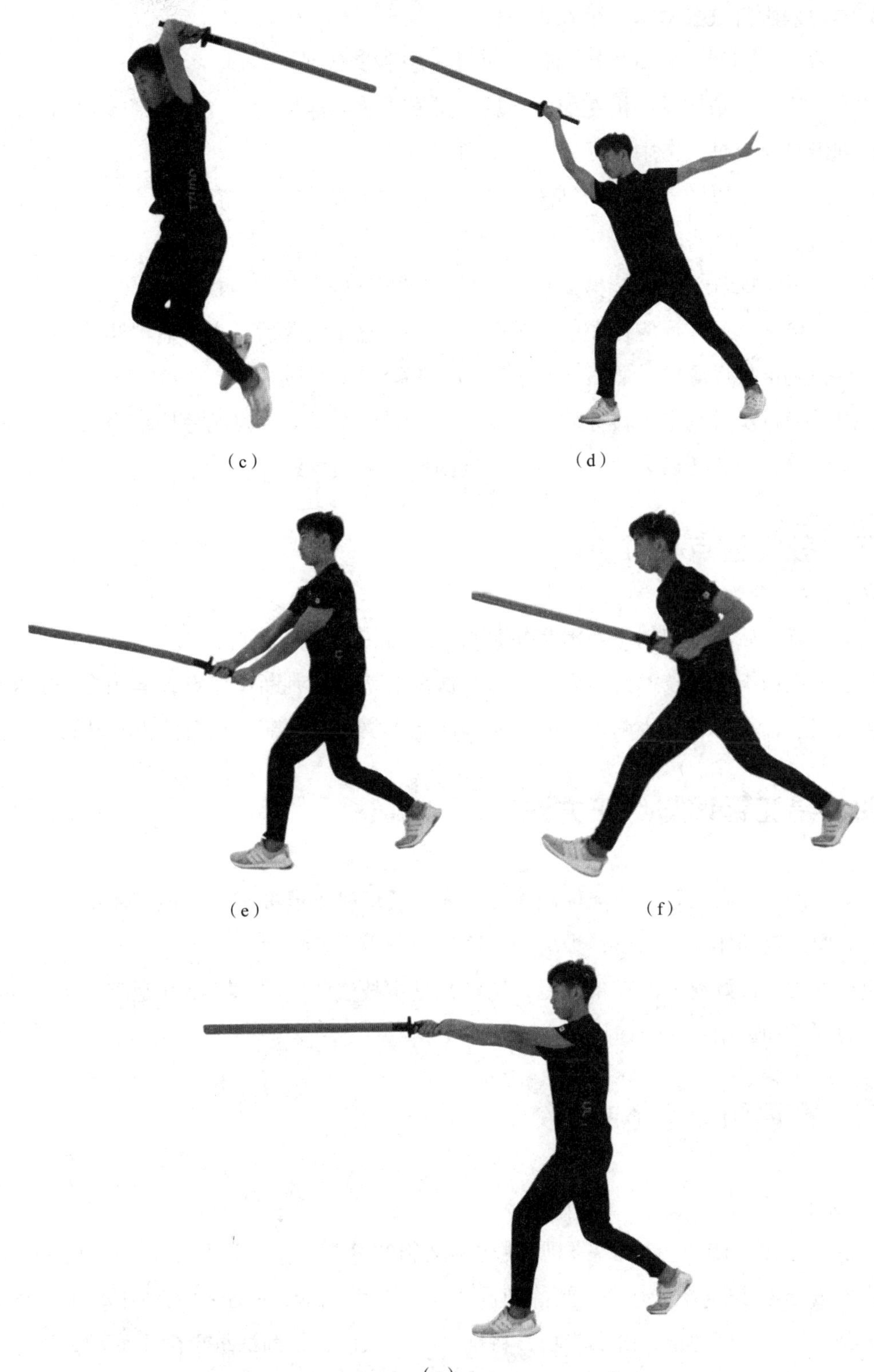

(c) (d) (e) (f) (g)

图 6-3-3 后滑步撩剑 + 换跳步劈剑 + 前滑步刺剑

3. 学习六段打桩技术第 5 至 6 式动作

（1）后滑步切剑 + 右滑步斩剑打反应桩 + 左滑步格剑。

动作：格斗式站在反应桩左前面，反应桩发出感应信号后，立即后滑步切剑，接着右滑步斩剑击打反应桩，击中目标后立即左滑步格剑。

要点：这组是以防守为主的剑法，在练习中注意假设对手的存在，步法变换灵活、自然、一气呵成，剑随身到。

（2）后滑步撩剑 + 换跳步劈剑打反应桩 + 前滑步刺剑打反应桩。

动作：格斗式站在反应桩左前面，反应桩发出感应信号后，立即后滑步撩剑，动作不停换跳步劈剑击打反应桩，然后前滑步刺剑击打第二个反应桩。

要点：换跳步劈剑击中目标后格斗式准备，另一个反应桩发出感应信号后，前滑步刺剑击打反应桩，步法变换灵活、自然、一气呵成，剑随身到。

三、教学重点与难点

技术重点：后滑步切剑 + 右滑步斩剑打反应桩 + 左滑步格剑。

技术难点：本组合技术为防守动作，步法配合格挡，判断反应点，运用合理的步法快速到达反应点，动作连贯协调，身体放松，注意力集中，腰部带动身体重心转移。

四、易犯错误与纠正方法

易犯错误：浑身紧张、肌肉僵硬；面对多个反应桩不能准确迅速地抓住重点，对防守动作不能像进攻动作应用顺畅，步法和剑法运用不得当。

纠正方法：做好充分的准备练习，特别是基本技法的复习；控制好距离，反复练习对反应桩的判断和运用步法快速接近目标。

五、拓展阅读（趣味小知识）

【小贴士】朱砂掌

朱砂掌是武术传统功法之一，属硬功，又称红砂掌，旨在增强掌部的硬度和击打能力。其练法分三步：第一步功，准备陶盆一个，装满细沙，两手插入沙中，用力揉搓摩擦，次数不限，力疲为止；第二步功，将细沙换成粗沙，依前法练至随手而动，则第二步功告成；第三步功，将粗沙换成石子，再依前法练至随手而动，则朱砂掌功成。

六、课后练习与功法功力

（1）反复练习抢背，每组 5 个，做 10 组。

（2）收腹举腿，每组 20 个，做 4 组。

七、思考题

（1）讲一个发生在自己身上的母爱（父爱）故事。

（2）防守剑法在什么情况下练习效果比较好？

（3）如何习练朱砂掌？

八、参考文献

[1] 《中国武术百科全书》编撰委员会. 中国武术百科全书 [M]. 北京：中国大百科全书出版社，1998.

第四讲

一、学习目标

（1）认知目标：五人团结一只虎，十人团结一条龙，百人团结像泰山。

（2）技能目标：基本掌握武术兵道六段基本功前扑和单练技术第 7 至 8 式、打桩技术第 7 至 8 式。

（3）情感目标：不管努力的目标是什么，不管干什么，单枪匹马总是没有力量的，合群永远是一切善良思想的人的最高需要。

二、本讲内容

（一）武德教育

【励志故事】

猴子的启示

有人做了这样一个试验：把 6 只猴子分别关在 3 间空房子里，每间 2 只，房子里分别放着一定数量的食物，但放的位置高度不一样。第一间房子的食物就放在地上，第二间房子的食物分别从易到难悬挂在不同高度的适当位置上，第三间房子的食物悬挂在房顶。

数日后，他们发现第一间房子的猴子一死一伤，伤的缺了耳朵、断了腿，奄奄一息。第三间房子的猴子也死了。只有第二间房子的猴子活得好好的。

究其原因，第一间房子的猴子一进房间就看到了地上的食物，于是为了争夺唾手可得的食物而大动干戈，结果伤的伤、死的死。

第三间房子的猴子虽做了努力，但食物太高，难度过大，被活活饿死了。只有第二间房子的两只猴子先是凭着自己的本能蹦跳取食。最后，随着悬挂食物的高度增加，难度增大，两只猴子只有协作才能取得食物。于是，一只猴子托起另一只猴子跳起取食。这样，每天都能取得够吃的食物，很好地活了下来。

【励志感言】

团队合作在实现既定目标上具有很多优势，有着其他群体不可替代的作用，这也是团队合作重要之所在。所以，我们要学会与他人合作，学会做一只合群的大雁，这样才能使团队飞得更高更快更远。

（二）技术教学

1. 学习六段基本形态

1）动态

前扑。

2）动作解析

动作：在立正的基础上，自然前倒，同时两臂屈肘，置于胸前，掌心向下，抬头收腹，以两掌及小臂着地（图 6-4-1）。

图 6-4-1　前扑

要点：腿要挺直，倒地要快。

2. 单练套路、对打套路、拆招技术

1）六段第一小节第 7 至 8 式动作

（1）左滑步点剑 + 后滑步崩剑 + 前滑步刺剑。（2）左滑步斩 + 换跳步劈剑 + 转身扫剑。

2）动作解析

（1）左滑步点剑 + 后滑步崩剑 + 前滑步刺剑。

动作：实战姿势站立，右脚蹬地，左脚向左横移半步，右脚随即跟步；同时双手握剑，手腕上提，剑尖由上向下啄击；接着后脚贴地向后退一步，前脚蹬地，推动后脚移动，随即跟退，步幅与后脚相同，重心置于两腿中间；同时双手握剑沉腕，直臂下落，使剑尖猛向上崩起，力达剑尖；然后前脚贴地向前进一步（约一脚的距离），后脚蹬地，推动前脚移动，随即跟进；同时双手握剑柄，劲贯剑尖，向前刺出（图 6-4-2）。

要点：步法变化灵活。

（a）　　（b）

（c）　　（d）

图 6-4-2　左滑步点剑 + 后滑步崩剑 + 前滑步刺剑

（2）左滑步斩剑 + 换跳步劈剑 + 转身扫剑。

动作：左实战姿势站立，右脚蹬地，左脚向左横移半步，右脚随即跟步；同时双手持剑收于右侧腰间，随身体转动，剑身向左平斩，与腰或肩同高，力达剑身中部；然后换跳步，左右脚同时离地，以腰部力量带动双腿位置互换；同时双手提剑直臂上举，由上向下劈剑，力达剑身中部；接着双脚脚尖蹬地，上左脚，身体向后转 180 度，前脚变后脚，目视前方；同时右手握剑直臂下扫，手心向下，劲贯剑身，横扫对方膝部以下部位（图 6-4-3）。

要点：转身扫剑时左脚上步，转身成右实战姿势。

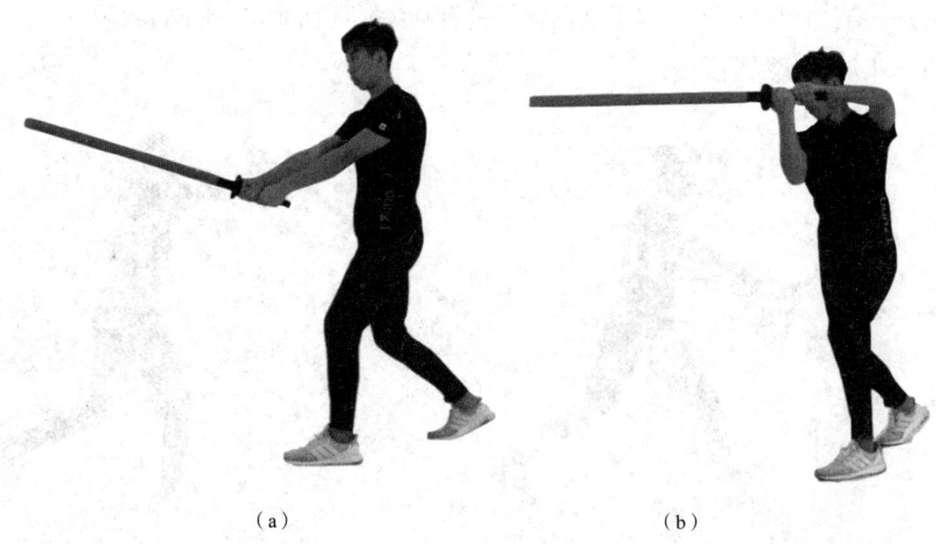

（a）　　（b）

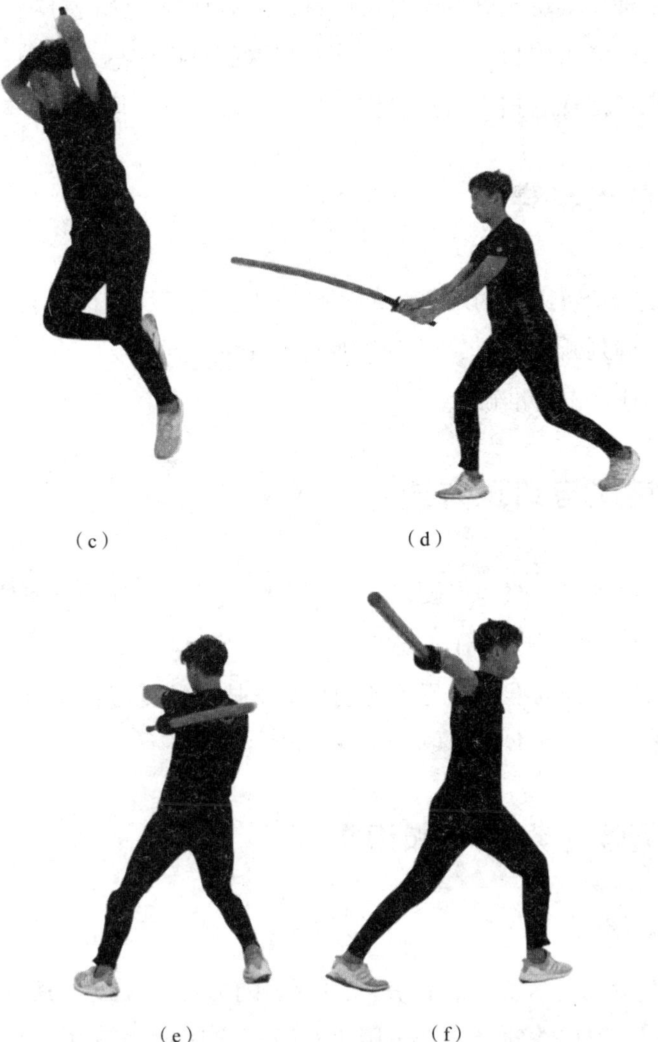

（c） （d）

（e） （f）

图 6-4-3 左滑步斩剑 + 换跳步劈剑 + 转身扫剑

3. 学习六段打桩技术第 7 至 8 式动作

（1）左滑步点剑打反应桩 + 后滑步崩剑打反应桩 + 前滑步刺剑打反应桩。

动作：格斗式站在反应桩右前一剑距离，反应桩发出感应信号后，立即左滑步点剑击打反应桩，击中目标后后滑步崩剑击打另一个反应桩，然后前滑步刺剑击打第三个反应桩。

要点：左滑步点剑击中目标后格斗式准备，另一个反应桩发出感应信号后，后滑步崩剑击打反应桩，击中目标后击打第三个反应桩，方法步骤同击打第二个反应桩，步法变换灵活、自然、一气呵成，剑随身到。

（2）左滑步斩剑打固定桩颈部 + 换跳步劈剑打反应桩 + 转身扫剑打反应桩。

动作：格斗式站在反应桩右前一剑距离，反应桩发出感应信号后，立即左滑步斩剑击打固定桩，击中目标后换跳步劈剑击打反应桩，然后转身扫剑击打第二个反应桩。

要点：左滑步斩剑击中目标后，接着换跳步劈剑打反应桩，击中目标后立即向另一个反应桩转身，反应点出现后扫剑击打目标，步法变换灵活、自然、一气呵成，剑随身到。

三、教学重点与难点

技术重点：左滑步斩剑打固定桩颈部 + 换跳步劈剑打反应桩 + 转身扫剑打反应桩。

技术难点：掌握判断反应点，运用合理的步法快速到达反应点，动作连贯协调，身体放松，转身扫剑迅速，击打准确。

四、易犯错误与纠正方法

易犯错误：浑身紧张，肌肉僵硬；面对多个反应桩不能准确迅速地抓住重点，步法和剑法运用不得当；转身缓慢，动作不稳。

纠正方法：做好充分的准备练习，特别是基本技法的复习；反复练习对感应桩的判断和运用步法快速接近目标；多练习单独转身。

五、拓展阅读（趣味小知识）

【小贴士】铁砂掌

铁砂掌是武术传统功法之一，旨在增强两掌的力量和硬度。其练法较多，均大同小异。练前准备重约 5 千克铁砂袋一个（用帆布两层缝制），缚于方凳之上，将洗手用药煎好备用。每日早晚行功。练时先将药汤温热洗手，洗后将手甩干，马步站于方凳之前，以掌摔劈沙袋，先掌心后掌背，两掌交替，反复进行。初练每次每掌 50 下，每隔一个月增加 50 下，直至一年后每次每掌 500 下，轻松自如，劲力浑厚，并无痛感，则功成。要点：每日早晚行功不可间断，初练用力亦轻，顺其自然。随着摔劈次数的增加，力量也不断增强。摔劈时精神集中，呼吸自然，气沉丹田。

六、课后练习与功法功力

（1）复习左滑步斩剑打固定桩颈部 + 换跳步劈剑打反应桩 + 转身扫剑打反应桩，5 次每组，做 5 组。

（2）前扑练习，10 个每组，做 3 组。

七、思考题

（1）故事中为什么第二间房子的猴子能活下来？

（2）前扑的要领有哪些？

（3）铁砂掌的习练方法是什么？

八、参考文献

[1] 《中国武术百科全书》编撰委员会. 中国武术百科全书 [M]. 北京：中国大百科全书出版社，1998.

第五讲

一、学习目标

（1）认知目标：思路决定出路。

（2）技能目标：基本掌握武术兵道六段基本功后倒和单练技术第 9 至 10 式、打桩技术第 9 至 10 式。

（3）情感目标：你不能延长生命的长度，但可以扩展它的宽度；你不能改变天气，但可以左右自己的心情；你不能控制环境，但可以调整自己的心态。

二、本讲内容

（一）武德教育

【励志故事】

保持最佳状态

有两个秀才一起去赶考，路上他们遇到了一支出殡的队伍。看到那一口黑乎乎的棺材，一个秀才心里立即“咯噔”一下，凉了半截，心想：完了，活见鬼，赶考的日子居然碰到这么倒霉的事情。于是，心情一落千丈，走进考场，那个“黑乎乎的棺材”一直挥之不去，结果文思枯竭，写不出什么好文字来，最后名落孙山。

另一个秀才也同时看到了，一开始心里也“咯噔”了一下，但转念一想：棺材，棺材，噢！那不是有“官”又有“财”吗？好，好兆头，看来今天我要红运当头了，一定高中。于是心里十分兴奋，情绪高涨，走进考场，文思泉涌，果然一举高中。

回到家里，两人都对家人说：“棺材”真的好灵。

无论面对怎样变幻的事物，人们都应拿出自己最好的一面，才能“逢凶化吉”。

【励志感言】

每个人都必须面对的一个大问题，即如何激发和保持旺盛的精力，如何让自己始终保持最佳的工作状态。要知道，这种最佳状态并不是呼之则来的，它十分娇嫩，需要时时呵护，日日更新。只有时刻激励自己保持最佳状态，才有可能攀到胜利的顶峰。

（二）技术教学

1. 学习六段基本形态

1）动态

后倒。

2）动作解析。

动作：在预备姿势的基础上，两臂前摆，两膝向前下顶，身体后仰，同时挺腹勾头，以臂、肩及背部着地（图 6-5-1）。

图 6-5-1 后倒

要点：摆臂要快，后仰、挺腹和勾头要协调一致，臀部不着地。

2. 单练套路、对打套路、拆招技术

（1）左滑步撩剑 + 右滑步劈剑 + 冲刺步扎剑。

动作：左实战姿势站立，右脚蹬地，左脚向左横移半步，右脚随即跟步；双手握剑直臂前平举，向上、向后立绕至体后，随之臂外旋向下，沿身体右侧贴身画弧向前撩至身体前上方；然后左脚蹬地，右脚向右前方横移半步，左脚随即向右跟半步，变右脚在前；同时双手提剑直臂上举，由上向下劈剑，力达剑身中部；然后冲刺步，右脚向前上步成右实战姿势，紧接着左脚向前上步回到左实战姿势；同时双手握剑柄，水平向前扎出，掌心向上仰腕，劲贯剑尖（图 6-5-2）。

要点：步法变化灵活，剑法发力点准确。

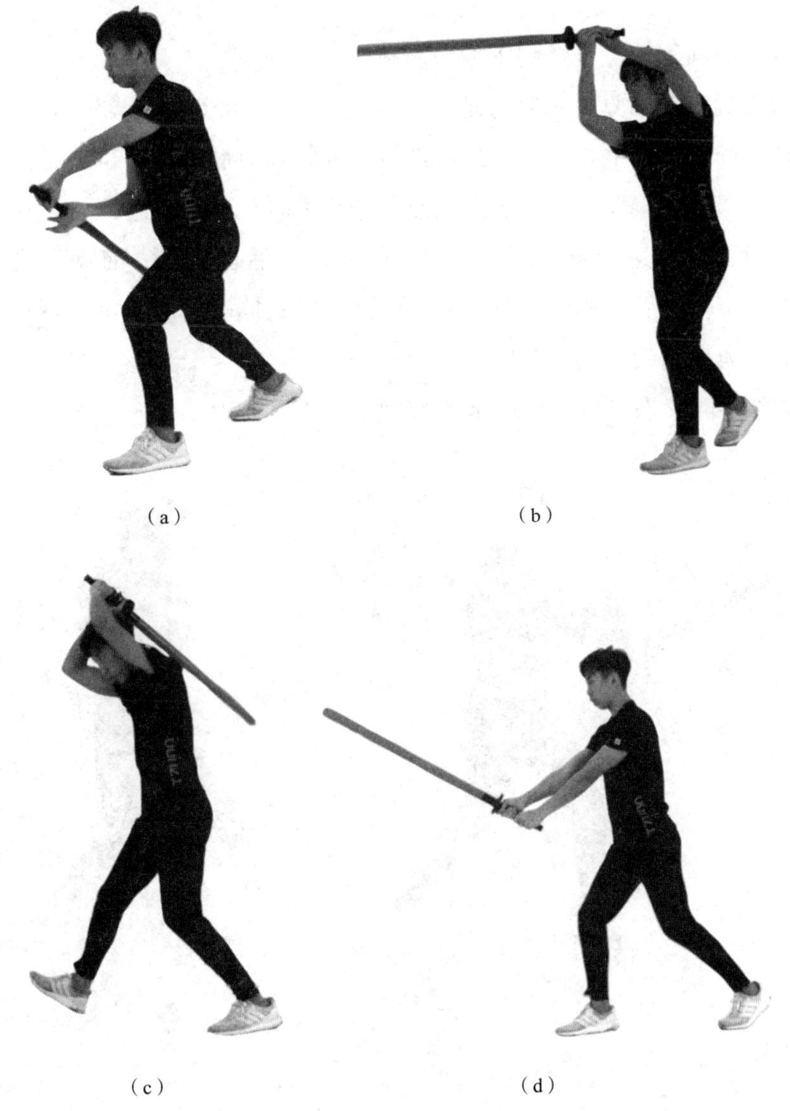

（a）　（b）

（c）　（d）

（e） （f）

图 6-5-2　左滑步撩剑 + 右滑步劈剑 + 冲刺步扎剑

（2）右滑步扫剑 + 前滑步劈剑 + 后滑步挑剑。

动作：右实战姿势站立，左脚蹬地，右脚向右前方横移半步，左脚随即向右跟半步；同时右手握剑直臂下扫，手心向下，劲贯剑身，横扫对方膝部以下部位；然后前脚贴地向前进一步（约一脚的距离），后脚蹬地，推动前脚移动，随即跟进；同时双手提剑直臂上举，由上向下劈剑，力达剑身中部；接着后脚贴地向后退一步，前脚蹬地，推动后脚移动，随即跟退，步幅与后脚相同，重心置于两腿中间；同时右手握剑直臂前平举，虎口向上，直臂上挑，力达剑尖（图 6-5-3）。

要点：右滑步时，右手持剑向前下方扫剑。

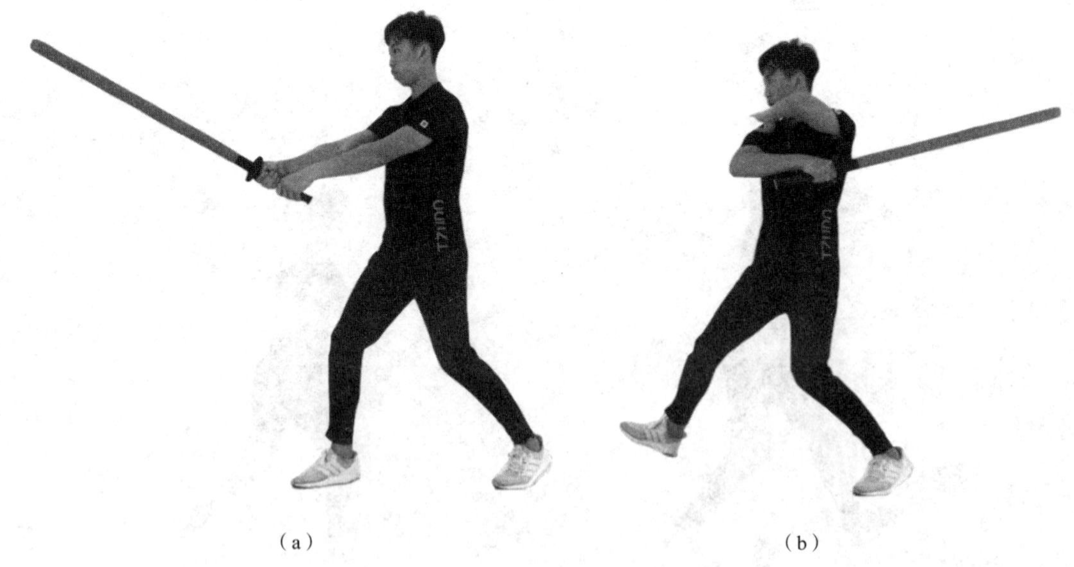

（a） （b）

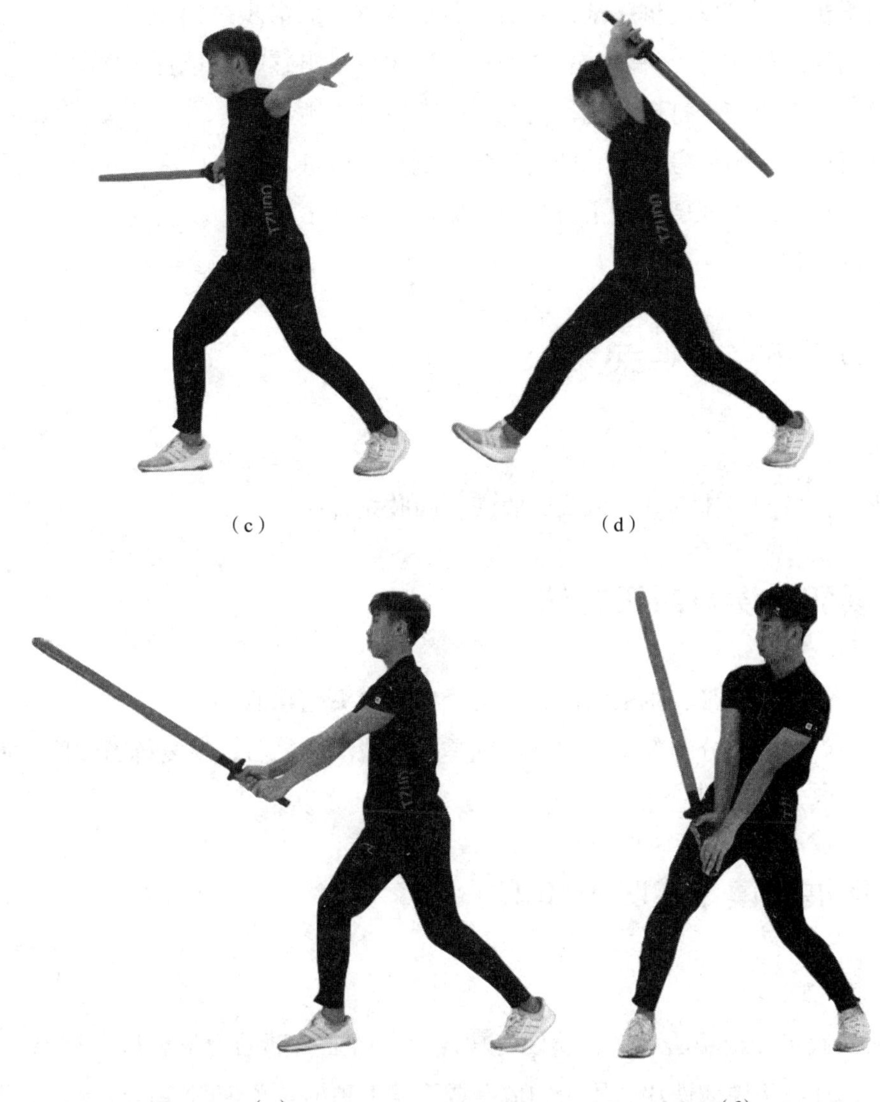

（c）　（d）

（e）　（f）

图 6-5-3　右滑步扫剑 + 前滑步劈剑 + 后滑步挑剑

3. 学习六段打桩技术第 9 至 10 式动作

（1）左滑步撩剑 + 右滑步劈剑打反应桩 + 冲刺步扎剑打反应桩。

动作：格斗式站在反应桩右前一剑距离，反应桩发出感应信号后，立即左滑步撩剑，接着右滑步劈剑打反应桩，然后冲刺步扎剑打第二个反应桩。

要点：反应桩发出信号后，立即左滑步撩剑，接着右滑步劈剑打反应桩，击中目标后立即面向另一个反应桩冲刺步，反应点出现后扎剑击打目标，步法变换灵活、自然、一气呵成，剑随身到。

（2）右滑步扫剑打反应桩 + 前滑步劈剑打反应桩 + 后滑步挑剑。

动作：格斗式站在反应桩左前一剑距离，反应桩发出感应信号后，立即左滑步扫剑打反应桩，接着前滑步劈剑打反应桩，击中目标后后滑步挑剑。

要点：反应桩发出信号后，立即右滑步扫剑打反应桩，击中目标后立即面向另一个反应桩前滑步，反应点出现后劈剑击打目标，紧接着后滑步挑剑，步法变换灵活、自然、一气呵成，剑随身到。

三、教学重点与难点

技术重点：后倒。

技术难点：后倒身体绷紧，低头、收腹，四肢先着地。

四、易犯错误与纠正方法

易犯错误：浑身紧张、肌肉僵硬；抬头、松腰、头先着地。

纠正方法：做好充分的准备练习，特别是基本技法的复习；反复练习收腹、低头，两手后拍动作，熟练后再倒地练习。

五、拓展阅读（趣味小知识）

【小贴士】铁头功

铁头功是武术传统功法之一，属硬气功，旨在增强头部的力量和抗击打能力。练法：用软布缠头，外箍两层薄铁片，用头向墙壁或石壁上顶撞。顶撞时要运气凝神，集气、力于头。初练用力宜轻，速度宜缓，次数由少到多逐渐增加。一年后，减少所缠布帛和铁片1~2层，如法再练。直至将头缠之物尽去，用头撞击石壁，头却安然无恙。

六、课后练习与功法功力

（1）复习后倒动作，5次每组，做6组。

（2）转身后摆拳练习，每组左右手各10个，做20组。

七、思考题

（1）如何才能调整好自己的心态？

（2）左滑步撩剑 + 右滑步劈剑打反应桩 + 冲刺步扎剑打反应桩的动作要点是什么？

（3）铁头功的练习方法如何？

八、参考文献

[1] 吴景明. 青少年一定要读的成功励志故事 [M]. 延吉：延边人民出版社，2008.

[2] 《中国武术百科全书》编撰委员会. 中国武术百科全书 [M]. 北京：中国大百科全书出版社，1998.

第六讲

一、学习目标

（1）认知目标：只有相信自己、爱护自己、尊重自己，才会得到他人的爱护和尊重。

（2）技能目标：基本掌握武术兵道六段基本功侧倒和单练技术第 11 至 12 式、打桩技术第 11 至 12 式。

（3）情感目标：自尊自爱是一种对自我的关注与肯定，是一个人的快乐之源，更是成功之始。

二、本讲内容

（一）武德教育

【励志故事】

自尊自爱小故事

一个乞丐来到一个庭院向女主人乞讨，这个乞丐很可怜，他的右手连同整条手臂断掉了，空空的袖子逛荡着，让人看了很难过，碰到谁都会慷慨施舍的，可是女主人毫不客气地指着门前一堆砖对乞丐说："你帮我把这砖搬到屋后去吧！"

乞丐生气地说："我只有一只手，你还忍心叫我搬砖？不愿给就不给，何必捉弄人呢？"

女主人并不生气，俯身搬起砖来，她故意只用一只手搬了一趟说："你看，并不是非要两只手才可以干活，我能干，你为什么不能呢？"乞丐怔住了，他用异样的目光看着妇人，尖突的喉结像一枚橄榄上下滑动了两下，终于他开始搬砖了。他整整搬了两个小时才把砖搬完，累得气喘如牛，脸上有很多灰尘，几绺乱发被汗水粘在了一起，歪贴在额头上。女主人递过来一条白毛巾，乞丐接了过来，很感激地说："谢谢您！"女主人说："你不用谢我，这是你自己凭力气挣的工钱。"乞丐说："我不会忘记您的，这条毛巾给我作个纪念吧！"说完他深深地鞠一躬就走了。过了很多天，又来了一个乞丐，女主人把乞丐领到砖前说："把砖搬到我指定的地点，我给你 20 元钱。"这位双手健全的乞丐却鄙夷地走开了，女主人的孩子不解地问母亲：为什么叫他们把砖搬来搬去呢？母亲说：砖放在哪里都一样，可搬与不搬对乞丐可就不一样了。此后，还来过几个乞丐，那堆砖也就来回搬了几趟。

若干年后，一个很体面的人来到了这个庭院。他西装革履、气度不凡，跟那些自信、自重的成功人士一模一样，美中不足的是，这人只有一只手，后边是一条空空的衣袖，一荡一荡的。来人俯下身拉住有些老态的女主人说："如果没有你，我还是一个乞丐，可是现在我是一个公司的董事长。"独臂的董事长要把女主人连同她的家人迁到城里去住，过好日子。女主人说："我们不能接受你的照顾。""为什么？""因为我们一家人各个都有两只手。"董事长伤心地坚持着："夫人，你让我知道了什么叫人，什么叫人格，那房子是你教育我应得的报酬。"女主人终于笑了："那你把房子送给连一只手都没有的人吧！"

【励志感言】

自尊自爱就是要肯定自己、认同自己。就是要告诉自己"我能行"，就是要表现出自信。自信是自尊自爱的前提，有了自信，你会更加有激情，也就更快乐。当然，自信也是成功的一半。我们不难看到，不管是商海大潮中的弄潮儿，或是叱咤风云的人物，或是奥运会领奖台上的运动健儿，他们的成功之花都少不了自信的浇灌。

（二）技术教学

1. 学习六段基本形态

1）动态

侧倒。

2）动作解析

动作：在预备姿势的基础上，两臂迅速侧摆，随即向右后转身，左脚向后摆，右臂、左手掌、体侧着地，右臂上挡护头，两腿弯曲成剪式（图 6-6-1）。

图 6-6-1 侧倒

要点：右脚左摆要快，摆臂、转身、摆腿要协调一致。

2. 单练套路、对打套路、拆招技术

1）六段第一小节第 11 至 12 式动作

（1）右滑步拦剑 + 左滑步刺剑 + 冲刺步劈剑。（2）右滑步点剑 + 换跳步崩剑 + 转身斩剑。

2）动作解析

（1）右滑步拦剑 + 左滑步刺剑 + 冲刺步劈剑。

动作：右实战姿势站立，左脚蹬地，右脚向右前方横移半步，左脚随即向右跟半步；同时双手握剑柄，小臂外旋，右手翻转向上，使剑身向上、向外再向下画半圆，劲贯剑身前外侧；然后右脚蹬地，左脚向左横移半步，右脚随即跟步；同时双手握剑柄，劲贯剑尖向前刺出；然后冲刺步，同时双手提剑直臂上举，由上向下劈剑，力达剑身中部（图 6-6-2）。

要点：右滑步右拦剑，冲刺步与劈剑要协调配合。

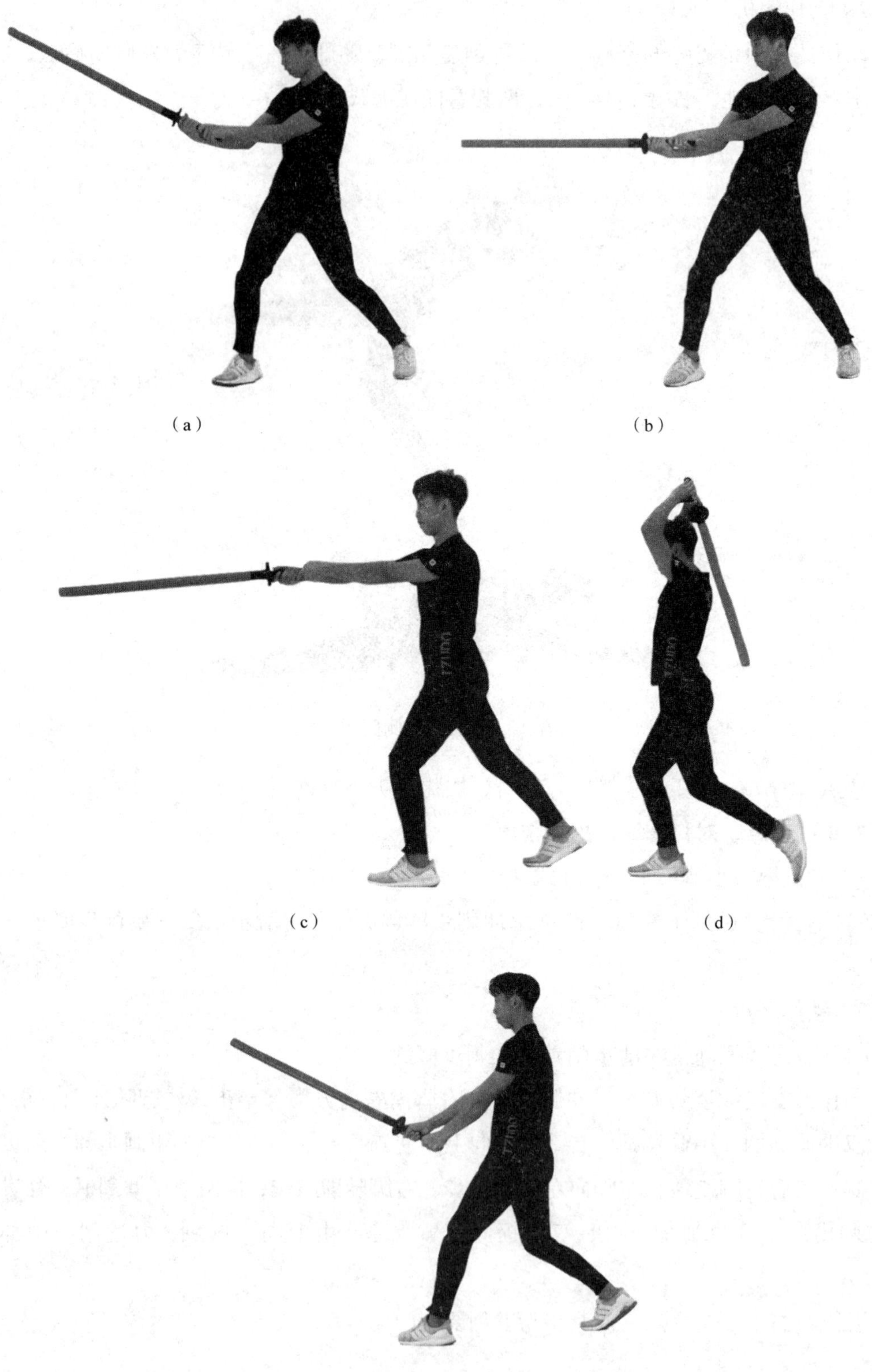

图 6-6-2　右滑步拦剑 + 左滑步刺剑 + 冲刺步劈剑

（2）右滑步点剑 + 换跳步崩剑 + 转身斩剑。

动作：右实战姿势站立，左脚蹬地，右脚向右前方横移半步，左脚随即向右跟半步；同时双手握剑，手腕上提，剑尖由上向下啄击；然后换跳步，左右脚同时离地，利用腰部力量使双腿位置互换；同时双手握剑沉腕，直臂下落，使剑尖猛向上崩起，力达剑尖；然后左脚蹬地，向后转 180 度，右脚向后撤步，仍为左实战姿势；同时双手持剑收于左侧腰间；随身体转动，剑身向右平摆，与腰或肩同高，力达剑身中部（图 6-6-3）。

要点：转身斩剑时以腰带剑。

（a）　（b）

（c）　（d）

（e）　（f）

图 6-6-3　右滑步点剑 + 换跳步崩剑 + 转身斩剑

3. 学习六段打桩技术第 11 至 12 式动作

（1）右滑步拦剑 + 左滑步刺剑打反应桩 + 冲刺步劈剑打反应桩。

动作：格斗式站在反应桩前一剑距离，反应桩发出感应信号后，立即左滑步拦剑，接着右滑步刺剑打反应桩，然后冲刺步劈剑打第二个反应桩。

要点：反应桩发出信号后，立即右滑步拦剑，接着左滑步刺剑打反应桩，击中目标后立即面向另一个反应桩冲刺步，反应点出现后劈剑击打目标，步法变换灵活、自然、一气呵成，剑随身到。

（2）右滑步点剑打反应桩 + 换跳步崩剑打反应桩 + 转身斩剑打固定桩颈部。

动作：格斗式站在反应桩左前一剑距离，反应桩发出感应信号后，立即右滑步点剑击打反应桩，击中目标后换跳步崩剑打另一个反应桩，然后转身斩剑打固定桩颈部。

要点：右滑步点剑击中目标后格斗式准备，另一个反应桩发出信号后，换跳步崩剑打反应桩，击中目标后立即转身斩剑打固定桩颈部，步法变换灵活、自然、一气呵成，剑随身到。

三、教学重点与难点

技术重点：右滑步点剑打反应桩 + 换跳步崩剑打反应桩 + 转身斩剑打固定桩颈部。

技术难点：掌握判断反应点，运用合理的步法快速到达反应点，动作连贯协调，身体放松，注意力集中，腰部发力，转身斩剑带动身体，重心旋转迅速。

四、易犯错误与纠正方法

易犯错误：浑身紧张，肌肉僵硬；面对多个反应桩不能准确迅速地抓住重点，步法和剑法运用不得当；转身慢、动作不协调。

纠正方法：做好充分的准备练习，特别是转身击打技法的组合复习；反复练习对感应桩的判断和运用步法快速接近目标。

五、拓展阅读（趣味小知识）

【小贴士】铁裆功

铁裆功是少林派功法之一，又名门裆功、金蝉功，系软功外壮，属阴柔之功。其旨在增强阴肾部抗击打能力。练法：冥心静气，盘腿趺坐，排除杂念，精神内敛；以意导气，下注于丹田，再运气上提，上下往返，周而复始，日行数次。初时感觉甚微，久之，丹田充实有力，则第一步功成。进而在运气的同时，以两掌交替拍打阴部，先轻后重，循序渐进。初时疼痛难忍，久之，渐不觉痛，则第二步功成。继而用力拍打，仍以拳击之，亦不觉痛，则第三步功成。直至以拳脚相加皆无痛感，则全功告成。

六、课后练习与功法功力

（1）反复练习侧倒，掌握技术要点。

（2）顶肘练习，每组左右手各 10 个，做 20 组。

七、思考题

（1）故事中女主人是怎么对待乞丐的，为什么？

（2）本讲中动作如何练习才能打桩准确、迅速？

（3）铁裆功的练法是什么？

八、参考文献

[1] 《中国武术百科全书》编撰委员会. 中国武术百科全书 [M]. 北京：中国大百科全书出版社，1998.

第七讲

一、学习目标

（1）认知目标：欣赏别人需要爱心，被人欣赏需要魅力。

（2）技能目标：基本掌握武术兵道六段基本功扣腿平衡和单练技术第 13 至 14 式、打桩技术第 13 至 14 式。

（3）情感目标：每一个人都是有血有肉有灵魂的，他们的身上散发着不同的美；每一种美好的品质都是诱人的，任何时候学会用欣赏的眼光去看待世界，看待你周围的人，你便会坦然地面对一切。

二、本讲内容

（一）武德教育

【励志故事】

肯定你自己

有两个孩子一起走进天使的玫瑰园，他俩都希望天使能够赐予自己一束幸福的玫瑰花。然而，天使却送给他俩每人一束绿色的玫瑰枝，两个孩子都有一点失望。

天使便把他俩分别叫到面前，微笑着说："孩子，你能跟我描述一下你的那个伙伴吗？如果你比对方英俊，你将获得一束幸福的玫瑰花。"

第一个孩子说："我比他的个子高，而且眼睛也比他的大；你看他的鼻子还塌塌的，当然我要比他英俊，请天使赐予我一束幸福的玫瑰花吧！"

第二个孩子听了天使提出的这个条件之后，他转身端详了对方几眼，然后诚恳地说："他的个子高高的，眼睛大大的，鼻子也挺挺的，真好看。天使只有一束玫瑰花，就请赐给他吧！"

结果，第二个孩子手中的那一束玫瑰枝，开出了芳香的花朵，而第一个孩子手中的玫瑰枝，竟变成了一束枯萎的蒿草。

【励志感言】

一个人应该懂得用欣赏的眼光去对待别人，而不是挑剔、讽刺和怀疑，更不是丑化、贬损和诽谤，尤其是当别人遭遇失败或遇到困难的时候。因为在肯定别人的同时，我们也是在肯定自己，自己也会得到更多的东西。

（二）技术教学

1. 学习六段基本形态

1）动态

扣腿平衡。

2）动作解析

动作：上身保持正直，支撑腿微屈，另一腿脚踝位置夹在腘窝，手臂成插掌或者环抱姿势（图 6-7-1）。

图 6-7-1　扣腿平衡

要点：身体直立，单腿保持身体平衡。

2. 单练套路、对打套路、拆招技术

1）六段第一小节第 13 至 14 式动作

（1）换跳步斩剑 + 右滑步劈剑 + 前滑步扎剑。（2）换跳步点剑 + 冲刺步劈剑 + 后滑步挑剑。

2）动作解析

（1）换跳步斩剑 + 右滑步劈剑 + 前滑步扎剑。

动作：左实战姿势站立，左右脚同时离地，利用腰部力量使双腿位置互换；同时双手持剑收于左侧腰间；随身体转动，剑身向右平摆，与腰或肩同高，力达剑身中部；然后左脚蹬地，右脚向右前方横移半步，左脚随即向右跟半步，同时双手提剑直臂上举，由上向下劈剑，力达剑身中部；接着前脚贴地向前进一步，后脚蹬地，推动前脚移动，随即跟进；同时双手握剑柄，向前扎出，劲贯剑尖（图 6-7-2）。

要点：换跳要快，离地不要过高，斩剑向右。

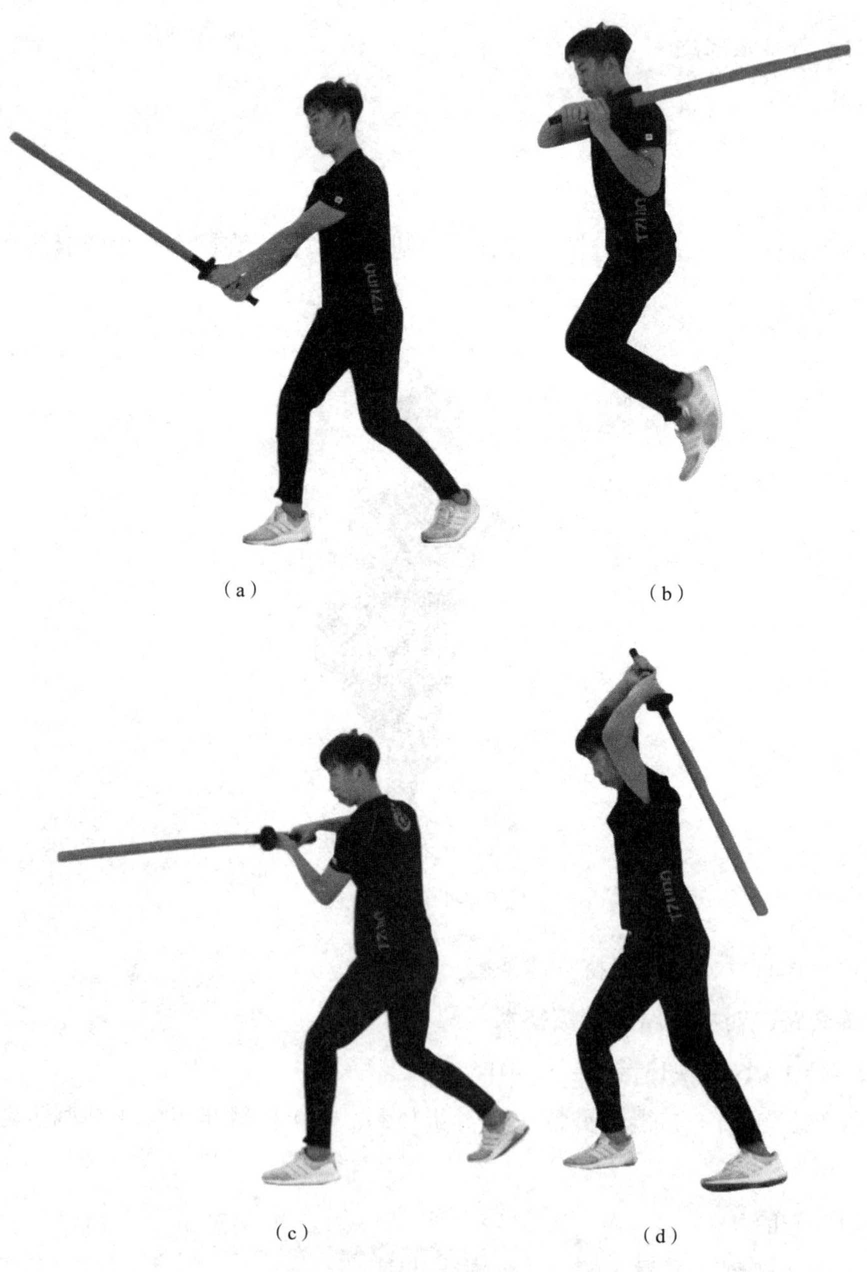

（a）（b）

（c）（d）

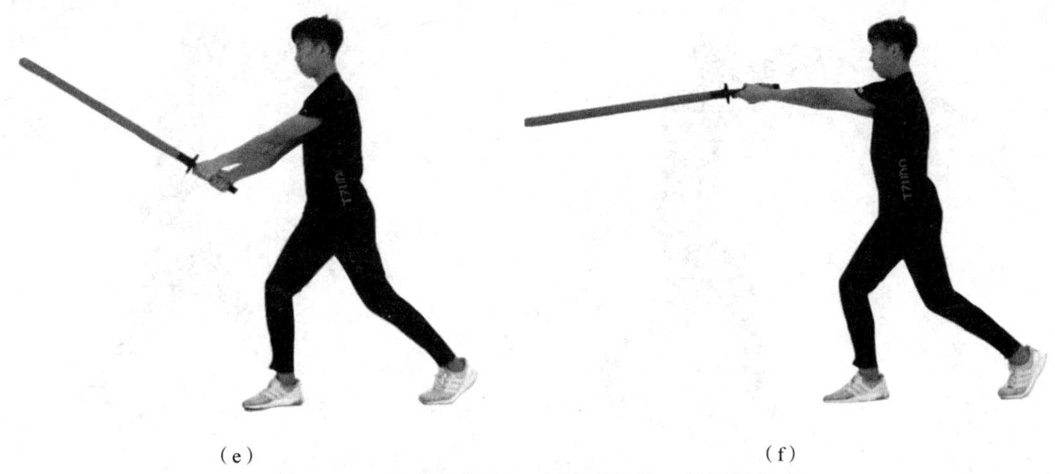

（e）　（f）

图 6-7-2　换跳步斩剑 + 右滑步劈剑 + 前滑步扎剑

（2）换跳步点剑 + 冲刺步劈剑 + 后滑步挑剑。

动作：右实战姿势站立，左右脚同时离地，利用腰部力量使双腿位置互换；同时双手握剑，手腕上提，剑尖由上向下啄击；然后冲刺步，右脚向前上步成右实战姿势，紧接着左脚向前上步回到左实战姿势；同时双手提剑直臂上举，剑尖向上，由上向下劈剑，力达剑身中部；接着后脚贴地向后退一步，前脚蹬地，推动后脚移动，随即跟退，步幅与后脚相同，重心置于两腿中间；同时右手握剑直臂前平举，虎口向上，直臂上挑，力达剑尖（图 6-7-3）。

要点：剑法发力点准确。

（a）　（b）

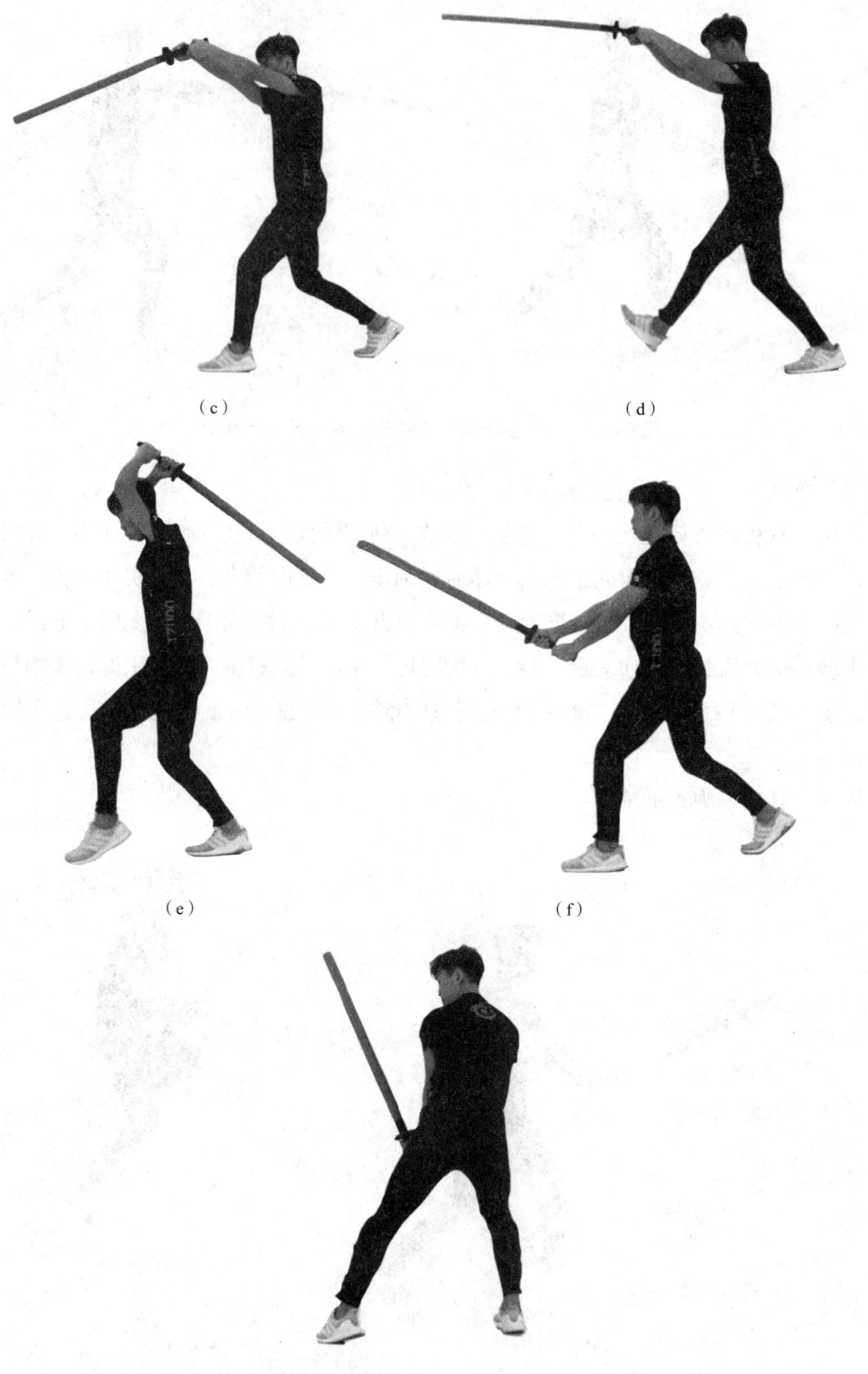

（c） （d）

（e） （f）

（g）

图 6-7-3 换跳步点剑 + 冲刺步劈剑 + 后滑步挑剑

3. 学习六段打桩技术第 13 至 14 式动作

（1）换跳步斩剑打反应桩 + 右滑步劈剑打反应桩 + 前滑步扎剑打反应桩。

动作：格斗式站在反应桩右前一剑距离，反应桩发出感应信号后，立即换跳步斩剑击打反应桩，击中目标后右滑步劈剑击打另一个反应桩，然后前滑步扎剑击打第三个反应桩。

要点：换跳步斩剑击中目标后，格斗式准备，另一个反应桩发出信号后，后滑步劈剑打反应桩，击中目标后前滑步击打第三个反应桩，方法步骤同击打第二个反应桩，步法变换灵活、自然、一气呵成，剑随身到。

（2）换跳步点剑 + 冲刺步劈剑打反应桩 + 后滑步挑剑。

动作：格斗式站在反应桩右前五剑距离，反应桩发出感应信号后，立即换跳步点剑，接着冲刺步劈剑打反应桩，然后后滑步挑剑。

要点：这组防守反击剑法，要求攻守兼备，冲刺步向反应桩要快速，击打要准确，步法变换灵活、自然、一气呵成，剑随身到。

三、教学重点与难点

技术重点：换跳步撩剑 + 冲刺步劈剑打反应桩 + 后滑步挑剑。

技术难点：掌握判断反应点，运用合理的步法快速实现攻防转换，动作连贯协调，身体放松、注意力集中，腰部驱动发力。

四、易犯错误与纠正方法

易犯错误：浑身紧张，肌肉僵硬；面对多个反应桩不能准确迅速地抓住重点，步法和剑法运用不得当；防守反击转换不灵活。

纠正方法：做好充分的准备练习，特别是转身击打技法的组合复习；反复练习对反应桩的判断和运用步法快速接近目标；多练攻防转换，步法配合剑法、身法。

五、拓展阅读（趣味小知识）

【小贴士】排打功

排打功是少林派功法之一，属硬功外壮，阳刚之功。其旨在使筋肉坚实有力，具有抗击打能力。初练用硬木做成 33 厘米长、20 厘米宽、5 厘米厚木砖一块，以一手握砖拍打身体各部。先从臂部拍打，左右两臂交替进行；次拍打腿部，亦左右交替进行；再拍打胸腹；最后拍打后肩部。每日早晚进行一次，每次各部位皆以拍打百次为度。一年后，更换窑砖依上法进行。半年后，再换窑砖为铁砖或铁尺，亦依上法行功半年，则全身各部肌肉坚实有力，拳打脚踢亦不会受伤，则大功告成。拍打时要与呼吸密切配合，一呼一吸拍击一次。拍击时屏住呼吸，每拍击一下，吐气一口，然后再屏气再拍击。未成年者不宜练此功。

六、课后练习与功法功力

（1）复习本讲的两组打桩动作 5~10 遍，达到熟练运用程度。

（2）用棍棒或硬物拍打身体各部位，20 分钟。

七、思考题

（1）如何用欣赏的眼光看待你的同伴？

（2）进攻组合动作和防守反击动作有什么区别？

（3）排打功的特点是什么？

八、参考文献

[1] 吴景明. 青少年一定要读的成功励志故事 [M]. 延吉：延边人民出版社，2008.

[2] 《中国武术百科全书》编撰委员会. 中国武术百科全书 [M]. 北京：中国大百科全书出版社，1998.

第八讲

一、学习目标

（1）认知目标：认识到坚持不懈、刻苦努力的重要性。

（2）技能目标：基本掌握武术兵道六段基本功燕式平衡和单练技术第 15 至 16 式、打桩技术第 15 至 16 式。

（3）情感目标：培养人做事情只有具备坚持不懈的精神，才能达成目标。

二、本讲内容

（一）武德教育

【励志故事】

闻鸡起舞

晋代的祖逖是一个胸怀坦荡、具有远大抱负的人。可他小时候却是一个不爱读书的淘气孩子。进入青年时代，他意识到自己知识的贫乏，深感不读书无以报效国家，于是就发奋读起书来。他广泛阅读书籍，认真学习历史，从中汲取了丰富的知识，学问大有长进。他曾几次进出京都洛阳，接触过他的人都说，祖逖是一个能辅佐帝王治理国家的人才。祖逖 24 岁的时候，曾有人推荐他去做官，他没有答应，仍然不懈地努力读书。

祖逖和幼时的好友刘琨感情深厚，不仅常常同床而卧、同被而眠，而且还有着共同的远大理想：建功立业，复兴晋国，成为国家的栋梁之材。

一次，半夜里祖逖在睡梦中听到公鸡的鸣叫声，他把刘琨叫醒，对他说："你听见鸡叫了吗？"刘琨说："半夜听见鸡叫不吉利。"祖逖说："我偏不这样想，咱们干脆以后听见鸡叫就起床练剑如何？"刘琨欣然同意。于是他们每天听到鸡叫后就起床练剑，剑光飞舞，剑声铿锵。功夫不负有心人，经过长期的刻苦学习和训练，他们终于成为能文能武的全才，既能写得一手好文章，又能带兵打胜仗。祖逖被封为镇西将军，实现了他报效国家的愿望；刘琨做了征北中郎将，兼管并、冀、幽三州的军事，也充分发挥了他的文才武略。

【励志感言】

勤劳一日，可得一夜安眠；勤劳一生，可得幸福长眠。如果现在不努力，没有危机意识，学无所成，身体病恹恹，一旦战争来临，不但报效不了国家，只怕最先成为枪下鬼，或者成为拖累国家的难民。

（二）技术教学

1. 学习六段基本形态

1）动态

燕式平衡。

2）动作解析

动作：并步半蹲，两掌交叉于胸前，目视前方；一腿支撑，膝关节伸直，另一腿关节伸直，脚面绷平向后上方摆起，上身前俯，抬头、挺胸，同时两臂侧平举；两腿伸直，后腿高举过头，展腹、挺胸、抬头，腰背呈反弓形状（图 6-8-1）。

图 6-8-1 燕式平衡

要点：后腿高举过头，挺胸、抬头成反背弓。

2. 单练套路、对打套路、拆招技术

1）六段第一小节第 15 至 16 式动作

（1）冲刺步扎剑 + 左滑步格剑 + 前滑步劈剑。（2）冲刺步拦剑 + 右滑步扎剑 + 后滑步崩剑。

2）动作解析

（1）冲刺步扎剑 + 左滑步格剑 + 前滑步劈剑。

动作：左实战姿势站立，右脚向前上步成右实战姿势，紧接着左脚向前上步回到左实战姿势；同时双手握剑柄，水平向前扎出，掌心向上仰腕，劲贯剑尖；然后右脚蹬地，左脚向左横移半步，右脚随即跟步；同时双手握剑柄，力达剑身，随身体向左转动，平举至头顶上方格挡；接着前脚贴地向前进一步（约一脚的距离），后脚蹬地，推动前脚移动，随即跟进；同时双手提剑直臂上举，剑尖向上，由上向下劈剑，力达剑身中部（图 6-8-2）。

要点：左滑步时向左格剑。

（a） （b）

（c） （d）

（e） （f）

（g）

图 6-8-2　冲刺步扎剑 + 左滑步格剑 + 前滑步劈剑

（2）冲刺步拦剑 + 右滑步扎剑 + 后滑步崩剑。

动作：左实战姿势站立，冲刺步向前；同时双手握剑柄，使剑身向外再向下画半圆，劲贯剑身前外侧；然后左脚蹬地，右脚向右前方横移半步，左脚随即向右跟半步；同时双手握剑柄，向前扎出，劲贯剑尖；然后后脚贴地向后退一步，前脚蹬地，推动后脚移动，随即跟退，步幅与后脚相同，重心置于两腿中间；同时双手握剑沉腕，直臂下落，使剑尖猛向上崩起，力达剑尖（图 6-8-3）。

要点：冲刺步左拦剑，拦剑变扎剑时注意攻击方向。

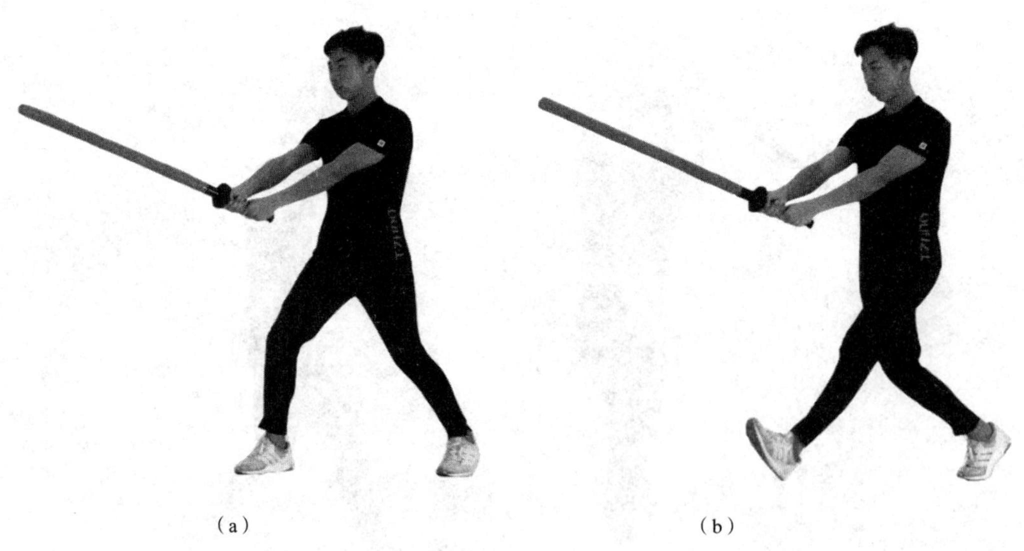

（a）　　　　　　　　　　（b）

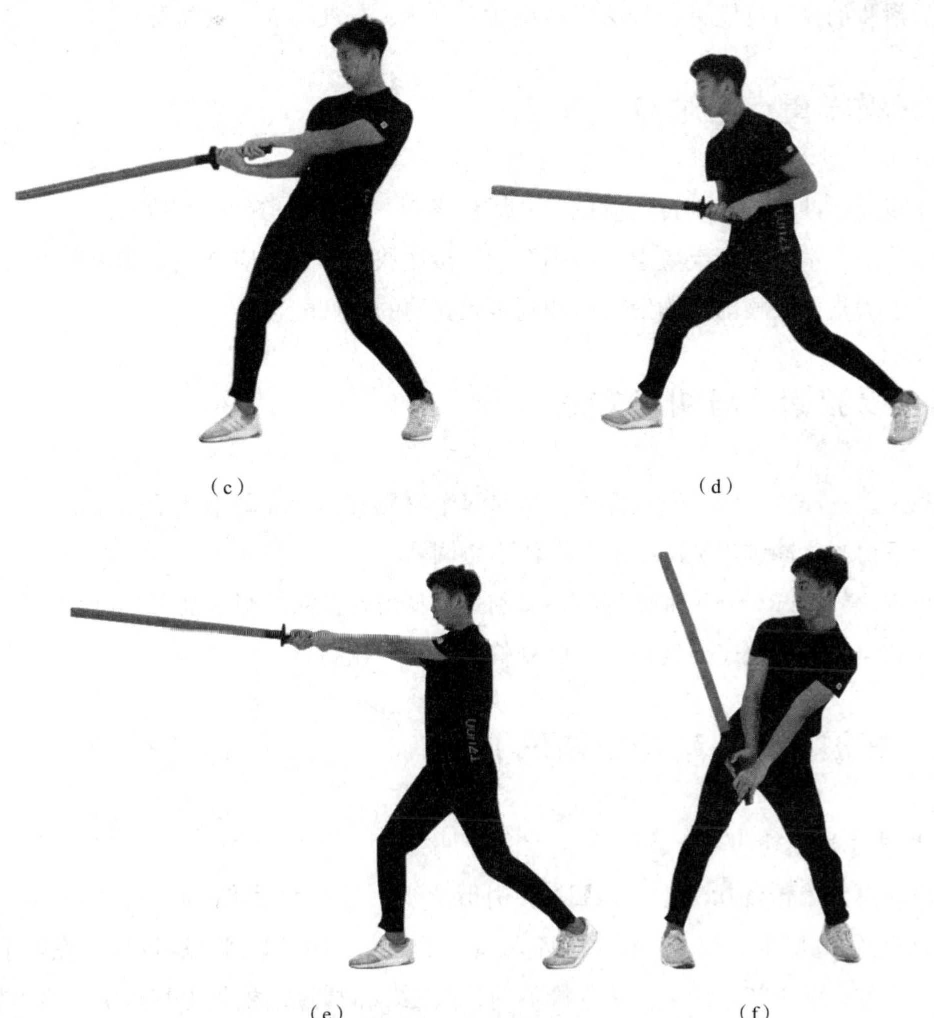

（c）　（d）

（e）　（f）

图 6-8-3　冲刺步拦剑 + 右滑步扎剑 + 后滑步崩剑

3. 学习六段打桩技术第 15 至 16 式动作

（1）冲刺步扎剑打反应桩 + 左滑步格剑 + 前滑步劈剑打反应桩。

动作：格斗式站在反应桩右前五剑距离，反应桩发出感应信号后，立即冲刺步扎剑击打反应桩，击中目标后左滑步格剑，然后前滑步劈剑击打第二个反应桩。

要点：冲刺步扎剑击中目标后，格斗式准备，另一个反应桩发出信号后，左滑步格剑，接前滑步劈剑打反应桩，步法变换灵活、转换自然、一气呵成，剑随身到。

（2）冲刺步拦剑打反应桩 + 右滑步扎剑 + 后滑步崩剑打反应桩。

动作：格斗式站在反应桩右前五剑距离，反应桩发出感应信号后，立即冲刺步拦剑击打反应桩，击中目标后右滑步扎剑，然后后滑步崩剑击打第二个反应桩。

要点：冲刺步拦剑击中目标后，格斗式准备，另一个反应桩发出信号后，右滑步扎剑，接后滑步崩剑打反应桩，步法变换灵活、自然、一气呵成，剑随身到。

三、教学重点与难点

技术重点：冲刺步扎剑打反应桩 + 左滑步格剑 + 前滑步劈剑打反应桩。

技术难点：掌握判断反应点，运用合理的步法快速到达反应点，动作连贯协调，身体放松，注意力集中，腰部驱动发力，冲刺步和扎剑的协调配合。

四、易犯错误与纠正方法

易犯错误：浑身紧张、肌肉僵硬；面对多个反应桩不能准确迅速地抓住重点，步法和剑法运用不得当；冲刺步步法凌乱、动作不协调。

纠正方法：做好充分的准备练习，特别是转身击打技法的组合复习；反复练习对反应桩的判断和运用步法快速接近目标；反复单练冲刺步扎剑。

五、拓展阅读（趣味小知识）

【小贴士】拔出功

拔出功是武术传统功法之一，属阳刚外壮之功，旨在增强指、腕、臂的力量。练法：将一根直径约 10 厘米、长 2.7 米木橼埋入地下 1.3 米，夯实牢固，每日早、晚以手握橼，极力上拔，左右手交替进行。初练木橼不动，久之，木橼逐渐松动上移。练至将木橼全部拔出，而后更换铁棍，依法行功，亦能将铁棍拔出，则功成。

六、课后练习与功法功力

（1）复习本讲的两个组合 5~10 遍，达到熟练运用程度。

（2）砸肘练习，每组左右手各 10 个，做 20 组。

七、思考题

（1）《闻鸡起舞》的寓意是什么？

（2）燕式平衡的要点是什么？如何做才能使得动作更加漂亮、飘逸？

（3）拔出功的特点是什么？

八、参考文献

[1] 《中国武术百科全书》编撰委员会. 中国武术百科全书 [M]. 北京：中国大百科全书出版社，1998.

第九讲

一、学习目标

（1）认知目标：没有智慧的头脑，就像没有蜡烛的灯笼。

（2）技能目标：基本掌握武术兵道六段基本功望月平衡和单练技术第 17 至 18 式、打桩技术第 17 至 18 式。

（3）情感目标：只有勇于开拓、勇于创新、勇于冒险，才有机会取得更大的成功。

二、本讲内容

（一）武德教育

【励志故事】

智勇双全抗日名将刘震

刘震（1915 年 3 月 3 日—1992 年 8 月 20 日）是中国人民解放军高级将领，他打仗不仅有勇，而且也会来点“软刀子”，对此，他的手下称为“巧战术”。

1942 年冬，日、伪、顽和地主还乡团大举向淮海区根据地“扫荡”，刘震率部巧妙地兵分两路提前转移，让敌兵扑了一个空。但日伪随即在淮海区各地建立蜘蛛网式的据点，“实行包干”“分片扫荡”。各个据点很近，白天互相能看到炮楼，刘震他们攻打一个据点，其他据点的炮楼立即“四方出击”来援助，因此他们白天行动十分困难，只好采取夜间行动。可在夜间又有问题了，老百姓家养了不少的狗，他们一来狗就乱叫，据点敌兵听到狗叫又乱打枪、乱开炮。因此，淮海区形势十分紧张。

于是，刘震将主力地方化，成立 12 个小团，与各个县的警卫团、县大队“混”在一起，在全区搞“拆开打”运动，所谓“拆开打”就是动员各区老百姓自己起来拆瓦房，把砖头、木料分散藏起来，使得敌兵修据点、炮楼因无原料，修建速度减慢。再就是动员老百姓自己“打狗”，村庄里无狗了，部队行动就方便了，因为听不到狗叫，战士们就是走到炮楼跟前，敌兵还不知，突然枪炮一响，其他炮楼听到枪炮声一来“增援”，人马还没到，炮楼就已经被解决了。另外，战士们把那些打死的狗全拖到鬼子的据点周围，摆成一个个“臭狗阵”。

这些措施很生效，使敌人无砖头、无木料修炮楼，把打死的狗拖往敌人据点附近，三五天后，狗就开始腐烂发臭，熏得据点敌人受不了，有的被迫熏得放弃据点逃跑。很快，刘震在淮海区打开了局面，一支 3 000 人的队伍发展到了 15 000 人的大部队。对此，战士们说:“刘旅长的软刀子真厉害！”

【励志感言】

有勇无谋者，败之；有谋无勇者，亦败之；唯有勇有谋者，胜之。有勇有谋是成功者所必备的条件。人若想在当今的社会立足，有所成就，就要不畏风雨、不怕挫折、不惧坎坷，还要有审时度势的头脑。

（二）技术教学

1. 学习六段基本形态

1）动态

望月平衡。

2）动作解析

动作：并步站立，两臂自然下垂，目视前方；右脚向左侧盖步，两腿屈膝，两掌交叉于胸前，上身稍前倾；一腿直膝支撑，另一腿屈膝收紧，脚面绷直，向后上方摆起，上体微侧倾并稍拧腰，同时两臂侧分并抖腕亮掌，一掌略高于头，另一掌略低于小腿，头向一侧转，目视身后掌的方向（图 6-9-1）。

要点：拧身、挺胸、塌腰，上身侧倾并前俯。

图 6-9-1 望月平衡

2. 单练套路、对打套路、拆招技术

1）六段第一小节第 17 至 18 式动作

（1）转身扫剑 + 右滑步劈剑 + 冲刺步扎剑。（2）转身劈剑 + 左滑步斩剑 + 前滑步刺剑。

2）动作解析

（1）转身扫剑 + 右滑步劈剑 + 冲刺步扎剑。

动作：左实战姿势站立，双脚脚尖蹬地，身体向后转 180 度，前脚变后脚，目视前方；同时右手握剑横扫，手心向下，劲贯剑身，横扫对方膝部以下部位；然后左脚蹬地，右脚向右前方横移半步，左脚随即向右跟半步；同时提剑上举，由上向下劈剑，力达剑身中部；接着冲刺步，向前；同时握剑柄，水平向前扎出，掌心向上仰腕，劲贯剑尖。

要点：转身扫剑，以腰带手。

（a）　（b）

（c）　（d）

（e）（f）

图 6-9-2 转身扫剑 + 右滑步劈剑 + 冲刺步扎剑

（2）转身劈剑 + 左滑步斩剑 + 前滑步刺剑。

动作：实战姿势站立，双脚脚尖蹬地，身体向后转 180 度，前脚变后脚，目视前方；同时双手提剑直臂上举，由上向下劈剑，力达剑身中部；然后后脚蹬地，前脚向左横移半步，后脚随即跟步；同时双手持剑收于腰间；随身体转动，剑平斩出，与腰或肩同高，提劲力达剑身中部；接着冲刺步向前；同时双手握剑柄，劲贯剑尖，向前刺出。

要点：先转身，然后再向下劈剑。

（a）（b）

（c）　（d）

（e）　（f）

（g）

图 6-9-3　转身劈剑 + 左滑步斩剑 + 前滑步刺剑

3. 学习六段打桩技术第 17 至 18 式动作

（1）转身扫剑打反应桩 + 右滑步劈剑打反应桩 + 冲刺步扎剑打反应桩。

动作：格斗式站在反应桩右前一剑距离，反应桩发出感应信号后，立即转身扫剑击打反应桩，击中目标后右滑步劈剑打另一个反应桩，然后冲刺步扎剑打第三个反应桩。

要点：转身扫剑击中目标后，格斗式准备，另一个反应桩发出信号后，右滑步劈剑打反应桩，击中目标后冲刺步扎剑击打第三个反应桩，方法步骤同击打第二个反应桩，步法变换灵活、自然、一气呵成，剑随身到。

（2）转身劈剑打反应桩 + 左滑步斩剑打反应桩 + 前滑步刺剑打反应桩。

动作：格斗式站在反应桩右前一剑距离，反应桩发出感应信号后，立即转身劈剑击打反应桩，击中目标后左滑步斩剑打另一个反应桩，然后前滑步刺剑打第三个反应桩。

要点：转身劈剑击中目标后，格斗式准备，另一个反应桩发出信号后，左滑步斩剑打反应桩，击中目标后前滑步刺剑击打第三个反应桩，方法步骤同击打第二个反应桩，步法变换灵活、自然、一气呵成，剑随身到。

三、教学重点与难点

技术重点：转身扫剑打反应桩 + 右滑步劈剑打反应桩 + 冲刺步扎剑打反应桩。

技术难点：掌握判断反应点，运用合理的步法快速地到达反应点，动作连贯协调，身体放松，注意力集中，腰部发力。

四、易犯错误与纠正方法

易犯错误：浑身紧张，肌肉僵硬；面对多个反应桩不能准确迅速地抓住重点，步法和剑法运用不得当；转身慢、冲刺步动作不协调。

纠正方法：做好充分的准备练习，特别是转身击打技法的组合复习；反复练习对反应桩的判断和运用步法快速接近目标；反复练习转身动作和冲刺步动作。

五、拓展阅读（趣味小知识）

【小贴士】金钟罩

金钟罩是武术传统功法之一，为阳刚内壮之术，少林七十二艺中之上乘功夫。其旨在增强身体各部的抗击打能力。练法：以旧布制成一锤，周身捶之。每日早晚行功一次。初时甚痛，久之渐不觉痛，则换木槌。木槌击之亦不觉痛时，再改换铁锤，至铁锤击之亦不觉痛时，大功告成。

六、课后练习与功法功力

（1）复习本讲的两个组合 5~10 遍，达到熟练运用程度。

（2）摆肘练习，每组左右手各 10 个，做 20 组。

七、思考题

（1）刘震的智勇表现在哪些方面？

（2）燕式平衡和望月平衡有哪些相同点和不同点？

（3）金钟罩功法运用的特点是什么？

八、参考文献

[1] 《中国武术百科全书》编撰委员会. 中国武术百科全书 [M]. 北京：中国大百科全书出版社，1998.

第十讲

一、学习目标

（1）认知目标：聪明出于勤奋，天才在于积累。

（2）技能目标：基本掌握武术兵道六段基本功朝天蹬和单练技术第 19 至 20 式、打桩技术第 19 至 20 式。

（3）情感目标：没有人会因学问而成为智者，学问或许能由勤奋得来，而机智与智慧却有赖于天赋。

二、本讲内容

（一）武德教育

【励志故事】

只要肯学没有不成功的

张勃回到家里的时候，被眼前的景象惊住了：母亲双手掩着脸埋在沙发里——她在哭泣。他还从未见她流过泪。

“妈妈，”张勃问道，“出什么事了？”

她深深地吸了口气，勉强露出一丝笑容。“没有，真的。没什么大不了的事。只是，我那个刚到手的工作就要丢掉了。我的打字速度跟不上。”

“可您才干了三天啊，”张勃说，“您会成功的。”他不由得重复起她的话来。在他学习上遇到困难，或者面临着某件大事时，她曾经上百次地这样鼓励他。

“不，”她伤心地说，“没有时间了，很简单，我能胜任。因为我，办公室里的其他人不得不做双倍的工作。”

“一定是他们让您干得太多了。”张勃不服气，她只看到自己的无能，他却希望发现其中有不公。然而，她太正直，他无可奈何。

“我总是对自己说，我要学什么，没有不成功的，而且大多数时候，这话也都兑现了。可这回我办不到了。”她沮丧地说道。

张勃说不出话。

几天后，母亲平静了些。她站起身，擦去眼泪说：“好了，我的孩子，就这样了。我可以是一个差劲的打字员，但我不是一个寄生虫，我不愿做我不能胜任的工作，我可以干些别的。”

时隔八天，她接受了一个纺织成品售货员的工作。然而，此后，妈妈每晚仍坚持练习打字。

【励志感言】

从哪里跌倒就从哪里爬起来，既要有远大目标也要脚踏实地，只要肯努力，坚持不懈，十足的干劲、勤奋的态度和坚韧的精神都是科学研究成功的必要条件。

（二）技术教学

1. 学习六段基本形态

1）动态

朝天蹬。

2）动作解析

动作：支撑腿直立站稳，另一腿用手经体侧上托，脚尖勾起，脚底朝上与头齐平，上蹬的腿能贴近耳侧或扳向头后，支撑腿站稳，身体立直（图 6-10-1）。

图 6-10-1　朝天蹬

要点：身体保持正直，支撑腿不能弯曲，上蹬腿贴近身体。

2. 单练套路、对打套路、拆招技术

1）六段第一小节第 19 至 20 式动作

（1）左滑步撩剑 + 右滑步撩剑 + 前滑步劈剑 + 后滑步崩剑。（2）转身撩剑 + 换跳步劈剑 + 冲刺步扎剑 + 后滑步切剑。

2）动作解析

（1）左滑步撩剑 + 右滑步撩剑 + 前滑步劈剑 + 后滑步崩剑 。

动作：左实战姿势站立，后脚蹬地，前脚向左横移半步，后脚随即跟步；同时双手握剑向上、向后立绕至体后，随之臂外旋向下，沿体侧贴身弧形向前撩至体前上方；然后前脚蹬地，后脚向右前方横移半步，前脚随即向右跟半步，变右脚在前；同时双手握剑，向上、向后立绕至体后，随之臂外旋向下，沿体侧画弧向前撩至体前上方；接着前脚贴地向前进一步（约一脚的距离），后脚蹬地，推动前脚移动，随即跟进；同时双手提剑直臂上举，由上向下劈剑，力达剑身中部；然后后脚贴地向后退一步，前脚蹬地，推动后脚移动，随即跟退，步幅与后脚相同，重心置于两腿中间；同时双手握剑沉腕，直臂下落，使剑尖猛向上崩起，力达剑尖（图 6-10-2）。

要点：四个动作的组合，要注意步法与剑法协调配合。

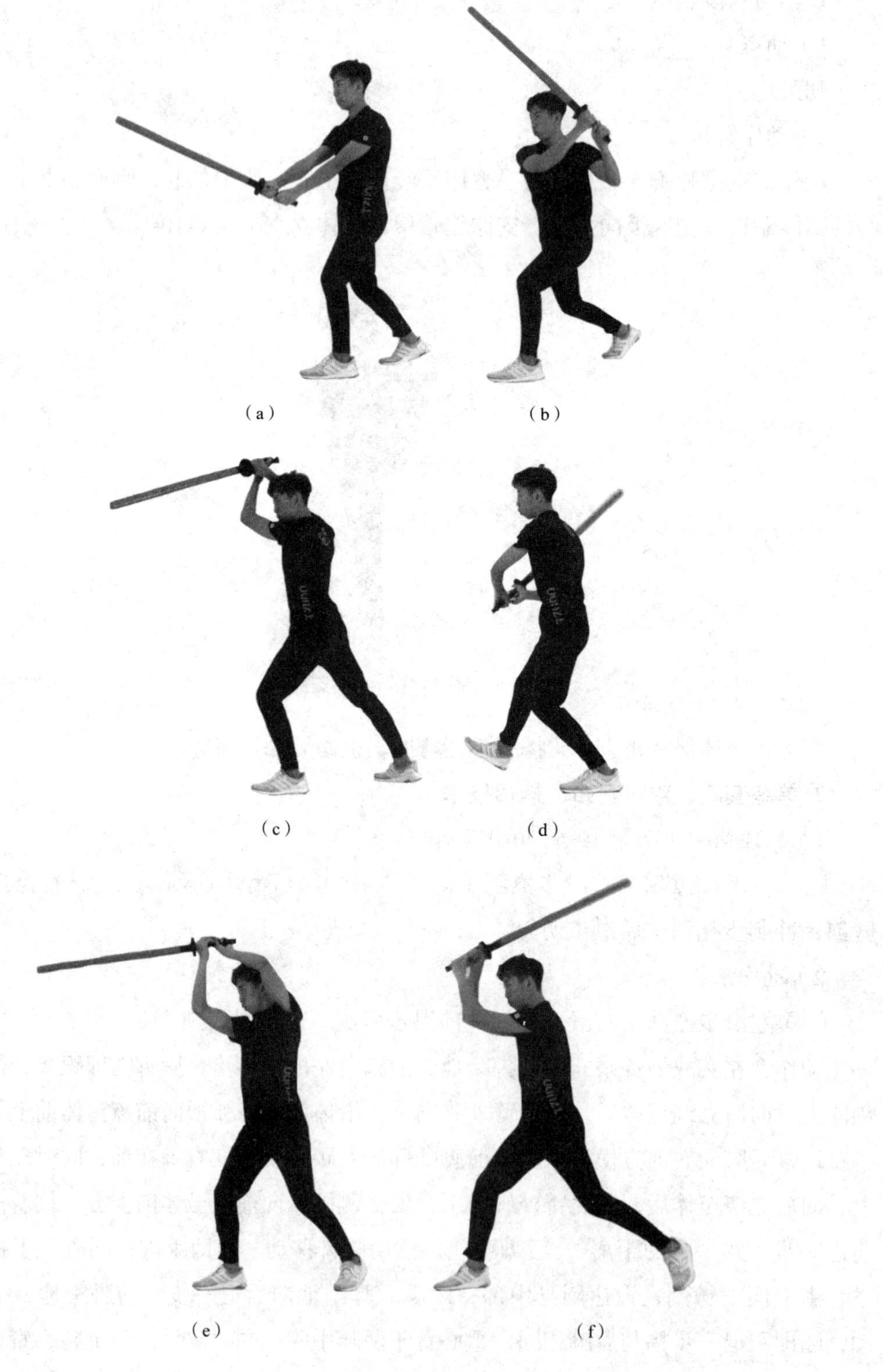

（a）（b）（c）（d）（e）（f）

（g）　（h）

图 6-10-2　左滑步撩剑 + 右滑步撩剑 + 前滑步劈剑 + 后滑步崩剑

（2）转身撩剑 + 换跳步劈剑 + 冲刺步扎剑 + 后滑步切剑。

动作：左实战姿势站立，双脚脚尖蹬地，身体向后转 180 度，前脚变后脚，目视前方；双手持剑沿身体左侧画弧向前撩至体前上方；然后换跳步，左右脚同时离地，利用腰部力量带动双腿位置互换；同时双手提剑直臂上举，由上向下劈剑，力达剑身中部；接着冲刺步，右脚向前上步成右实战姿势，紧接着左脚向前上步回到左实战姿势；同时双手握剑柄，水平向前扎出，掌心向上仰腕，劲贯剑尖；然后后脚贴地向后退一步，前脚蹬地，推动后脚移动，随即跟退，步幅与后脚相同，重心置于两腿中间；同时双手变换手心向下握剑柄，剑尖向前，剑刃向下按切，着力点在剑刃中段（图 6-10-3）。

要点：步法流畅，剑法力点准确。

（a）　（b）

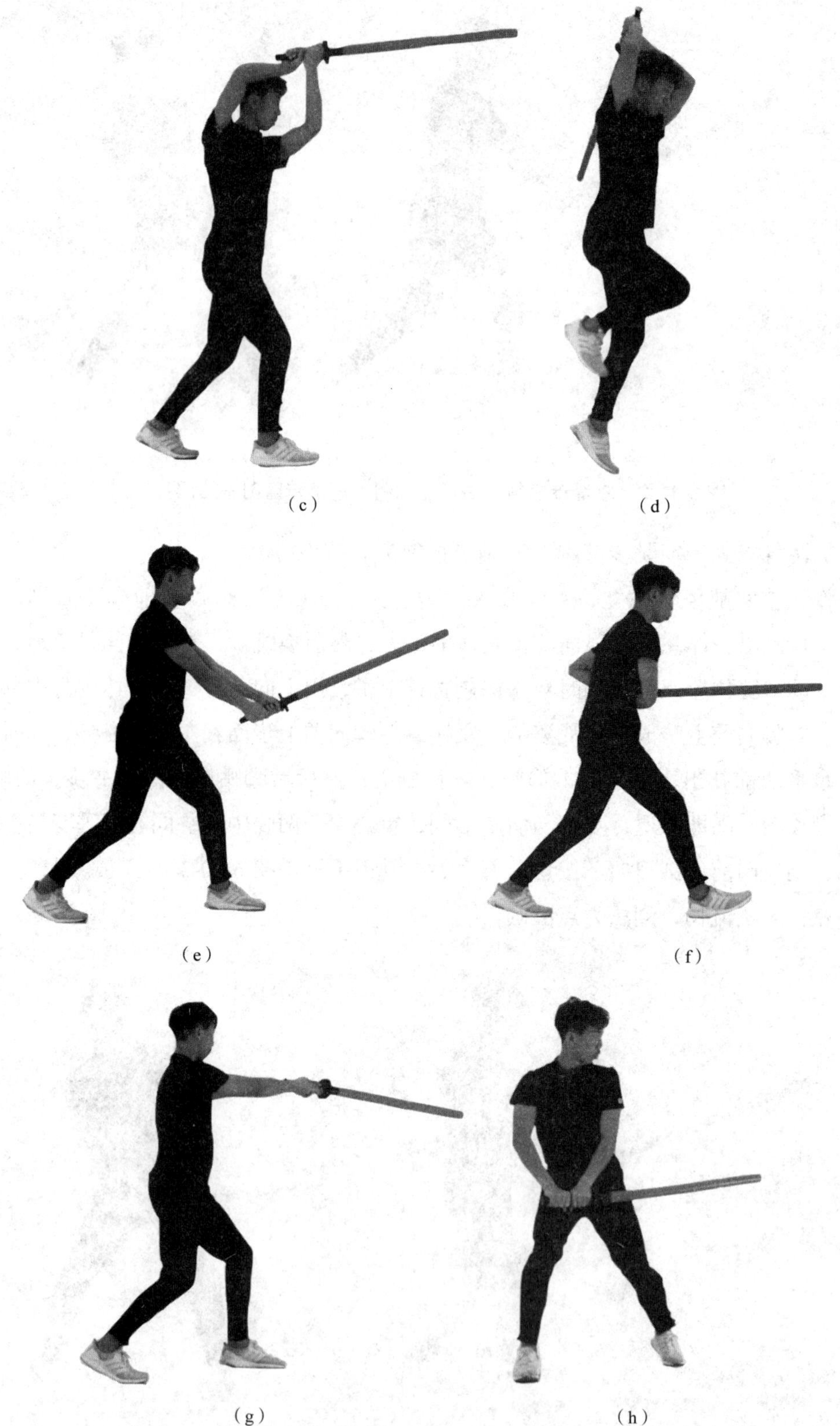

（c） （d）

（e） （f）

（g） （h）

图 6-10-3 转身撩剑 + 换跳步劈剑 + 冲刺步扎剑 + 后滑步切剑

3. 学习六段打桩技术第 19 至 20 式动作

（1）左滑步撩剑 + 右滑步撩剑 + 前滑步劈剑打反应桩 + 后滑步崩剑打反应桩。

动作：格斗式站在反应桩右前三剑距离，反应桩发出感应信号后，立即左滑步撩剑接右滑步撩剑，再接前滑步劈剑击打反应桩，击中目标后后滑步崩剑击打另一个反应桩。

要点：左右滑步撩剑动作迅速，前滑步劈剑击中目标后，格斗式准备，另一个反应桩发出信号后，后滑步崩剑击打反应桩，步法变换灵活、自然、一气呵成，剑随身到。

（2）转身撩剑 + 换跳步劈剑打反应桩 + 冲刺步扎剑打反应桩 + 后滑步切剑。

动作：格斗式站在反应桩右前一剑距离，反应桩发出感应信号后，立即转身撩剑接换跳步劈剑打反应桩，再接冲刺步扎剑击打反应桩，击中目标后后滑步切剑。

要点：转身撩剑动作迅速，脚步紧跟着变化，换跳步劈剑击中目标后，格斗式准备，另一个反应桩发出信号后，冲刺步扎剑打反应桩，动作不停接后滑步切剑，步法变换灵活、自然、一气呵成，剑随身到。

三、教学重点与难点

技术重点：转身撩剑 + 换跳步劈剑打反应桩 + 冲刺步扎剑打反应桩 + 后滑步切剑。

技术难点：掌握判断反应点，运用合理的步法快速到达反应点，动作连贯协调，身体放松、注意力集中，腰部驱动转身撩剑和冲刺步扎剑。

四、易犯错误与纠正方法

易犯错误：浑身紧张，肌肉僵硬；面对多个反应桩不能准确迅速地抓住重点，步法和剑法运用不得当；转身慢，冲刺步动作不协调。

纠正方法：做好充分的准备练习，特别是转身击打技法的组合复习；反复练习对反应桩的判断和运用步法快速接近目标；反复练习转身动作和冲刺步动作。

五、拓展阅读（趣味小知识）

【小贴士】拔钉

拔钉是武术传统功法之一，旨在增强腕指力量，故习擒拿术者多使之。练法：将 10 厘米普通铁钉 30 个分别钉入 7 厘米厚原木板中，然后以拇指和食指捏住钉头拔出。每日早晚一次，日久则指力倍增。

六、课后练习与功法功力

（1）复习本讲的两个组合 5~10 遍，达到熟练运用程度。

（2）朝天蹬控腿练习，每次 3 分钟，做 5 组。

七、思考题

（1）天才是怎么产生的？

（2）你认为本讲的四个剑法组合，如何练习才能更加实用？

（3）拔钉功法的目的是什么？

八、参考文献

[1] 吴景明. 青少年一定要读的成功励志故事 [M]. 延吉：延边人民出版社，2008.

[2] 《中国武术百科全书》编撰委员会. 中国武术百科全书 [M]. 北京：中国大百科全书出版社，1998.

第十一讲

一、学习目标

（1）认知目标：认识到拥有良好的德行就能使人佩服。

（2）技能目标：基本掌握武术兵道六段基本功侧空翻和单练套路第 1 至 5 式、实战 1 对 2，能基本运用不对称实战规则。

（3）情感目标：培养高尚的道德情操。

二、本讲内容

（一）武德教育

【励志故事】

德服天下

刘备字玄德，涿郡人氏，汉景帝的第十四个儿子中山靖王刘胜的后裔。

在东汉末年，虽然能与汉景帝靠上血缘关系的人非常多，但刘备的家世也多少算得上汉室宗亲，出身皇族了。加之后来又被汉献帝陈留王尊称为“皇叔”，更加抬高了刘备的身份，显示了刘备的尊贵。

出身没落贵族的世家，从小家境贫寒，靠织席贩履为生，造就了刘备忧国忧民、体察民生之仁德品质和胸怀天下的鸿鹄大志。

儿时的刘备与汉高祖刘邦有很多共同之处，不务正业，不谙世分，好游侠结交，喜漂流浪荡。但又满怀愤世之情，胸中有燕雀不知的鸿鹄大志。《三国志》言：“先主少时，与诸小儿于树下戏，言：吾当乘此羽葆盖车。”言下之意，他要是做了皇帝，就会乘坐车盖有此树之大的马车。此言不可小觑，以致他的叔父都骂他“勿妄语，灭吾门也”。要知道，在那个时代此言论要是传到天子耳中，可是要杀头的。

刘备的个人品质中，德行是第一位的，而这种德行正是与儒家倡导的以德治天下、以德服众生的理念相一致的，所以刘备在颠沛流离的落魄时期会处处受人民爱戴，受贤人同情，先有至交杀妻款待，后又陶谦三让徐州，就是吕布掳其家小也没有对他们有丝毫伤害，汉献帝见了他更是尊称“皇叔”而委以天下。

当年曹操南征刘表，想一网打尽刘备及其党羽，以雪有刘备参与的“共诛操贼”的背叛之仇，刘表死后，刘琮归降曹操，刘备自领荆州十万民众，辎重数千，到达当阳时，由于曹操穷追不舍，眼看只能丢下行动迟缓的百姓逃亡江陵，但刘备在这种时候依然保持着一颗仁德之心，言“济大事必以民为本，今人归吾，何忍弃之”。可见刘备的仁德不是像曹操那样装出来的，而是发自内心的。他真心为民请命，诚意替民消灾。

【励志感言】

“德才兼备”是全世界无数组织千百年来都推崇的，其本质是要求员工的一切行为都要做到有德、有才，缺一不可，而且德在前，才在后。事实上，一个人的才能越高，德与才的关系就越密切、越重要。德不仅由才所体现，而且为才所深化、升华；才不仅由德所率领，而且为德所强化、所激活。因此，要想成为组织重用的人才，就必须做到德才兼备。

（二）技术教学

1. 学习六段基本形态

1）动态

侧空翻。

2）动作解析

动作：以左腿为发力点，以右腿为起翻点，以头部为旋转点，其中头部和肩部要有意识地自右向左扭动，头部要仰着，然后在左腿蹬地的同时，右腿飞快旋转（图 6-11-1）。

图 6-11-1 侧空翻

要点：在空中的时候腿一定要伸直。

2. 单练套路

1）六段第二小节第 1 至 5 式动作

（1）起式。（2）下劈上挑。（3）猛虎蹿山 1：腾空举剑。（4）猛虎蹿山 2：歇步下劈。（5）猛虎蹿山 3：弓步平扫。

2）动作解析

（1）起式。

动作：面向正前方并步站立，左手全把持剑，剑尖向斜下方，右手握剑柄，目视前方（图 6-11-2）。

要点：抬头挺胸，精神集中。

图 6-11-2 起式

（2）下劈上挑。

动作：双手举剑至头顶，前进步下劈剑，力达剑身前部；借劈剑回弹之势，后退步顺势上挑（图 6-11-3）。

要点：力达剑尖，目视前方。

（a） （b）

图 6-11-3 下劈上挑

（3）猛虎蹿山 1：腾空举剑。

动作：接上式，双手持剑下截，同时左脚向前上步，随后双手持剑于身体左侧立圆轮剑，双手持剑置于头顶，剑尖向下，接着左脚提膝，剑从身体左侧向前上方提撩，置于头顶，剑尖向后（图 6-11-4）。

要点：腾空时，剑在身前画立圆。

（a）（b）

图 6-11-4 猛虎蹿山 1：腾空举剑

（4）猛虎蹿山 2：歇步下劈。

动作：右跳劈剑，右腿蹬地腾空，然后左脚落地，右脚向左脚后侧摆动，落地成歇步；腾空时，身体向左转，双手持剑绕环止于额前，身体与剑配合协调一致，落地下蹲瞬间用力下劈（图 6-11-5）。

要点：落地要稳，目视剑锋。

图 6-11-5 猛虎蹿山 2：歇步下劈

（5）猛虎蹿山 3：弓步平扫。

动作：左脚向左迈步成左弓步，右手持剑由右向左平扫，左手从腰间向上举至头顶（图 6-11-6）。

要点：扫剑力达剑身。

图 6-11-6　猛虎蹿山 3：弓步平扫

3. 六段实战

（1）结合六段学习的步法和剑法，练习实战。

（2）实战实行 1 对 2 自由组合，多个选手轮换交叉。

（3）注意动作的实用性和比赛的安全性。

（4）2 分钟一局，中间休息 3 分钟，再开始下一局。

（5）在规定地方和老师指导下进行。

（6）每局记分，一轮比赛记录总分。

（7）两个选手打一个选手只允许在前面和侧面进攻，不允许从后面进攻。

三、教学重点与难点

技术重点：侧空翻的掌握。

技术难点：侧空翻的起跳角度、空中转体速度、落地的积极性和位置把握。

四、易犯错误与纠正方法

易犯错误：侧空翻起跳容易往前冲，高度不够；空中转体慢，落地不能靠近起跳位置。

纠正方法：多练习起跳分解动作，空中转体找辅助多练习，在辅助情况下脚落地找头的位置；反复练习，熟练后再脱离辅助。

五、拓展阅读（趣味小知识）

【小贴士】捻指功

捻指功是武术传统功法之一，旨在增强拇指、中指、食指及腕部力量。练法：食指、中指伸直并紧，拇指按于两指腹上，屈指转腕由里向外捻搓；左右手交替进行或同时进行均可。时间不定，有闲即练，不限次数，力疲则止。长期坚持，持之以恒，可收到明显效果，腕指力量倍增。捻指功是一种简便易行的增强腕指力量的方法。

六、课后练习与功法功力

（1）复习本讲的套路 1 至 5 动作 5~10 遍，达到熟练运用程度。

（2）侧空翻练习，每组 10 个，做 5 组。

七、思考题

（1）为什么拥有良好的德行就能使人佩服？

（2）在 1 对 2 的实战中，如果你是两人中的一人，你认为应当如何与同伴配合，才能更加有效地得分？

（3）何为捻指功？

八、参考文献

[1] 《中国武术百科全书》编撰委员会. 中国武术百科全书 [M]. 北京：中国大百科全书出版社，1998.

第十二讲

一、学习目标

（1）认知目标：天将降大任于是人也，必将苦其心志，劳其筋骨，饿其体肤。

（2）技能目标：基本掌握武术兵道六段基本功前空翻和单练套路第 6 至 9 式、实战 1 对 2，能基本运用不对称实战规则。

（3）情感目标：要成功，磨炼是基石，磨炼始于生，而终于死，“沙粒”只有经过磨炼”才能成为“珍珠”。

二、本讲内容

（一）武德教育

【励志故事】

沙子与珍珠

有一个自以为怀才不遇的年轻人，一直找不到理想的工作。他对社会充满愤怒，可又无可奈何，感到非常失望。多次的碰壁，让他伤心绝望，他感到没有伯乐来赏识他这匹“千里马”。

这一天，他实在受不了这样的煎熬，于是就来到大海边，打算就此结束自己的生命。在他正要自杀的时候，正好有一位老人从附近走过，看见了他，并且救了他。老人问他为什么要走绝路，他说自己得不到别人和社会的承认，没人欣赏并且重用他。

老人从脚下的沙滩上拾起一粒沙子，让年轻人看了看，然后就随便地扔在了地上，对年轻人说：“请你把我刚才扔在地上的那粒沙子拾起来。”年轻人说：“这根本不可能！”

老人没有说话，从自己的口袋里掏出一颗晶莹剔透的珍珠，也是随便地扔在了地上，然后对年轻人说：“你能不能把这颗珍珠拾起来呢？”

“当然可以！”年轻人说道。老人意味深长地说道：“你应该明白，现在你自己还不是一颗珍珠，所以你不能苛求别人立即承认你。如果要别人承认，那你就要想办法使自己成为一颗珍珠才行。”

【励志感言】

珍珠比沙子更大、更亮、更珍贵，沙子渺小且不容易被发现，只能在沙滩上默默一生。但我们谁又知道沙子怎么想，也许它一直在努力将自己变得强大，也许它永远没有珍珠那么大、那么亮、那么珍贵，但它一定是一粒有信念、有追求，而且勇敢向上的沙子。我，就要做这样的一粒沙子。

（二）技术教学

1. 学习六段基本形态

1）动态

前空翻。

2）动作解析

动作：起跳前，在自己的前方定好要起跳的点；助跑，接近起跳点的时候提前微抬双腿，腾空，借惯性使自己前跃一点，落在起跳点上的同时屈膝，并迅速上扬双臂，双臂向下甩的同时借屈膝时蓄好的力进行反弹，起跳腾空，头迅速下走，此时意识始终保持在头部、肘部和腰腹（图 6-12-1）。

要点：团身能稳定重心，加大前脚掌、脚尖着地的可能性。

图 6-12-1　前空翻

2. 单练套路

1）六段第二小节第 6 至 9 式动作

（1）挂点剑式。（2）拨云见日 1：上步架剑。（3）拨云见日 2：弓步撩剑。（4）拨云见日 3：丁步下拦。

2）动作解析

（1）挂点剑式。

动作：右手持剑从头顶上方向提剑，同时身体向左拧转，然后转腰带手，顺势向下、向后挂剑，至身体左侧，剑尖向下；左脚落地，双手持剑继续向后、向上画立圆，然后双手向上提腕点剑，同时右脚在前成前进步，目视剑尖（图 6-12-2）。

要点：挂剑时贴身立圆，点剑力达剑尖。

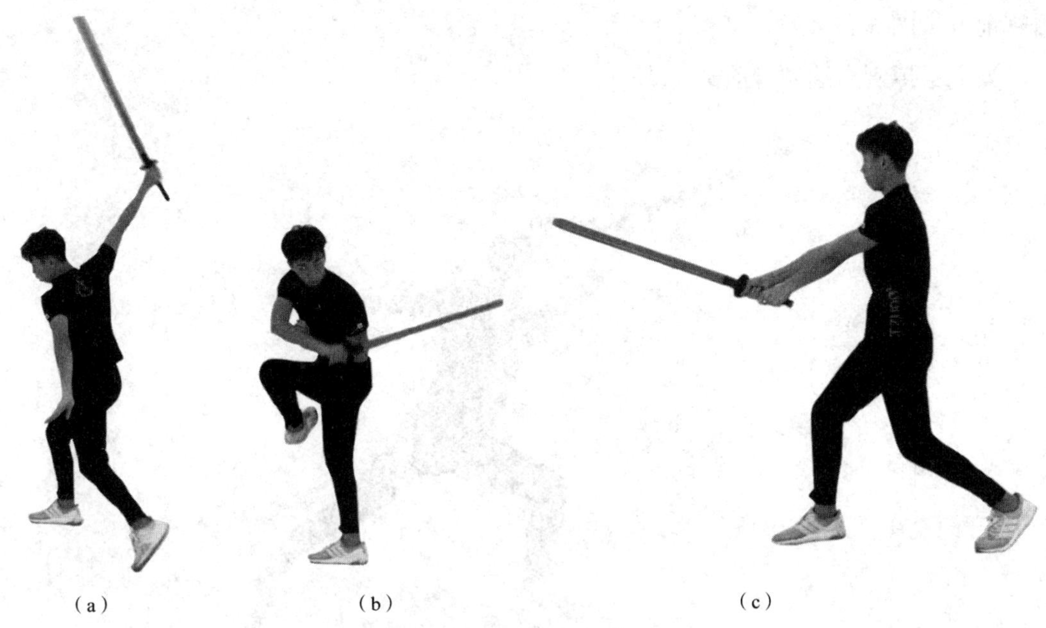
（a） （b） （c）

图 6-12-2 挂点剑式

（2）拨云见日 1：上步架剑。

动作：右脚向前落脚，右手持剑横于头顶，上左脚在前，目视前方（图 6-12-3）。

要点：持剑与步法协调一致。

图 6-12-3 拨云见日 1：上步架剑

（3）拨云见日 2：弓步撩剑。

动作：上右脚成右弓步，右手持剑向右画立圆，经体侧向下、向前撩剑，上身前探，目视前方（图 6-12-4）。

要点：撩剑力达剑身前部。

图 6-12-4 拨云见日 2：弓步撩剑

（4）拨云见日 3：丁步下拦。

动作：撤右脚虚点于左脚侧，右手持剑翻腕向下拦剑，力达剑身内侧，目视前下方（图 6-12-5）。

要点：手腕翻转灵活。

图 6-12-5 拨云见日 3：丁步下拦

3. 六段实战

（1）结合前六段学习的步法和剑法，练习实战。

（2）实战实行 1 对 2 自由组合，多个选手轮换交叉。

（3）注意动作的实用性和比赛的安全性。

（4）2 分钟一局，中间休息 3 分钟，再开始下一局。

（5）在规定地方和老师指导下进行。

（6）每局记分，一轮比赛记录总分。

（7）两个选手打一个选手只允许在前面和侧面进攻，不允许从后面进攻。

三、教学重点与难点

技术重点：前空翻的掌握。

技术难点：前空翻的起跳角度、空中转体速度、落地的积极性和位置把握。

四、易犯错误与纠正方法

易犯错误：前空翻起跳容易往前冲，高度不够；空中转体慢，团身不积极，落地不能靠近起跳位置。

纠正方法：多练习起跳分解动作，空中转体找辅助多练习，在辅助情况下脚落地找起跳的位置；反复练习，熟练后再脱离辅助。

五、拓展阅读（趣味小知识）

【小贴士】龟背功

龟背功是武术传统功法之一，旨在增强背部力量和抗击打能力，属内功外壮之法。练法：盘膝而坐，闭目清心，息气凝神，气沉丹田；以两掌心紧按后腰部，先顺时针揉摩 36 次，再逆时针揉摩 36 次；然后屈指内扣，拇指压于食指、中指上，以二指骨关节向腰肌部击打，两手同时进行，各击打 36 次。如是每日早晚各行功 3 遍，一年腰肾充实。继而以软木为槌，大小如拳，捶击腰背，先轻后重，上下左右依次拍击，不留间隙。行功时运气于丹田，注于腰背。随功力增长，以铁锤换木槌，不断增强背部的抗击打能力。

六、课后练习与功法功力

（1）复习本讲的套路 6 至 9 动作 5~10 遍，达到熟练运用程度。

（2）前空翻练习，每组 10 个，做 5 组。

七、思考题

（1）珍珠是怎样产生的？

（2）在 1 对 2 的实战中，如果你是一人那方，你认为应当如何做，才能更加有效地得分？

（3）如何习练龟背功？

八、参考文献

[1] 吴景明. 青少年一定要读的成功励志故事 [M]. 延吉：延边人民出版社，2008.

[2] 《中国武术百科全书》编撰委员会. 中国武术百科全书 [M]. 北京：中国大百科全书出版社，1998.

第十三讲

一、学习目标

（1）认知目标：对人以诚信，人不欺我；对事以诚信，事无不成。

（2）技能目标：基本掌握武术兵道六段基本功后空翻和单练套路第 10 至 12 式、实战 2 对 2，能基本运用不对称实战规则。

（3）情感目标：诚实守信是中华民族传统美德的一个重要规范，也是革命传统道德的一个重要内容。

二、本讲内容

（一）武德教育

【励志故事】

卖火柴的小男孩

18 世纪英国一位有钱的绅士，一天深夜走在回家的路上，被一个蓬头垢面、衣衫褴褛的小男孩儿拦住了。“先生，请您买一包火柴吧！”小男孩儿说道。“我不买。”绅士回答。说着绅士躲开小男孩儿继续走。“先生，请您买一包吧，我今天还什么东西也没有吃呢。”小男孩儿追上来说。绅士看到躲不开小男孩儿，便说：“可是我没有零钱呀。”“先生，你先拿上火柴，我去给你换零钱。”说完小男孩儿拿着绅士给的一个英镑快步跑走了，绅士等了很久，小男孩儿仍然没有回来，绅士无奈地回家了。

第二天，绅士正在自己的办公室工作，仆人说来了一个小男孩儿要求面见绅士。于是小男孩儿被叫了进来，这个小男孩儿比卖火柴的小男孩儿矮了一些，穿得更破烂。“先生，对不起了，我的哥哥让我给您把零钱送来了。”“你的哥哥呢？”绅士问。“我的哥哥在换完零钱回来找你的路上被马车撞成重伤了，在家躺着呢。”绅士深深地被小男孩儿的诚信所感动。“走！我们去看你的哥哥！”去了小男孩儿的家一看，家里只有两个男孩的继母在照顾受到重伤的小男孩儿。一见绅士，男孩连忙说：“对不起，我没有给您按时把零钱送回去，失信了！”绅士却被小男孩儿的诚信深深打动了。当他了解到两个小男孩儿父母双亡时，毅然决定把他们生活所需要的一切都承担起来。

【励志感言】

诚实守信是为人之本，从业之要 。首先，做人是否诚实守信，是一个人品德修养的表现。其次，做人是否诚实守信，是能否赢得别人尊重和友善的重要前提条件之一。

（二）技术教学

1. 学习六段基本形态

1）动态

后空翻。

2）动作解析

动作：先向正上方起跳，然后向后上方做团身动作，动作一气呵成，起跳点和落脚点的距离很小（图 6-13-1）。

图 6-13-1　后空翻

要点：腾空后身体团紧，落地时腿积极着地。

2. 单练套路

1）六段第二小节第 10 至 12 式动作

（1）推舟离海 1：拦剑前刺。（2）推舟离海 2：右横斩剑。（3）推舟离海 3：左前刺剑。

2）动作解析

（1）推舟离海 1：拦剑前刺。

动作：上右脚成前进步，双手持剑向右向下拦剑，随即向前直刺，左脚向前跟步，重心置于两腿中间（图 6-13-2）。

要点：刺剑力达剑尖。

（a） （b）

图 6-13-2 推舟离海 1：拦剑前刺

（2）推舟离海 2：右横斩剑。

动作：右腿向右前迈步，同时上身右转，左脚上步成虚部，双手持剑向右横斩，臂外旋，手心向外，剑尖与眼齐平，目视剑锋（图 6-13-3）。

要点：斩剑力达剑身。

（a） （b）

图 6-13-3 推舟离海 2：右横斩剑

（3）推舟离海 3：左前刺剑。

动作：左脚向左前方上步，右脚跟步成弓步，上身左转，右脚上一步成倒插步，身体左转 180 度，双手持剑向左前方刺出（图 6-13-4）。

要点：步法灵活，刺剑同时上右脚。

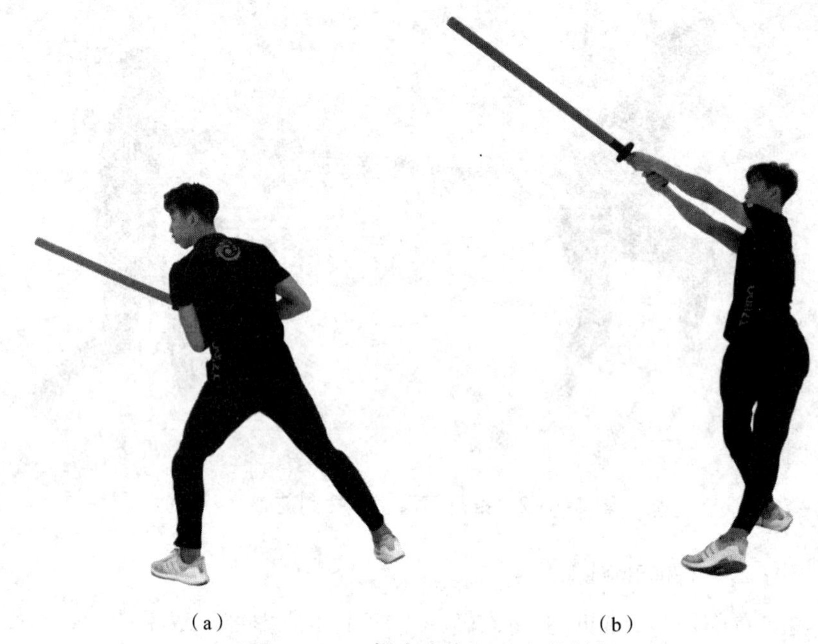

（a）（b）

图 6-13-4 推舟离海 3：左前刺剑

3. 六段实战

（1）结合前六段学习的步法和剑法，练习实战。

（2）实战实行 2 对 2 自由组合，多个选手轮换交叉。

（3）注意动作的实用性和比赛的安全性。

（4）2 分钟一局，中间休息 3 分钟，再开始下一局。

（5）在规定地方和老师指导下进行。

（6）每局记分，一轮比赛记录总分。

（7）两个选手打一个选手只允许在前面和侧面进攻，不允许从后面进攻。

三、教学重点与难点

技术重点：后空翻的掌握。

技术难点：后空翻的起跳角度、空中转体速度、落地的积极性和位置把握。

四、易犯错误与纠正方法

易犯错误：后空翻起跳容易往后冲，高度不够；空中转体慢，落地不能靠近起跳位置。

纠正方法：多练习起跳分解动作，空中转体找辅助多练习，在辅助情况下脚落地找起跳的位置；反复练习，熟练后再脱离辅助。

五、拓展阅读（趣味小知识）

【小贴士】跑桩

跑桩是武术传统功法之一，属轻功功法，旨在训练下肢的灵活性、稳定性和纵跳能力。练法：以直径 3.3 厘米、长 66 厘米的平头木桩 30 根排成直行，分别钉入土中 33.4 厘米，每桩间隔 82.5 厘米，用脚尖踩桩往返跑行。每日早晚各练一次，每次跑行 10 个往返。习练时要求全身放松，轻灵自然，精神集中，气往上提。

六、课后练习与功法功力

（1）复习本讲的套路 10 至 12 动作 5~10 遍，达到熟练运用程度。

（2）后空翻练习，每组 10 个，做 5 组。

七、思考题

（1）我们要学习卖火柴的小男孩的什么品质？

（2）你认为 1 对 2 实战和 2 对 2 实战在技术和战术运用上有什么差异？

（3）跑桩的功法如何运用？

八、参考文献

[1]《中国武术百科全书》编撰委员会. 中国武术百科全书 [M]. 北京：中国大百科全书出版社，1998.

第十四讲

一、学习目标

（1）认知目标：困难能使人显出自己的本色。

（2）技能目标：基本掌握武术兵道六段基本功马步桩和单练套路第 13 至 14 式、实战 1 对 3，能基本运用不对称实战规则。

（3）情感目标：生命不可能有两次，但是许多人连一次也不善于度过。

二、本讲内容

（一）武德教育

【励志故事】

生命需要不断地自我挑战

一位音乐系的学生走进练习室，在古筝上摆着一份新的乐谱。

“超高难度……”他翻动着乐谱，喃喃自语，感觉自己对弹奏古筝的信心似乎跌到了谷底。

已经三个月了！自从跟了这位新的指导教授之后，他不知道为什么教授要以这种方式整人。

勉强打起精神，他开始用十指奋战、奋战、奋战……琴音盖住了练习室外教授走来的脚步声。

指导教授是一个极有名的古筝大师。授课第一天，他给自己的新学生一份乐谱。“试试看吧！”他说。乐谱难度颇高，学生弹得生涩僵滞、错误百出。“还不熟，回去好好练习！”教授在下课时，如此叮嘱学生。

学生练了一个星期，第二周上课时正准备让教授验收，没想到教授又给他一份难度更高的乐谱，“试试看吧！”上星期的课，教授提也没提。学生再次挣扎于高难度的技巧挑战。

第三周，更难的乐谱又出现了。同样的情形持续着，学生每次在课堂上都被一份新的乐谱所困扰，然后把它带回去练习，接着再回到课堂上，重新面临两倍难度的乐谱，却怎么样都赶不上进度。学生感到越来越不安、沮丧和气馁。

教授没开口，他抽出了最早的那份乐谱，交给学生。“弹奏吧！”他以坚定的目光望着学生。

不可思议的事情发生了，连学生自己都惊讶万分，他居然可以将这首曲子弹得如此美妙、如此精湛！教授又让学生试了第二堂课的乐谱，学生依然呈现超高的水准……演奏结束，学生怔怔地看着老师，说不出话来。

“如果，我任由你表现最擅长的部分，可能你还在练习最早的那份乐谱，就不会有现在这样的成就……”教授缓缓地说。

【励志感言】

那些我们熟悉的领域与专业，我们做起来固然会得心应手，但若长久停留在同一个水平线上，那么再多的重复也无济于事。生命需要不断地自我挑战，只有朝着一个更高的难度奋进，我们的水平才能得到提高。

（二）技术教学

1. 学习六段基本形态

1）静型

马步桩。

2）动作解析

动作：四平马步桩功，两脚平行站好（距离约为自己脚长的三倍）；两膝弯曲半蹲，两大腿微平，脚尖内扣，五趾抓地，重心落于两腿正中，膝部外展与脚尖垂直；裆部撑圆，同时保持头正、颈直、含胸、收腹、提肛、立腰、开胯、沉肩、收臀（图 6-14-1）。

图 6-14-1　马步桩

要点：保持心态平和，身体中正。

2. 单练套路

1）六段第二小节第 13 至 14 式动作

（1）横扫千军。（2）神龙摆尾。

2）动作解析

（1）横扫千军。

动作：持剑，置于身体一侧，左手在前，手心向上，右手在后，手心向下；手持剑发力向右横扫，力达剑尖（图 6-14-2）。

要点：先扫剑，后倒插步。

（a）　　　　（b）

图 6-14-2　横扫千军

（2）神龙摆尾。

动作：右手持剑举止头顶，眼看剑尖的方向；脚不动，上身左转，动作不停，上右脚向左平斩剑（图 1-14-3）。

要点：扫剑力达剑身。

（a）　　　　（b）

（c）

图 6-14-3　神龙摆尾

3. 六段实战

（1）结合前六段学习的步法和剑法，练习实战。

（2）实战实行 1 对 3 自由组合，多个选手轮换交叉。

（3）注意动作的实用性和比赛的安全性。

（4）2 分钟一局，中间休息 3 分钟，再开始下一局。

（5）在规定地方和老师指导下进行。

（6）每局记分，一轮比赛记录总分。

（7）两个选手打一个选手只允许在前面和侧面进攻，不允许从后面进攻。

三、本讲重点与难点

技术重点：掌握和灵活运用 1 对 3 实战规则。

技术难点：马步桩对身体各器官的影响和尺度的掌握。

四、易犯错误与纠正方法

易犯错误：马步桩动作不规范，发力不顺畅。

纠正方法：反复练习、体悟。

五、拓展阅读（趣味小知识）

【小贴士】铁板桥

铁板桥是武术传统功法，属硬功特技，旨在练习腰背力量。练法：将头足分别置于条凳上，使身悬空，负以重物，如架桥之铁板。

六、课后练习与功法功力

（1）复习本讲的套路 13 至 14 动作 5~10 遍，达到熟练运用程度。

（2）马步桩练习，每次 3 分钟，做 3 组。

七、思考题

（1）《生命需要不断地自我挑战》的启示是什么？

（2）在 1 对 3 的实战中，如果你是三人中的一人，你认为应当如何与同伴配合，才能更加有效地得分？

（3）何为铁板桥？

八、参考文献

[1] 《中国武术百科全书》编撰委员会. 中国武术百科全书 [M]. 北京：中国大百科全书出版社，1998.

第十五讲

一、学习目标

（1）认知目标：认识到答应别人的事情就一定要办好。

（2）技能目标：基本掌握武术兵道六段基本功混元桩和单练套路第 15 至 17 式、实战 2 对 3，能基本运用不对称实战规则。

（3）情感目标：微笑面对挫折和失败，不要怨天尤人。

二、本讲内容

（一）武德教育

【励志故事】

选择你的人生

某地有一座高耸入云的山，山前山后有两条路可供攀登，前山大路笔直坦荡，后山小路蜿蜒曲折。

一天，父亲带着两个儿子来到山脚。父亲举手遮阳，仰望峰顶，对两个儿子说："你俩比赛爬这座山；上山有两条路，大路平而近，小路险而远——选择哪条路，你们自己定夺。"哥俩思量再三，各自踏上征程。

时间过去了三个月，大儿子走来了。他面色红润，骄傲地掸了一下笔挺的襟袖，走向充满期待的父亲，说："我赢了，我赢了！这一路真是春风得意。在坦荡的大路上我只需向前，向前！舒缓的坡度让我走得从容，平整的石阶使我心旷神怡。这里没有岔道让我伤神，没有突出的山石绊脚。实践证明：在平坦和崎岖间，只有傻瓜才会放弃平坦，而选择崎岖。聪明的选择使我获得了胜利，我理当获得胜利！"

父亲慈祥地看着他："你选择得的确聪明，一路走得也十分风光，我的好儿子……"

这之后不知过了多久，又一个身影出现了：他步伐稳健，浑身充满着生命的活力；尽管瘦削、衣衫褴褛，但双目炯炯有神，透着聪慧与睿智。小儿子微笑着走向父亲和哥哥，从从容容地讲起路上的故事："哦，这是多么有意义的一次旅程！感谢您，父亲，感谢您给我选择的机会。一路上陡峭的山崖阻挡着我攀爬的脚步，丛生的荆棘刺破了我裸露的身体，疲惫的身心增添着孤独的酸楚。但我努力坚持，终于我从中学到了灵活与选择，学会了机敏与自护，学会了独立与坚忍。路边美丽景色，使我放慢脚步享受自然的馈赠，这时往往是我最快乐的时光。可更多的时候是阴冷浓雾的环抱，荆棘的阻隔。放眼望去，黄叶连天，衰草满路，但我在黄叶林中看到丰硕的果实，从片片衰草丛内悟出新生的希望。

"我感觉自己在成熟，一步步地成熟。再往上，就只有毫无生机的寒风和岩石，我曾想放弃，但曾经的艰辛温暖着我，给我力量，给我信心，使我忘掉比艰险更可怕的死寂，抛掉比痛苦更痛苦的迷茫！我最终到达了这里！一路上，我阅尽山间春色，也饱尝征途冷暖，为此，我感谢您，父亲，感谢您给我选择的权利，我从自己心灵的选择中懂得了很多很多……”

大儿子眼中露出不解，但很快他就轻蔑地说：“可是你输了！”父亲望着小儿子，微笑不语。小儿子微笑着说：“但，我赢得了人生！”

【励志感言】

生命是一次次的蜕变过程。唯有经历过挫折，才能拓展生命的厚度。通过一次又一次与挫折握手，历经几个回合的较量，人生的阅历就在这个过程中积累、丰富。在人生的岔道口面前，若你选择了一条平坦的大道，你可能会有一个舒适而享乐的青春，但你就会失去一个很好的历练机会；若你选择了坎坷的小路，你的青春也许会充满痛苦，但人生的真谛也许就此被你打开。

（二）技术教学

1. 学习六段基本形态

1）静态

混元桩。

2）动作解析

动作：两脚开立与肩同宽，两腿屈膝略蹲；两臂自然下垂于身前，手心向里；身正直，自头顶到两脚之间成一条垂直线；舌抵于上颚；意念平静，周身放松；闭目，徐徐以鼻深呼吸入腹，旋即又徐徐以鼻呼出（图 6-15-1）。

图 6-15-1　混元桩

要点：呼吸自然，不可憋气。

2. 单练套路、对打套路、拆招技术

1）六段第二小节第 15 至 17 式动作

（1）探海斩蛟 1：左勾格挡;（2）探海斩蛟 2：右下劈剑。（3）探海斩蛟 3：上挑下劈。

2）动作解析

（1）探海斩蛟 1：左勾格挡。

动作：左脚向左前方迈步，双手持剑，然后猛发力向左格挡。

要点：向左前方发力。

（a）　（b）　（c）

图 6-15-2　探海斩蛟 1：左勾格挡

（2）探海斩蛟 2：右下劈剑。

动作：右脚向右侧横迈一步，双手持剑顺势向前斜下方劈，力达剑尖（图 6-15-3）。

要点：撤步的同时下劈剑。

图 6-15-3　探海斩蛟 2：右下劈剑

（3）探海斩蛟 3：上挑下劈。

动作：上左脚，双手持剑左上方挑剑；随后右脚上步，同时下劈。

要点：上挑下劈与步法配合协调一致。

（a） （b）

（c）

图 6-15-4 探海斩蛟 3：上挑下劈

3. 六段实战

（1）结合前六段学习的步法和剑法，练习实战。

（2）实战实行 2 对 3 自由组合，多个选手轮换交叉。

（3）注意动作的实用性和比赛的安全性。

（4）2 分钟一局，中间休息 3 分钟，再开始下一局。

（5）在规定地方和老师指导下进行。

（6）每局记分，一轮比赛记录总分。

（7）两个选手打一个选手只允许在前面和侧面进攻，不允许从后面进攻。

三、教学重点与难点

技术重点：掌握和灵活运用 2 对 3 实战规则。

技术难点：混元桩对身体各器官的影响和尺度的掌握。

四、易犯错误与纠正方法

易犯错误：混元桩动作不规范，用力不顺。

纠正方法：反复练习、体悟。

五、拓展阅读（趣味小知识）

【小贴士】内壮功

内壮功是武术功法类别之一，亦称“内功”或“富力强身功”。《太极拳法实践》中有：“其专至锻炼脏腑、神经、感觉，所谓精气神者为内功。”其泛指习武者通过专门的训练方法和手段，对人体内在的精、气、神及脏腑、经络、血脉等的修炼功法，以达到精足、气壮、神明、内脏充实、经络血脉通畅、内壮外强之功效。内壮功大致可分为静卧法、静坐法、站桩法和鼎桩法等。

六、课后练习与功法功力

（1）复习本讲的套路 15 至 17 动作 5~10 遍，达到熟练运用程度。

（2）混元桩练习，每次 10 分钟，做 3 组。

七、思考题

（1）故事中父亲是怎样评价儿子输赢的，为什么？

（2）2 对 3 战术与 1 对 3 战术有什么差异？

（3）何为内壮功？

八、参考文献

[1] 《中国武术百科全书》编撰委员会. 中国武术百科全书 [M]. 北京：中国大百科全书出版社，1998.

第十六讲

一、学习目标

（1）认知目标：做人诚为先，做事实为本。

（2）技能目标：基本掌握武术兵道六段基本无极桩和单练套路第 18 至 19 式、实战 3 对 3，能基本运用群体实战规则。

（3）情感目标：人不但要懂得做人，更要学会做事，只有将两者进行有机的结合，才能在人生的道路上无往而不胜。

二、本讲内容

（一）武德教育

【励志故事】

做事先做人

小李和小高都是公司新分来的大学生，两人被安排在同一个部门做同样的工作，在工作能力和工作业绩上也不相上下，但两个人在为人处世方面却有很大不同。

小李比较“直爽”，见到人要么直呼其名，要么小赵、老王地喊。有一次，小李的顶头上司张经理正在会议室接待客人，小李突然出现在门口，大声喊：“老张，你的电话。”刚刚 35 岁的张经理，竟被人喊老张，又是当着客人的面，而见喊自己的人还是自己的部下，自然心里很不舒服。

而小高就不同了，见到谁都毕恭毕敬的，小心翼翼地喊张经理、马主任，没有职务的她就喊陈大姐或刘大哥，年龄稍长的职工，她就喊郭师傅。

小李只有上班时才来公司，下班就走人，与公司里的人也没有过多交往。小高就不同了，她下班以后，看有人没走就会留下来，与人家聊聊天，说说闲话。谁有什么困难，她也会尽力帮助。当然，她也经常向别人求助。

有一次，她来到张经理的办公室，说有一件大事，务必请他参谋参谋。原来她表妹参加高考，想请张经理“指点一下，看填什么志愿好”。张经理很高兴、很认真地给她分析了近几年的就业形势，然后慎重地给她提了一个建议。

后来，张经理手下的一个副经理调到别的部门主持工作了，公司决定采用公开竞聘的方式选拔新的副经理。小李和小高因为都是本科学历，又都是业务骨干，符合公司规定的竞聘条件，于是俩人都报名竞聘。评委由公司中层以上干部和职工代表组成。竞聘的结果大家可能已经猜到了：小高以绝对的优势击败了小李，成为公司最年轻的中层干部。

【励志感言】

学会做人，是成事的前提和根本。工作能力当然重要，做人技巧同样不可或缺。更重要的是，做不好人，你就很可能没有事可做：而做好了人，别人会给你的事业提供各种帮助。

（二）技术教学

1. 学习六段基本形态

1）静态

无极桩。

2）动作解析

动作：身体自然站立，两脚横开与肩同宽；头正身直，双目向前下方斜视，周身放松；双手自然下垂，贴于大腿两侧，舌抵牙龈；接上式两腿微微弯曲，将身体的重心放在涌泉穴上，双手由身体两侧向前旋转，手心向后外方向，指尖向下；两臂略弯曲，保持自然松弛的状态（图 6-16-1）。

图 6-16-1　无极桩

要点：放松，呼吸自然，不可憋气。

2. 单练套路

1）六段第二小节第 18-19 式动作

（1）蛟龙出渊。（2）收式。

2）动作解析

（1）蛟龙出渊

动作：双手握剑柄举止头顶，剑尖向下，同时左脚向身体后侧撤步成右弓步，眼看前方；双手持剑向上再向前下方画立圆；蹬脚拧胯转腰瞬间变左弓步，并顺势将剑向前上方上撩（图 6-16-2）。

要点：撩剑力达剑身前部。

（a） （b）

（c）

图 6-16-2 蛟龙出渊

（2）收式。

动作：重心后移至右腿，同时右手持剑向下、向后撩剑；左脚退步成并步姿势，身体继续左转向正前方，左手握剑柄置于身体左侧，剑尖向下，垂直地面（图 6-16-3）。

要点：抬头挺胸，目视正前方。

图 6-16-3　收式

3. 六段实战

（1）结合前六段学习的步法和剑法，练习实战。

（2）实战实行 3 对 3 自由组合，多个选手轮换交叉。

（3）注意动作的实用性和比赛的安全性。

（4）2 分钟一局，中间休息 3 分钟，再开始下一局。

（5）在规定地方和老师指导下进行。

（6）每局记分，一轮比赛记录总分。

（7）两个选手打一个选手只允许在前面和侧面进攻，不允许从后面进攻。

三、教学重点与难点

技术重点：掌握和灵活运用 3 对 3 实战规则。

技术难点：无极桩对身体各器官的影响和尺度的掌握。

四、易犯错误与纠正方法

易犯错误：无极桩动作不规范，用力不顺。

纠正方法：反复练习、体悟。

五、拓展阅读（趣味小知识）

【小贴士】无极功

无极功是武术传统功法之一，系养气敛神、内强外壮之桩功。练法：悬头竖顶，舌抵上颚，呼吸自然，津液下咽，含胸拔背，意守丹田，目平视前方；两腿伸直，开步站立，两脚距离与肩宽；两臂自然下垂，两掌五指微分，劳宫穴涵空，虎口向前。每日早、晚各行功一次，每次30~50分钟。日久内气充盈，升腾运转，劲力顿生，内强外壮，集于一体。

六、课后练习与功法功力

（1）复习本讲的套路动作5~10遍，达到熟练运用程度。

（2）无极桩练习，每次20分钟，做3组。

七、思考题

（1）故事中小李和小高做人做事有什么不同?

（2）3对3群体格斗的特点是什么？与1对1格斗有什么显著差别?

（3）如何习练无极功?

八、参考文献

[1] 吴景明.青少年一定要读的成功励志故事[M].延吉：延边人民出版社，2008.

[2] 《中国武术百科全书》编撰委员会.中国武术百科全书[M].北京：中国大百科全书出版社，1998.